Frauenkarrieren in der Medienbranche

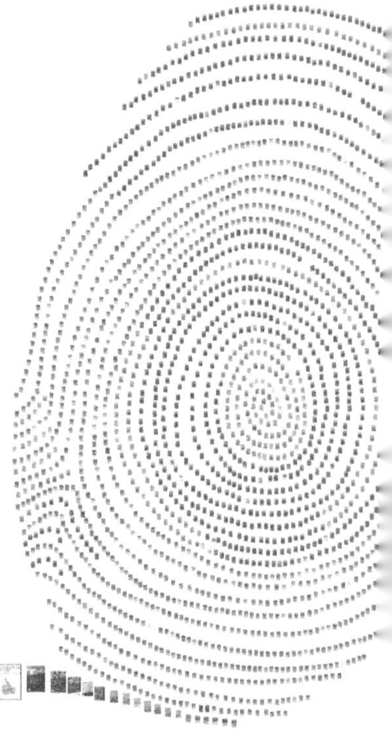

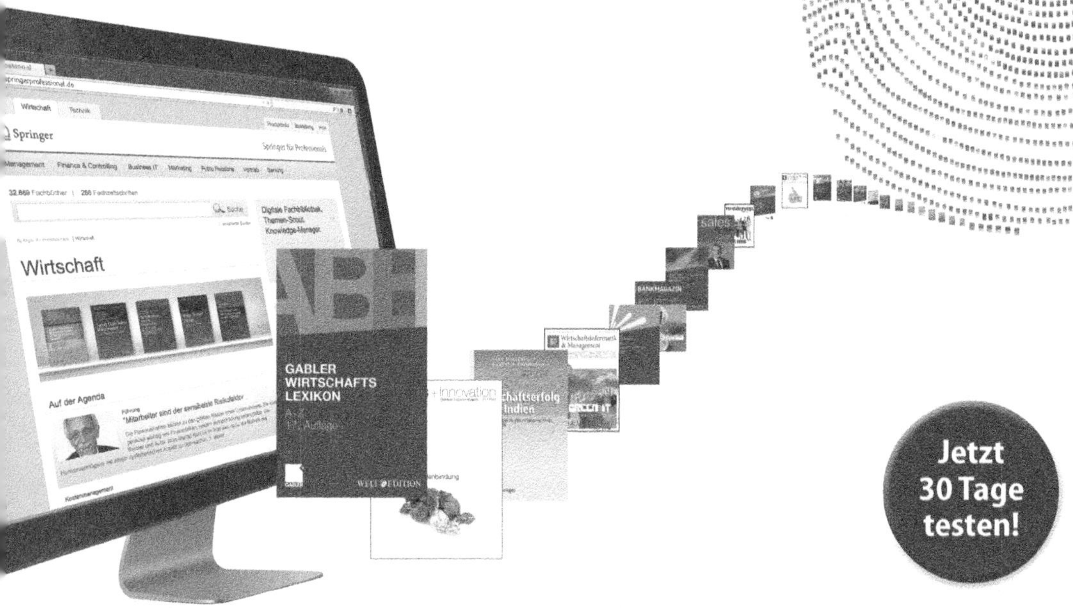

Insa Sjurts

Frauenkarrieren in der Medienbranche

Auf was es ankommt

 Springer Gabler

Insa Sjurts
Lehrstuhl für Betriebswirtschaftslehre,
insbesondere Medienmanagement
Universität Hamburg / HMS
Hamburg, Deutschland

ISBN 978-3-658-02381-2   ISBN 978-3-658-02382-9 (eBook)
DOI 10.1007/978-3-658-02382-9

Die Deutsche Nationalbibliothek verzeichnet diese Publikation in der Deutschen Nationalbibliografie;
detaillierte bibliografische Daten sind im Internet über http://dnb.d-nb.de abrufbar.

Springer Gabler
© Springer Fachmedien Wiesbaden 2014

Springer Gabler ist eine Marke von Springer DE. Springer DE ist Teil der Fachverlagsgruppe Springer
Science+Business Media.
www.springer-gabler.de

Vorwort

Die Medienbranche ist einer der attraktivsten Wirtschaftsbereiche für Berufseinsteiger. Mit ihrer Vielfalt an Teilbranchen, Unternehmensformen, Geschäftsmodellen und Inhalten bietet sie eine breite Palette an Tätigkeitsfeldern und ist kompatibel mit klassischen wie auch individuellen Berufs- und Lebensmodellen. Vor allem Frauen scheint dies in besonderem Maße anzusprechen. Seit Jahren sind die Anteile weiblicher Studierender in Medienstudiengängen überproportional hoch. In Fächern wie Publizistik, Kommunikationswissenschaft, Journalistik und Medienmanagement liegt der Frauenanteil sowohl bei Studierenden als auch bei den Absolventen anhaltend über 50 %.[1]

Dieser hohe Frauenanteil setzt sich in den Medienunternehmen allerdings nicht fort: Hier sind mehrheitlich Männer tätig.[2] Und wenn Frauen anzutreffen sind, dann insbesondere dort, wo es um *Mit*arbeit in der journalistischen Inhaltekreation und -produktion geht, um Werberaumvermarktung oder um unterstützende Administration. Redaktionen, Lektorate, Kommunikation, Marketing, Rechnungswesen, Anzeigenverkauf – das sind typische Tätigkeitsbereiche weiblicher Mitarbeiter. Und sie arbeiten in Stabsbereichen wie Strategie, Marktforschung und in Rechtsreferaten als Serviceabteilungen des Top-Managements.

Schaut man in die oberste Leitungsebene der Medienhäuser, reduziert sich die Zahl der Frauen noch weiter. Chefredakteurspositionen sind überwiegend mit Männern besetzt[3] und als Vorstände oder Geschäftsführerinnen findet man Frauen ebenfalls selten.[4] Wenn Frauen es hier ganz an die Spitze schaffen, dann ist ihnen die Aufmerksamkeit der Öffentlichkeit sicher – so groß ist der Neuigkeitswert.

Nicht nur für sich genommen, sondern insbesondere mit Blick auf die besondere Rolle von Medien in einer Gesellschaft sind diese Befunde problematisch. Medien sind Wegbegleiter und in ihrer beschreibenden, erklärenden und einordnenden Funktion auch Mit-Gestalter gesellschaftlicher Realität und Kultur. Wenn hier Frauen in Spitzenpositionen Rarität sind, hat dies weitreichende Bedeutung über die Medienunternehmen hinaus.

Die Gründe für die geringe Präsenz von Frauen in Medien-Top-Positionen sind vielfältig. Argumente wie die Bevorzugung von Männern durch Männer, der Verweis auf männliche Seilschaften oder auch ein möglicherweise fehlendes Zutrauen in die Führungsstärke weiblicher Chefs werden angeführt und mögen Erklärungsbeiträge liefern. Hinzu kommen jedoch

---

[1] Für das Wintersemester 2012/2013 weist das Statistische Bundesamt sogar noch höhere Werte aus. Danach sind 61 % der Studierenden im Fach Medienwirtschaft/Medienmanagement weiblich, in Medienwissenschaft sind es 65 % und in Kommunikationswissenschaft/Publizistik sogar fast zwei Drittel, nämlich 67 %. Vgl. Statistisches Bundesamt, Bildung und Kultur – Studierende an Hochschulen, Fachserie 11, Reihe 4.1, Wiesbaden 2013.

[2] Vgl. hierzu ausführlich und mit Blick über Deutschland hinaus European Institute für Gender Equality: Advancing gender equality in decision-making in media organisations, Luxembourg 2013.

[3] Annette Bruhns, Redakteurin beim SPIEGEL und Vorsitzende des Vereins ProQuote, berechnete erst kürzlich, dass nur zwei Prozent der Chefredakteure bei deutschen Zeitungen Frauen seien. Beim Fernsehen ergab sich ein Frauenanteil in Chefredaktionen von 18 % und bei Online-Medien von 22 %. Vgl. Bruhns, A.: Zwei Prozent Chefredakteurinnen sind nicht genug. In: ZEIT Online vom 7.9.2013.

[4] Vgl. European Institute für Gender Equality: Advancing gender equality in decision-making in media organisations, Luxembourg 2013, S. 25ff.

auch Hindernisse, die sich Frauen selbst auferlegen. Sie beginnen bei Unsicherheiten über die eigenen Fähigkeiten, gehen über Unklarheiten zu den kritischen Erfolgsfaktoren des Aufstiegs und Fehleinschätzungen der wirklichen Anforderungen in Spitzenpositionen und reichen bis hin zu Befürchtungen zu möglichen Stolpersteinen auf dem Weg nach oben.

Exakt hier setzt das vorliegende Buch an. „Worauf es ankommt" ist dabei kein Rezeptbuch für den Weg in Medien-Spitzenpositionen. „Worauf es ankommt" will Transparenz schaffen über Wege und Anforderungen in Top-Positionen im Medienbereich. Und es will Interesse wecken an der Übernahme von Leitung und Verantwortung.

In 37 individuellen Gesprächen zeigen Führungsfrauen, welchen beruflichen Weg sie genommen haben, welche Erfolgsfaktoren entscheidend waren, wo Stolpersteine lagen, wie sie den Alltag zwischen beruflicher Herausforderung und privatem Leben gestalten und wie sie mit Schwierigkeiten auf ihrem Weg umgegangen sind. Die Gespräche folgen dabei einem einheitlichen Interviewschema. Das macht sie vergleichbar und in den Ergebnissen transparent. Heraus gekommen sind höchst individuelle, nahe und authentische Gespräche und Einblicke in den beruflichen Werdegang von Medienfrauen.

Die Auswahl der Gesprächspartnerinnen folgt dabei zwei Leitgedanken. Zum Ersten soll ein Einblick gegeben werden in ein möglichst großes Spektrum von Medienteilbranchen – von der Contenproduktion über das Packaging bis hin zur Distribution. Zum Zweiten sollten in diesen Branchen sowohl Managerinnen porträtiert werden als auch Frauen, die an der Spitze der journalistischen beziehungsweise kreativen Tätigkeit stehen. Auch zwei Politikerinnen waren Gesprächspartnerinnen. Sie sind mit dem Thema Frauen in Spitzenpositionen seit langem intensiv befasst und kennen die besonderen Herausforderungen in Top-Positionen aus eigener Erfahrung.

Am Ende der Lektüre wird klar, „worauf es ankommt". Drei Eckpfeiler der Karriereentwicklung schimmern in nahezu allen Gesprächen durch und sind unverkennbar – und zwar quer über alle Medienteilbranchen hinweg und gültig für Verwaltungs- wie auch Kreativ-Spitzenfrauen:

- Leidenschaft für die Sache und klares Vertrauen in die eigenen Fähigkeiten
- Nachhaltige Unterstützung durch individuelle Förderer und/oder durch Netzwerkkontakte
- Aktiver Umgang mit beruflichen Herausforderungen und Schwierigkeiten

Wie sich diese drei Eckpfeiler des Erfolgs inhaltlich füllen und verstehen lassen, was sie in verschiedenen Branchen meinen und bedeuten, zeigen die Gespräche anschaulich. Sie machen auch deutlich, dass formale Qualifikation ein wichtiger Baustein des späteren Erfolgs sein kann, er aber nicht der zentrale Karrieretreiber ist. Die große Karriere entsteht vielmehr da, wo Leidenschaft für Medien zusammen kommt mit dem Zutrauen in die eigenen Fähigkeiten, Authentizität, Mut, Ausdauer, Durchsetzungskraft, Empathie und schlussendlich auch Glück. Denn bei allem Einsatz, aller Kompetenz und aller Unterstützung braucht es auch die geeignete Chance, um all das zur Wirkung und zur Entfaltung zu bringen.

Ein Buchprojekt wie das Vorliegende ist nur denk- und realisierbar mit dem Einsatz vieler Menschen. Allen voran möchte ich den Interviewpartnerinnen danken, die spontan und unkompliziert zugesagt und in ihren vollen Terminkalender zeitnahe Gesprächsmöglichkeiten gefunden haben. Die Gespräche waren eine große inhaltliche und menschliche Bereicherung. Bedanken möchte ich mich auch bei meinem großartigen Team, das vom ersten Moment an Feuer und Flamme für die Buchidee gewesen ist. Ohne Henning Meyfarth, Birgit Paubandt, Silvia Worm und Barbara Hilgert gäbe es diesen Band nicht. Und – last but not least – geht mein Dank an Carsten Brosda und Margret Beck aus dem Amt Medien in der Senatskanzlei Hamburg, die die Umsetzung interessiert und unterstützend begleitet haben.

Hamburg, im Dezember 2013

Insa Sjurts

Geleitwort

Medien sind eine besondere Branche, und die Verantwortlichen in den Redaktionen, Geschäftsführungen und Intendanzen werden nicht müde, genau das immer wieder zu betonen. Meistens haben sie Recht. Es gibt allerdings auch die Situationen, in denen nur allzu deutlich wird, dass es gesellschaftliche Zustände gibt, von denen sich auch die kreativste und progressivste Branche nicht ohne weiteres emanzipieren kann. Ein Beispiel dafür ist die Gleichberechtigung zwischen Frauen und Männern. Wenn ich die Spitzen der Medienunternehmen und ihrer Verbände zu Diskussionsrunden einlade oder ihre Veranstaltungen besuche, dann ähneln sich noch immer die Bilder: Kaum eine Frau ist dabei.

Dieser individualempirischen Erfahrung stehen andere, Mut machende Beispiele entgegen, die den gleichstellungspolitischen Befund zumindest etwas relativieren: Zwei der in Hamburg ansässigen führenden europäischen Zeitschriftenhäuser haben mit Julia Jäkel und Yvonne Bauer je eine Frau an der Spitze; die Geschäftsführerin der Hamburg Media School und Herausgeberin dieses Buches Prof. Dr. Insa Sjurts ist weiblich, ebenso sind es die Leiterin der Filmförderung Hamburg/Schleswig-Holstein Eva Hubert und die Chefin des Hamburger Landesfunkhauses des NDR Sabine Rossbach. Die entsprechende Fakultät der Hochschule für angewandte Wissenschaften wird mit Prof. Dorothea Wenzel von einer Frau geführt, und der Verein pro quote hat seinen Sitz in Hamburg. Jeder kennt außerdem die großen Journalistinnen unserer Stadt, für die stellvertretend hier nur Gräfin Dönhoff genannt sei. Sie alle stehen für hunderte weiterer Beispiele, aus der Filmbranche, aus der Musikbranche, den Kommunikationsagenturen. Und auch die Digital Media Women sind in Hamburg gut vertreten. Aber eben immer noch nicht ausreichend – vor allem nicht auf den Etagen in den Medienhäusern, auf denen Entscheidungen vorbereitet und getroffen werden.

Die Zeiten, in denen wir glauben durften, dass sich das von selber regeln würde, sind endgültig vorbei. Heute wissen wir, dass wir uns intensiv um die Rahmenbedingungen kümmern müssen, wenn wir Frauen gleichberechtigte Teilhabe ermöglichen wollen. Strukturelle Entscheidungen sind nötig. Und in der Politik werden sie zunehmend getroffen: Im Hamburger Senat sitzen genauso viele Senatorinnen wie Senatoren. In unserer Bürgerschaft sind 40 % der Abgeordneten weiblich. Aber was im Bereich des politischen Dezisionismus möglich ist, gerät auf den folgenden Ebenen der Staatsräte und -rätinnen, der Amtsleiterinnen und -leiter zu einem schwierigen Unterfangen. Hier prägen Jahrzehnte männlich dominierter Kultur und entsprechende Karriereentscheidungen die Auswahlsituation. Hier liegt viel Arbeit vor uns. Das ist in den Medienunternehmen sicher nicht anders. Aber auch hier ist Fortschritt möglich: In den Führungsgremien der öffentlichen Unternehmen haben wir den Anteil von Frauen allein in der laufenden Legislaturperiode von 16 auf 25 Prozent steigern können. Das ist nicht ausreichend, aber es ist ein Anfang.

Medien brauchen Frauen an der Spitze. Zunächst wegen der Inhalte: An den Kommunikationsprozessen müssen alle gesellschaftlichen Gruppen teilnehmen und teilhaben. Das wird immer nur unzureichend gelingen, wenn die Verantwortlichen für Medieninhalte vorwiegend einem Geschlecht angehören. Die medialen Geschlechterbilder gehören modernisiert, und das wird nicht gelingen, wenn nur Männer mit traditionellen Familienarrangements über die Inhalte bestimmen. Mit Grauen erinnere ich mich an einen leitenden Redakteur aus leider noch immer nicht längst vergangenen Zeiten, der die Auffassung zu Gehör brachte, dass es die Hackfleischgerichte seien, die Frauen Woche für Woche in ihren Magazinen erwarten.

Aber nicht nur die Inhalte, sondern auch die Technologie braucht Vielfalt: Wir unternehmen seit etlichen Jahren erhebliche politische Anstrengungen, um den Anteil von jungen Frauen zu erhöhen, die sich für die sogenannten MINT-Fächer und damit eine eher naturwissenschaftlich-technische Bildung interessieren. Angesichts der demographischen Entwicklung werden wir es uns gar nicht leisten können, hier auf das Wissen und die Perspektive jeweils der Hälfte einer Generation zu verzichten. Und wer einen realistischen Blick auf die Fachkräftesituation der Zukunft wirft, wird sich nicht damit zufrieden geben, dass viele Mädchen es sich nicht vorstellen können, Technologie und Informatik als „ihr Ding" zu begreifen, sondern muss sich darum bemühen, hier neue Chancen auf – in der Regel sehr gut entlohnte – Beschäftigung zu schaffen.

Schon diese Zusammenhänge zeigen, dass Gleichstellung ein Schlüssel zu wirtschaftlicher Prosperität ist. Länder wie Norwegen, die längst feste Beteiligungsquoten beispielsweise für den Frauen-Anteil in den Aufsichtsräten börsennotierter Unternehmen kennen, argumentieren offensiv mit diesem Zusammenhang. Wenn wir diese Potenziale nutzen wollen – gesamtgesellschaftlich ebenso wie in der Medienbranche – dann müssen wir den Mut zu entsprechenden strategischen Entscheidungen besitzen. Dann dürfen wir es nicht länger hinnehmen, dass Frauen nach wie vor strukturell schlechter bezahlt werden und überdies an die berühmte gläserne Decke stoßen.

Das vorliegende Buch leistet einen Beitrag zur nötigen Veränderung, indem es das Bewusstsein für die Rahmenbedingungen schärft, die einen Erfolg erleichtern. Es macht die Erfahrungen vieler Medienfrauen transparent, die in ihren Unternehmen und Institutionen in der ersten Reihe stehen. Insa Sjurts und ihre Mitarbeiterinnen und Mitarbeiter haben sie interviewt und daraus dieses Buch gemacht.

Die Interviews fördern manch Überraschendes zutage – einiges allerdings nur, weil wir vieles vergessen haben, was vor dreißig Jahren noch aktuell war, zum Beispiel dass Teilzeitjobs im Rundfunk völlig undenkbar waren, bis die Publizistin Carola Stern im Jahre 1981 einen entsprechenden Vertrag für eine Kollegin beim WDR durchsetzte. Heute geht es um familienfreundliche Arbeitszeiten für alle. Chefinnen und Chefs in den Unternehmen hat eine der Interviewten ins Merkbuch geschrieben: „Ich konnte wachsen, weil mich niemand unter Druck setzte".

Die Vereinbarkeit von Familie und Beruf ist auch für Spitzenfrauen der Medienwirtschaft ein Dreh- und Angelpunkt. Es ist zentral, dass wir hier gesellschaftlich den Rahmen justieren und die entsprechenden Angebote flächendeckend vorhalten: Es geht um Betreuungsplätze, um familiengerechte Arbeitszeiten für alle, um entsprechend sensible Unternehmenskulturen. Das sind Voraussetzungen dafür, dass alle Männer und Frauen beruflichen Erfolg und ein glückliches Familienleben miteinander vereinbaren können. Aber natürlich braucht eine geschlechtergerechte Politik mehr als nur gute Bedingungen für Familien. Es geht auch um die Überwindung von Stereotypen, um das Aufbrechen der Old-Boys-

Networks und um mehr Sichtbarkeit für den unerlässlichen Anteil, den viele Frauen seit Jahrzehnten am Erfolg der Medien haben.

Viele der diesbezüglichen konkreten Ratschläge der Medienmacherinnen kommen bekannt vor: Neugier, Offenheit, Disziplin (3x die Woche morgens schwimmen gehen), Ausdauer, Kommunikationsfähigkeit, Organisationstalent, dickes Fell – solche Eigenschaften werden als wesentlich beschrieben für diejenigen, die in den Medien an die Spitze kommen wollen. Das dürfte sich bei Männern nicht sehr unterschiedlich darstellen. Mehr Unterschied scheint es in Sachen Selbstbewusstsein und Selbst-Marketing zu geben. Fragt sich nur, warum Personalentscheiderinnen und Personalentscheider das immer noch viel zu oft nicht merken.

Einfach einen guten Job machen; dieses Credo aus einem der Interviews könnte der Titel des Buches sein. Denn das ist das, was jede Einzelne beitragen kann. Den Rahmen dafür, dass das die Grundlage einer erfolgreichen Karriere sein kann, müssen wir immer auch gesellschaftlich sichern.

Ich wünsche dem Buch ebenso viel Erfolg wie allen, die – ganz gleich welchen Geschlechts – ihren Weg in den Medien gehen.

Olaf Scholz
Erster Bürgermeister der Freien und Hansestadt Hamburg

Inhaltsverzeichnis

A. Karrieren in der medialen Contentproduktion

I. Medienteilmarkt Buch

„Großes Engagement, hohe Leistungsbereitschaft und erfolgreiche Arbeit"

Claudia Reitter, Geschäftsführerin Verlagsgruppe Random House

© Christine Strub

Claudia Reitter wurde 1952 in Bielefeld geboren. Im Mittelpunkt ihres beruflichen Lebens stehen Bücher. Ausgehend von einer Lehre als Buchhändlerin arbeitete sie bei verschiedenen Fach- und Publikumsverlagen und war Verkaufsleiterin Buchhandel bei der Verlagsgruppe Bertelsmann. 1986 wechselte sie das Unternehmen, wurde Vertriebsleiterin bei Gräfe und Unzer und übernahm dort später auch als Geschäftsführerin die Bereiche Vertrieb und Kundenservice/Marketing. Seit 2002 verantwortet Claudia Reitter als Geschäftsführerin die Bereiche Vertrieb und Marketing der Verlagsgruppe Random House.

Verkaufsleiterin Bertelsmann

GeschäftsführerinBuchhändlerin

Random HOUSEGräfe & Unzer

Vertriebsleitung

Ihr beruflicher Weg hat Sie ganz an die Spitze geführt. Haben Sie von dieser Position schon zu Berufsbeginn geträumt? War es womöglich die Erfüllung eines lang gehegten Wunsches? Skizzieren Sie bitte kurz, wie es zu Ihrer beruflichen Laufbahn kam.

Die Schule habe ich kurz vor dem Abitur verlassen, da ich damals meine Prioritäten anders gesetzt hatte. Ich war aber so vernünftig, mir einen Ausbildungsplatz zu suchen und so absolvierte ich eine klassische Ausbildung zur Buchhändlerin in Köln, die ohne Abitur drei Jahre dauerte. Die Lehrzeit machte mir sehr viel Spaß, was nicht zuletzt an meinem damaligen Chef, dem Inhaber der Buchhandlung, lag, der mich sehr gefördert und mein großes Interesse an der Branche geweckt hat. Nach meinem Abschluss mit Auszeichnung wechselte ich zu einem medizinischen Fachverlag, wo ich mich innerhalb von sieben Jahren Schritt für Schritt beruflich weiter entwickeln konnte. Die nächste (nur kurze) Station führte mich weg vom Fachverlag zu einem renommierten Publikumsverlag; dort lernte ich meinen Mann kennen, mit dem ich kurz darauf nach München zog.

Durch einen Glücksfall erhielt ich sofort ein Angebot von der Verlagsgruppe Bertelsmann. Seinerzeit gehörten die in München zusammengeschlossenen Verlage noch nicht zur New Yorker Verlagsgruppe Random House. Hier begann ich als Vertriebsassistentin für die Hardcover-Verlage, konnte innerhalb sehr kurzer Zeit deutlich mehr Verantwortung übernehmen und avancierte nach zwei Jahren zur Verkaufsleiterin für den Buchhandelsbereich. Es war eine sehr gute und erfolgreiche Zeit, die zum Ende jedoch mit einer recht großen Enttäuschung endete: Nach Rückkehr aus einer nur wenige Wochen dauernden Babypause signalisierte man mir, dass meine Rolle als Mutter meine Karriere nicht befördern würde. Nachdem mir ein Mann ohne erkennbar bessere Qualifikation vorgesetzt wurde, habe ich mich anderweitig orientiert, was sich als sehr entscheidende Weichenstellung für mich erwiesen hat.

Ich wechselte zum Ratgeberverlag Gräfe und Unzer und übernahm dort sofort die Vertriebsleitung. Der damalige Inhaber und Verleger sowie der Geschäftsführer für Vertrieb und Marketing betrauten mich trotz meiner damals zweijährigen Tochter mit einer großen Verantwortung. Beide forderten und förderten mich in bester Weise. Gemeinsam mit einem starken Team konnte ich in den folgenden 16 Jahren meiner Zugehörigkeit entscheidend und mit großem Engagement (und großer Freude) daran mitwirken, dass Gräfe und Unzer zum Marktführer und einer der ganz wenigen Marken im Buchmarkt wurde. Nach elf Jahren wurde ich zur Geschäftsführerin Vertrieb und Marketing berufen. Es war eine sehr schöne und erfolgreiche Zeit für das Unternehmen und für mich.

Bevor vieles in dem doch eingeschränkten Marktsegment Ratgeber für mich zur Routine wurde, bekam ich das Angebot, als Geschäftsführerin Marketing und Vertrieb zur Verlagsgruppe Random House Deutschland (der führenden Publikumsverlagsgruppe im deutschsprachigen Raum) zu wechseln. Eine große und schöne Herausforderung, die ich knapp 50-jährig sehr gerne angenommen habe und der ich nach nun elf Jahren jeden Tag aufs Neue und wieder begleitet von einem großartigen Team mit Engagement und Spaß begegne.

Wenn man es zusammenfasst, waren meine berufliche Laufbahn und die von mir getroffenen Entscheidungen weniger von definierten Karrierezielen als vielmehr von dem Wunsch nach für mich sinnvollen und erfüllenden Aufgaben geprägt. Wann immer ich in den Positionen, die ich jeweils innehatte, zu der Erkenntnis kam, dass es an neuen Aufgaben und Herausforderungen mangelte, habe ich mich neu orientiert. Wichtig waren für mich dabei neue Aspekte der Tätigkeiten. Der Buchbranche bin ich aber in meinen nunmehr 42 Berufsjahren immer treu geblieben.

Wie viel Zeit investieren Sie in Ihre berufliche Aufgabe? Sind Sie rund um die Uhr erreichbar und ist das eigentlich erforderlich in Spitzenjobs?
Das kann ich sehr klar beantworten: Berufliches Engagement bedingt meines Erachtens immer auch ein deutliches Investment an Zeit, das sich nicht unbedingt in der Anzahl von Stunden bemessen lässt. 50 bis 60 Wochenstunden sind eher die Regel als die Ausnahme. Aber ich erwarte weder von mir selbst noch von meinen leitenden Mitarbeitern, rund um die Uhr für die Firma zur Verfügung zu stehen. Man braucht Ruhephasen und es braucht Entspannungsphasen. Ich warne gerade junge Mitarbeiterinnen und Mitarbeiter davor, sich durch eine ständige Erreichbarkeit zu überstrapazieren. Dennoch bin ich der festen Überzeugung, dass eine harte Trennung vom Arbeits- und Privatleben nicht sinnvoll ist. Das funktioniert schlichtweg nicht. Auch in meiner „freien" Zeit beschäftigen mich viele berufliche Themen, Fragen und Probleme. Ich habe das allerdings niemals als Belastung oder Störung meines Privatlebens empfunden.

Welches war rückblickend der entscheidende Faktor, der Ihre Karriere befördert hat?
Entscheidend war mein Engagement, gespeist durch eine große Leidenschaft für diesen Beruf und für die Buchbranche. Das war und ist der stärkste Beweggrund, der mir immer wieder Ansporn war. Es ist die Lust an der Arbeit und an der Erfüllung, die eine erfolgreiche Arbeit mit sich bringt. Mich hat immer wieder angetrieben, für eine Branche zu arbeiten und Produkte zu vertreiben und zu vermarkten, hinter denen ich stehen kann.
Durch großes Engagement, hohe Leistungsbereitschaft und erfolgreiche Arbeit konnte ich mir jenen guten Ruf in der Branche erarbeiten, der den Ausschlag für meinen letzten und größten Karriereschritt gegeben hat.

Welche Bedeutung hatten auf Ihrem beruflichen Weg die bewusste Karrieregestaltung einerseits und Zufall und Glück andererseits?
Bei mir war es eine gesunde Mischung: Wenn ich an den Punkt kam, an dem das Gefühl entstand, es ist nicht mehr so spannend und herausfordernd, es fehlt an der Weiterentwicklung, dann wurde ich aktiv und habe neue Wege beschritten. Glück gehörte allerdings auch dazu, wobei man „Glück" in Anführungsstriche setzen muss: Diese Branche, in der ich arbeite, ist sehr überschaubar. Sie ist sehr vernetzt, jeder kennt jeden und ich hatte das große Glück, dass mir meine derzeitige Position zum richtigen Zeitpunkt angeboten wurde.

Wie wichtig ist Branchen- und/oder Unternehmenstreue für den beruflichen Aufstieg? Oder braucht gerade Karriere den gezielten, wohl durchdachten Wechsel?
Ganz sicher befördert der gezielte und aktiv betriebene Wechsel Karrieren. Und Branchen- und Unternehmenstreue – zumindest über einen gewissen Zeitraum – helfen immer dann, wenn man aufgrund der Berufserfahrung, der erfolgreichen Arbeit und des guten Rufs, den man sich in einer Branche erarbeitet hat, interessant für ein anderes Unternehmen ist. Quereinstiege können aber mindestens genauso erfolgversprechend sein und sehr viele Unternehmen sind heutzutage darauf angewiesen, dass sie qualifizierte Mitarbeiter gewinnen, die Know-how und Erfahrungen aus ganz anderen Branchen oder Bereichen mitbringen.

Gibt es persönliche Schlüsseleigenschaften, die unverzichtbar sind für einen nachhaltigen Erfolg in Ihrem Berufsfeld? Falls ja, auf welche Eigenschaften kommt es dabei ganz besonders an?
Ich denke, dies ist die Leidenschaft für die Sache, für die Arbeit selbst, für das berufliche Umfeld. Unverzichtbar ist aus meiner Sicht dabei eine hohe Sachorientierung.
Nicht zu vergessen ist die den meisten Frauen in die Wiege gelegte soziale Kompetenz, die für die Führung von und die Arbeit mit Teams besonders befähigt.

Gibt es erworbene Schlüsselkompetenzen, die unverzichtbar sind für einen nachhaltigen Erfolg in Ihrem Berufsfeld? Falls ja, auf welche Kompetenzen kommt es dabei ganz besonders an?
Wichtig ist, dass man der Sache dient, problemlösungsorientiert arbeitet, eigene Eitelkeiten zurückstellt. Und man muss sein Team in diese Richtung coachen. Ich habe oft den Eindruck, dass Frauen zu emotional an Themen herangehen. Bei Männern ist hingegen das Streben nach Macht ausgeprägter. Meine Erfahrung ist: Man sollte klare Ziele haben und diese auch verfolgen. Dabei geht es aber nicht um Macht, sondern darum, dass man die richtigen Dinge tut. Und das auch noch gut und umsetzungsstark.

Welche Bedeutung hatten Vorbilder und Mentoren auf Ihrem beruflichen Weg? Waren es eher Frauen oder Männer? Was haben Sie gelernt?
Leider habe ich nie weibliche Vorgesetzte gehabt. Meine Vorgesetzten waren immer Männer. Vielleicht hat mich das geprägt. Und mein Vater, der erfolgreich in seinem Job war, hat mir diese zielorientierte Klarheit, Konsequenz und Durchsetzungsstärke gepaart mit Durchhaltevermögen vorgelebt. Diese Eigenschaft habe ich bei vielen Männern beobachtet; das wurde für mich zur Leitlinie.

Wie wichtig war und ist der private emotionale Rückhalt für Ihren beruflichen Weg?
Für mich war das immer sehr wichtig. Die Sicherheit und Geborgenheit einer Familie, die emotionale Unterstützung und die Rückzugsmöglichkeit waren für mich eine Grundvoraussetzung, den beruflichen Anforderungen gerecht werden zu können. Ganz besonderen Rückhalt fand ich bei meinem Mann, der durchaus mal eigene berufliche Interessen zurückgestellt hat, um mir den Rücken frei zu halten. Wir haben uns bei den damaligen politischen Rahmenbedingungen beide keine Erziehungs- oder Elternzeit geleistet. Das war damals weder erwünscht noch gefördert. Mein Mann und ich haben uns aber sehr früh entschieden, eine Kinderfrau zu beschäftigen und haben dafür Sorge getragen, dass einer von uns rechtzeitig zuhause war.

Wie schaffen Sie den Spagat zwischen der Freude am Erfolg verbunden mit hoher inhaltlicher und zeitlicher Belastung einerseits und dem Erfordernis mentaler Entspannung und dem Bedürfnis nach der Pflege privater sozialer Kontakte andererseits?
Ich habe nie bewusst den Spagat zwischen beruflichem Erfolg, Entspannungsphasen und der Pflege privater Kontakte gesehen. Ich habe das auch niemals als sportliche Leistung empfunden. Entspannungsphasen habe ich mir gegönnt und konnte dann auch sehr gut abschalten. Danach bin ich wieder eingestiegen in Themen und Probleme, in die Arbeit. Ich habe nie wirklich darunter gelitten, das war kein Thema.

Welche Bedeutung haben Auslandsaufenthalte für die Entwicklung von Karrieren in Ihrem Berufsfeld? Machen sie Sinn oder wird ihre Bedeutung überschätzt?
Aus heutiger Sicht halte ich das für sehr wichtig. Erstens, weil das Thema Fremdsprachen hohe Bedeutung hat. Sprachen lernt man in Schul- und Studienzeiten im Ausland am allerbesten. Zweitens kann man über Praktika oder Volontariate die Arbeitswelt in anderen Ländern kennen lernen. Das halte ich für extrem wichtig, es ist eine Grundvoraussetzung für den beruflichen Erfolg. Auslandsaufenthalte, vor allem mit praxisbezogenem Erfahrungsaustausch, werden deshalb von unserem Unternehmen sehr gefördert.

Spielt ein großes und gut gepflegtes Netzwerk wirklich die Rolle, die ihm vielfach zugeschrieben wird?
Da ich keine große „Networkerin" bin, sehe ich das nicht so.

Welche Vorteile haben Sie persönlich aus Netzwerken für sich generieren können?
Mir hat mein kleines, aber gut gepflegtes Netzwerk mit erfahrenen und sympathischen Kolleginnen und Kollegen aus der Branche sehr viel an Erfahrung gebracht und immer wieder geholfen, „über den eigenen Tellerrand" zu schauen.

Welche Rückschläge mussten Sie auf Ihrem beruflichen Weg hinnehmen? Wie kam es dazu und wie sind Sie damit umgegangen?
Den gab es, als meine Tochter noch sehr klein war und mein damaliger Arbeitgeber mir einen nächsten Karriereschritt nicht zutraute. Das war Anlass für mich, mir eine neue, anspruchsvollere Aufgabe zu suchen. Und ich habe sie, wie schon ausgeführt, beim Verlag Gräfe und Unzer gefunden. Das war aber der einzige „Stolperstein", den ich in meiner Karriere hatte.

Hatten Sie auf Ihrem beruflichen Weg schon mal das Gefühl der Frustration und/oder der Resignation? Wie sind Sie mit diesem Gefühl umgegangen?
Frustrationserlebnisse gibt es natürlich immer wieder mal im Arbeitsalltag. Mein Umgang damit: Wo liegt das Problem? Liegt es an mir/meiner Einstellung oder an anderen? Wie gehe ich es an? Und dann tue ich etwas. Oder höre auf, mich zu ärgern.
Wichtig ist, dass man nicht resigniert. Wenn man dieses Gefühl bei sich erkennt, sollte man sich schnellstmöglich fragen, ob man die Situation ändern kann oder gar wechseln muss.

Gab es auf Ihrem beruflichen Weg Situationen, wo Sie gegen Widerstände Ihren eigenen Weg gegangen sind und es sich gelohnt hat?
Ja, die gab es natürlich in einem so langen Berufsleben. Meine Erfahrung hat gezeigt, dass es sich lohnt, die Gründe für Widerstände zu verstehen oder sich zumindest für sie zu interessieren. Das hilft, die eigene Meinung oder Haltung zu überprüfen, um gegebenenfalls mit besseren Argumenten überzeugen zu können.

Welche Ratschläge würden Sie jungen Frauen in der Medienbranche mit auf den Weg geben?
Wenn man beruflich erfolgreich sein und nicht nur irgendeinen Job machen möchte, dann braucht es eine ausgeprägte Leidenschaft für die Sache. Außerdem Energie gepaart mit Disziplin sowie Ziel- und Sachorientierung, auch in der Kommunikation. Sachorientierte Kommunikation gegenüber Vorgesetzten und Kollegen und die Erarbeitung von Lösungen

statt Darstellung von Problemen ist wichtig. Dabei helfen Frauen soziale Kompetenz und eine Portion Charme. Ich erlebe gerade jüngere Frauen häufig nicht so lösungsorientiert, wie ich mir das wünschen würde. Sie verwenden sehr viel Zeit darauf, das jeweilige Problem darzustellen, anstatt zumindest Lösungsansätze aufzuzeigen. Und man darf nicht vergessen: Die eigenen Leistungen und Erfolge angemessen darzustellen. Das sind Ratschläge, die gelten völlig unabhängig von der Branche.

Welches sind die drei wichtigsten Stellschrauben für den Erfolg in Ihrem beruflichen Umfeld?
Hohe Einsatzbereitschaft, klare Ziele gepaart mit hoher Umsetzungsstärke. Außerdem sollten Herausforderungen mit Mut und Zuversicht angegangen werden.

Was mussten Sie für die Erreichung Ihrer beruflichen Ziele und auf Ihrem beruflichen Weg aufgeben, was ist „auf der Strecke" geblieben?
Ich musste nichts aufgeben und es ist nichts auf der Strecke geblieben. Als meine Tochter noch ein wenige Wochen altes Baby war und ich sie in die Obhut einer Kinderfrau gegeben habe, da gab es schon mal Phasen des Zweifels und ich stellte mir die Frage: „Bist du eine Rabenmutter?". Aber wenn ich mich mit Frauen verglich, die nach der Geburt zuhause geblieben sind, konnte ich feststellen, die Kinder haben sich gleich gut entwickelt. Später hat meine Tochter bestätigt, dass es ihr an nichts gefehlt hat.
Ich tue mich deshalb auch schwer damit, wenn junge Frauen, die sehr gut ausgebildet und befähigt sind und mit der klaren Zielsetzung angetreten sind, eine Führungsrolle zu übernehmen, oft in dem Moment, in dem die Kinder kommen, sagen: „Jetzt nehme ich mir erst einmal drei Jahre Elternzeit" oder „ich nehme zwei Jahre Elternzeit und dann überlege ich nochmal".
Für mich ist das gelegentlich frustrierend. Es ist schade, dass so wenige junge Frauen bereit sind, die Herausforderung anzunehmen, einen anspruchsvollen Job und Kinder unter einen Hut zu bringen. Ich habe gar nichts dagegen, wenn jemand die Entscheidung trifft, ich will mich um meine Familie kümmern. Das ist absolut in Ordnung. Aber lange Elternzeiten und Teilzeitjobs schließen aus meiner persönlichen Sicht interessante berufliche Entwicklungen aus.
Viele Mütter sind sicherlich verunsichert und wollen nicht als Rabenmutter gelten. Ich finde es extrem schade, dass es überhaupt noch diese Vorurteile gibt. Diese unterschiedlichen Lebensentwürfe sind gleichberechtigt nebeneinanderzustellen und es steht niemanden zu, sich darüber in irgendeiner Form zu äußern. Ich würde mir nur wünschen, dass diese jungen gut ausgebildeten Frauen, die häufig so viel besser sind in ihren Jobs als die jungen Männer in vergleichbaren Positionen, ihren beruflichen Weg mit viel Mut und Durchsetzungswillen beschreiten.
Ich kenne einige jüngere Kolleginnen, die es genauso gemacht haben wie ich. Ich schätze sie sehr, weil sie es schaffen, diesen Spagat zwischen Beruf und Familie hinzukriegen. Sie sind ausgeglichen, positiv in ihrer Wirkung und sie meistern ihre Probleme. Und die gibt es natürlich auch, wenn ein Kind mal krank wird. Als Vorgesetzte vieler dieser jungen Mütter bringe ich für solche Situationen viel Verständnis auf.

Was hätten Sie rückblickend gern anders gemacht auf Ihrem beruflichen Weg? Gibt es „Weichen", bei denen Sie heute anders abbiegen würden?
Rückblickend hätte ich keine anderen Weichenstellungen gewählt. Ich musste nichts aufgeben, um meine Ziele zu erreichen; es ist nichts auf der Strecke geblieben.

„Leidenschaft und Sensitivität"
Elisabeth Ruge, Lektorin und Verlegerin

© Markus Wächter

Elisabeth Ruge wurde 1960 in Köln geboren. Die Nähe zu Büchern prägt ihren beruflichen Werdegang. Nach einer Lehre als Verlagsbuchhändlerin beim Claassen-Verlag wurde sie Lektorin beim S. Fischer Verlag. Parallel dazu studierte Elisabeth Ruge in Frankfurt Anglistik, Amerikanistik und Slavistik. 1994 gründete sie mit ihrem Ehemann Arnulf Conradi und Veit Heinichen den Berlin Verlag und wurde 2005 dort verlegerische Geschäftsführerin. Innerhalb des Berlin Verlags entwickelte sie einige weitere Programme, so als Imprint einen Kinderbuchverlag und den wissenschaftlich ausgerichteten Berlin Academic Verlag. Im Januar 2012 gründete sie unter dem Dach des Carl Hanser Verlags den Verlag Hanser Berlin. Elisabeth Ruge gehört dem Vorstand der Stiftung 20. Juli 1944 an und ist seit Dezember 2010 Mitglied der Jury der Kulturstiftung des Bundes. Sie lebt mit ihren zwei Kindern in Berlin.

Ihr beruflicher Weg hat Sie ganz an die Spitze geführt. Haben Sie von dieser Position schon zu Berufsbeginn geträumt? War es womöglich die Erfüllung eines lang gehegten Wunsches? Skizzieren Sie bitte kurz, wie es zu Ihrer beruflichen Laufbahn kam.

Ich wusste schon ganz früh, dass ich etwas mit Literatur zu tun haben wollte, dass Literatur im Zentrum meines Lebens stehen würde. Und zwar nicht nur beruflich, sondern ganz generell. Das ist bei meinem Beruf ohnehin nicht so ohne weiteres auseinander zu halten, das sogenannte Dienstliche und das Private. Und ich kann mir ohnehin nicht vorstellen, etwas beruflich zu machen, was mich nicht auch privat erfüllt. Dass ich nun genau so ein Leben führen kann, ist ein großes Glück.

Ich hatte aber auch relativ früh das Empfinden, dass ich nicht zwingend Schriftstellerin werde. Es macht mir zwar Spaß, zu schreiben. Ich übersetze auch gerne, aber ich hatte nie das Gefühl, dass es – im altmodischen Sinne des Wortes – meine Berufung sei, zu schreiben. Ich habe da eine Vorstellung, die vielleicht ein wenig romantisch ist, aber doch für viele gute Schriftstellerinnen und Schriftsteller kennzeichnend ist: Man muss es als etwas Unvermeidliches empfinden, man muss angetrieben sein von dem Gefühl der Dringlichkeit, sich auf dem Papier zu verwirklichen. Genau das habe ich damals als junge Frau nicht gespürt und darum habe ich mir gesagt, ich schaue, was es um die Literatur herum noch für Möglichkeiten gibt.

Und so habe ich mich sehr früh Richtung Verlag orientiert und eine Verlagsbuchhändlerlehre gemacht. Davor habe ich zunächst eine Ausbildung als Übersetzerin/Dolmetscherin für Russisch absolviert – direkt nach dem Abitur in Moskau. Ich wollte auf keinen Fall sofort studieren, sondern erst mal praktische Erfahrungen sammeln und auch ein bisschen reisen. Beinahe ein Jahr lang habe ich in Moskau gelebt und dort am Puschkin-Institut studiert. Meine anschließende Verlagsbuchhändlerlehre habe ich beim Verlag Econ/Claassen in Düsseldorf gemacht. In allen Abteilungen habe ich hospitiert, auch mal in der Buchhaltung oder in der Poststelle, und natürlich habe ich gelernt, wie aus einem Text ein Buch entsteht. Ich bin zur Berufsschule gegangen, habe in einer Druckerei und in einer Setzerei ein Praktikum gemacht und viele Leute in unterschiedlichen Berufen kennengelernt. Man hat mir wirklich eine gute Ausbildung angedeihen lassen. Parallel habe ich immer wieder auch übersetzt und mich literarischen Aufgaben zugewandt. Durch die Ausbildung hab ich ein Gefühl dafür bekommen, wie sich für viele Menschen der Arbeitsalltag gestaltet. Das ist wichtig, wenn man einem Unternehmen vorsteht, auch gerade, wenn es ein Verlag ist. Man muss eine Vorstellung davon haben, wie die Menschen, die in diesem Verlag arbeiten, ihre Arbeit begreifen, wie die Abteilungen miteinander „verzahnt" sind.

Am Ende meiner Ausbildung habe ich dann einige Monate kommissarisch die Rechte- und Lizenzabteilung geleitet. Das war eine interessante, recht anspruchsvolle Aufgabe – ich war ja gerade mal 22 Jahre alt. Diese Möglichkeit hatte sich durch das Ausscheiden einer Kollegin ergeben. Ich bin damals ziemlich ins kalte Wasser geworfen worden und konnte über einige Wochen und Monate eine recht verantwortungsvolle Aufgabe übernehmen. Erst danach habe ich angefangen, in Frankfurt am Main zu studieren und habe parallel beim S. Fischer-Verlag im Lektorat als freie Mitarbeiterin gearbeitet. Dort habe ich vor allem ausländische Belletristik betreut. Zum Beispiel die große Virginia Woolf-Ausgabe, die übrigens jetzt erst allmählich abgeschlossen wird.

Studiert habe ich mit großem Interesse, aber doch manchmal auch nebenbei. Wenn ich so drüber nachdenke, hatte ich niemals im Leben eine Phase – mit Ausnahme der Zeit in Moskau nach dem Abitur –, in der ich nicht in einem Arbeitsverhältnis stand.

Der Begriff Karriere kam mir dabei niemals in den Sinn. Das ist ein Wort, das mir fremd ist. Vielleicht hat das damit zu tun, dass man Literatur und Karriere nicht so ohne weiteres zusammenspannen kann. Ich habe im übrigen auch nie überlegt, wie ich am schnellsten an die Spitze komme – das war keine zielgerichtete Unternehmung.

Aufgewachsen bin ich mit einem Vater, der als Journalist den Gedanken der Freiheit in den Mittelpunkt seines Lebens und seiner Arbeit gestellt hat. Er hat mir – einfach durch die Entscheidungen, die er für sein Leben getroffen hat – vermittelt, dass die besten Arbeitsbedingungen jene sind, die ein hohes Maß an Freiheit erlauben. Das aber sind oftmals gerade nicht die Bedingungen, die man im mittleren Management findet. Eigentlich ist man dort am unfreiesten. In einem Verlag beispielsweise stattet einen die Position der Verlegerin mit Freiheiten aus. Ähnlich ist es als Lektorin – hier bringt allein schon die Tätigkeit, bei der man ganz nah am Autor dran ist, ein höheres Maß an kreativer Freiheit mit sich als beispielsweise die Stelle der Cheflektorin. Als Cheflektorin ist man immer stark in organisatorische Abläufe eingebunden und oftmals gar nicht mehr wirklich involviert am kreativen Prozess. Meine Arbeit als Lektorin habe ich immer besonders geschätzt.

Wie viel Zeit investieren Sie in Ihre berufliche Aufgabe? Sind Sie rund um die Uhr erreichbar und ist das eigentlich erforderlich in Spitzenjobs?

Ich bin schon rund um die Uhr mit meinem Beruf befasst. Auch wenn ich zuhause sitze und ein Buch lese, das vielleicht gar nicht unmittelbar mit meinem Verlagsalltag zu tun hat, so ist es doch etwas, was in das greift, was ich beruflich tue.

Die Entscheidungen, wie ein Programm aussehen soll, welche Autoren ausgewählt und welche Bücher akquiriert werden – all diese Dinge hängen mit der eigenen Vorstellung von Literatur zusammen, mit dem, was einem wichtig ist und welche Kriterien man für gute Literatur ansetzt. Und diese Vorstellung entwickelt sich natürlich aus der Beschäftigung mit Literatur, aus dem Schreiben, dem Übersetzen, dem Lesen. Das lässt sich, wie gesagt, überhaupt nicht voneinander trennen.

Was die Erreichbarkeit angeht, so ist sie erforderlich und dabei noch umfassender, als wenn ich CEO eines großen Software-Unternehmens wäre. Auch er muss zwar in Kauf nehmen, am Wochenende im Büro zu sein oder für wichtige Entscheidungen zur Verfügung zu stehen oder unvermittelt eine Dienstreise antreten zu müssen. Ich dagegen bin im Verlag nicht nur Ansprechpartner für meine Mitarbeiterinnen und Mitarbeiter, sondern auch für die Autoren, die beispielsweise ihre Krise mit einem Buch nicht immer pünktlich zwischen 9 und 18 Uhr, an Wochentagen, kriegen. Wenn sie beispielsweise feststecken oder das Gefühl haben, dass da etwas schief läuft mit dem Umschlag; wenn sie anrufen, um zu sagen, dass sie unbedingt eine Änderung im Manuskript des Klappentextes wollen oder eine kritische Besprechung gelesen haben, die sie ärgert oder verunsichert – dann muss man dafür ein offenes Ohr haben.

Aber es geht um noch etwas anderes, es geht um die Arbeit mit Literatur: Das können sie nur gut machen, wenn sie Literatur lieben und wenn das ein durchgehender Bestandteil ihrer geistigen Welt ist. Deswegen ist man einfach immerzu dabei.

Welches war rückblickend der entscheidende Faktor, der Ihre Karriere befördert hat?

Natürlich ist auch in diesem Bereich der ökonomische Erfolg ein entscheidender Faktor. Es kommt darauf an, gute Autoren und gute Bücher zu entdecken und zu fördern, das heißt, die richtigen Entscheidungen für das eigene Programm zu treffen. Bekommt man das hin, stoßen auch andere Autoren zum Verlag. Wichtig ist auch, Mitarbeiter zu versammeln, Menschen, die geistig offen und beweglich sind, die ein lebhaftes Interesse haben, neue Talente zu entdecken. Wenn ihnen das regelmäßig gelingt und sich allmählich in ihrem Programm abbildet, dann wird man im literarischen, verlegerischen Umfeld wahrgenommen – und macht womöglich das, was man Karriere nennt.

Welche Bedeutung hatten auf Ihrem beruflichen Weg die bewusste Karrieregestaltung einerseits und Zufall und Glück andererseits?
Zufall spielt bei mir immer mit hinein. Im ersten Programm von Hanser Berlin habe ich das Buch von Philippe Pozzo di Borgo, „Ziemlich beste Freunde", veröffentlicht und davon 350.000 Exemplare verkauft. Dieser Erfolg hing mit einem Zufall zusammen. Ich wollte seit Ewigkeiten mal wieder mit meinen Kindern ins Kino gehen. Und als ich dann in „Ziemlich beste Freunde" erlebte, wie bewegt und begeistert das Publikum reagiert, habe ich mir Gedanken gemacht, was den Menschen an diesem Film so wichtig ist, was ihn zu einem solchen Erfolg macht – und zwar jenseits von dem guten Drehbuch und den guten Schauspielern. Das Publikum war sehr gemischt an jenem Abend: Leute, die Geld hatten, Leute, die eher nicht so betucht waren, Alte, Junge, Paare und so weiter. Es war so, als ob sich unsere Gesellschaft in klein in diesem Kino abbildete.
Wenn man darüber nachdenkt, warum diese Menschen einen Film als wichtig für sich selbst empfinden, der von einem schwerstbehinderten französischen Adligen und einem vermeintlichen Looser aus den Banlieues handelt, merkt man schnell – das ist eine Geschichte von zwei Menschen, die an den Rand der Gesellschaft geraten sind, der eine durch soziale Umstände, der andere durch einen tragischen Unfall, der ihn von einem Augenblick zum anderen an die Peripherie katapultiert. Diese beiden treffen sich, freunden sich an und schaffen etwas, was unsere Gesellschaft offensichtlich vielen Menschen nicht mehr bieten kann, nämlich eine Art von Nähe, die auf gegenseitiger Hilfe, auf Loyalität und Zuverlässigkeit basiert. Es gibt in unserer Gesellschaft eine Tendenz zur Vereinsamung und das scheinen inzwischen viele Menschen zu empfinden. Man sieht also den Film und hat das Gefühl, hier zeigt sich so etwas wie ein Gegenentwurf. Das hat mich interessiert und deswegen habe ich mir das Buch angeguckt und festgestellt, dass es sich keinesfalls um ein „Buch zum Film" handelt, sondern dass der Text viel weiter ausgreift, auch in seiner philosophischen Ausrichtung.
Und genau das hat das Buch dann mit anderen Autoren aus unserem Programm verknüpft, zum Beispiel mit Richard Sennett, dem großen in London lebenden amerikanischen Soziologen. Er war auch sogleich geradezu fasziniert von der Rezeptionsgeschichte des Films, wenn man so sagen will, von den Aussagen über unser gesellschaftliches Miteinander, die sich daraus ableiten lassen. Damit passte dieses Buch bestens in unser Programm. Und man kann durchaus sagen, es war Zufall, dass ich in diesem Kino gesessen habe. Es war aber kein Zufall, dass ich gleichsam das Gespür und die Vorstellungskraft hatte, die Kompatibilität und den wahrscheinlichen Erfolg des Buches innerhalb unseres Programms zu erkennen. Zufall gehört also zum Erfolg dazu. Man kann auch ein wenig weiter ausholen – und auf die Fortuna zu sprechen kommen, wie Machiavelli sie beschreibt. Die rollt an einem vorbei und hat am ansonsten kahlen Hinterkopf ein paar Haarbüschel. Diesen Schopf muss man ergreifen, wie es ja auch sprichwörtlich heißt. Man muss also aus einer Gelegenheit, die einem das Leben bietet, eine Chance machen. Mit Machiavelli sagt es noch deutlicher: Man benötigt die „virtù", die Kühnheit und Tatkraft, um den entscheidenden Moment zu erkennen und zu handeln.

Wie wichtig ist Branchen- und/oder Unternehmenstreue für den beruflichen Aufstieg? Oder braucht gerade Karriere den gezielten, wohl durchdachten Wechsel?
Diese Frage kann ich nicht beantworten, weil mich diese Art des strategischen Denkens nie geleitet hat. Ich bin immer dann weggegangen und habe etwas anderes gemacht, wenn ich nicht mehr die Voraussetzungen vorgefunden habe, um das, was mir wichtig war, zu tun. Grund für den Wechsel war aber niemals ein strategisches Kalkül.
Für mich war die Frage vielmehr: Warum bin ich hier unglücklich, warum passt das nicht mehr zu mir, warum kann ich nicht mehr erfolgreich kommunizieren? Diese Themen waren für mich immer der Antrieb für einen Wechsel.
Der Wechsel war dann auch nicht automatisch ein Schritt nach oben, denn das war für mich nicht notwendigerweise relevant, sondern vielmehr ein Schritt dahin, wo ich mich freier und entsprechend meinen Vorstellungen entfalten und einbringen konnte.

Gibt es persönliche Schlüsseleigenschaften, die unverzichtbar sind für einen nachhaltigen Erfolg in Ihrem Berufsfeld? Falls ja, auf welche Eigenschaften kommt es dabei ganz besonders an?
In meinem Bereich ist das erstens – Leidenschaft. Dann die Bereitschaft, an einem kreativen, literarischen Prozess teilzunehmen. Man muss Literatur lieben und auch in Kauf nehmen, dass man in dieser Sparte tendenziell weniger verdient als in anderen kreativen Bereichen, wie zum Beispiel in der Werbung oder im Filmgeschäft.
Zweitens muss man die Bereitschaft mitbringen, sich auf Menschen einzulassen und damit meine ich in erster Linie auf die Autoren. Das erfordert eine gewisses Maß an Sensitivität. Und auch Neugier, im Sinne einer lebhaften, angeregten Interessiertheit.
Drittens muss man dafür sorgen, dass alle gemeinsam in einem Verlag gut miteinander kommunizieren. Nur dann funktioniert ein Verlag und Erfolge stellen sich ein. Auch die Autoren müssen das Gefühl haben, dass ein Verlag in allen Bereichen gut mit ihnen zusammenarbeitet.
Viertens muss man eine gute Portion Beharrlichkeit und Durchhaltevermögen mitbringen. Es gibt Autoren, bei denen man weiß, dass sie bedeutend sind – sie brauchen aber noch Zeit, bis sich der Erfolg einstellt. Dann muss man bereit sein, zwei, drei, vier Bücher abzuwarten, bis dieser Erfolg dann auch kommt – ein Erfolg übrigens, der sich nicht nur in Verkaufszahlen bemisst. Genau solche Autoren sind für einen literarischen Verlag oftmals besonders wichtig; um sie muss man ein geeignetes Programm bauen. Das Geld wird an anderer Stelle, mit anderen Titeln gemacht. Nicht alle Bücher in einem literarischen Verlag können sich selbst tragen – das anzustreben wäre ein grundsätzlicher Fehler.

Gibt es erworbene Schlüsselkompetenzen, die unverzichtbar sind für einen nachhaltigen Erfolg in Ihrem Berufsfeld? Falls ja, auf welche Kompetenzen kommt es dabei ganz besonders an?
Grundlegend muss man Beharrlichkeit mitbringen, aber das trifft ja für fast alle Berufsfelder zu. Und Intuition. Geistige Regsamkeit und Flexibilität, die man ebenfalls braucht, kann man dagegen zunehmend durch die Berufserfahrung ausbilden.

Welche Bedeutung hatten Vorbilder und Mentoren auf Ihrem beruflichen Weg? Waren es eher Frauen oder Männer? Was haben Sie gelernt?
In meinem Fall waren es eher Männer, aber nur aufgrund der Umstände, nicht, weil ich mich mehr an Männern orientiert hätte. Einer war Günther Busch, der mit Sicherheit be-

deutendste, deutsche Sachbuchlektor, wirklich eine Legende im Verlagswesen, der die meiste Zeit seiner beruflichen Karriere beim Suhrkamp-Verlag verbracht und dort die Edition Suhrkamp erfunden hat. Mit ihm habe ich, nachdem er über Umwege zum S. Fischer-Verlag gekommen ist, ein Büro geteilt und bin so über drei oder vier Jahre bei ihm gleichsam in die Ausbildung gegangen. Das war ein riesiges Geschenk – und „old school".
Dann gibt es noch einen weiteren Menschen, der sehr viel weiter weg ist, mich aber tief beeinflusst hat, nämlich Robert Silvers. Bob hat vor vielen Jahren in Amerika die New York Review of Books gegründet. Das ist eines der wichtigsten intellektuellen Organe Amerikas. Vordergründig besteht die Review aus Buchbesprechungen – sie werden allerdings als Vehikel benutzt, um alle möglichen Autoren dazuzubekommen, über unterschiedlichste Themen aus den unterschiedlichsten Bereichen – aus der Kultur, der Politik, Demographie, Zeitgeschichte etc. – einen längeren Text zu schreiben. Bob hat mich immer sehr beeindruckt. Er saß in einem Büro, in dem man ihn gar nicht sah, weil ihn so viele Bücher, Zeitschriften, Manuskripte umgaben. Dort saß er also hinter den Papiertürmen, Tag für Tag, selbst an Heiligabend, redigierte, las und puzzelte an den neuen Ausgaben. Abends aber schwärmte er aus und ging auf Autorensuche, besser auf Autorenfang – und überzeugte höchst interessante, viel beschäftigte Leute, dass sie eben doch Zeit hätten, einen Text zur neuen Ausgabe von Emily Dickinsons Briefen zu schreiben oder auch zur neusten Atatürk-Biographie: Wenn man durch die Bände der New York Review of Books blättert, sieht man quasi das gesamte intellektuelle Amerika ab etwa Mitte des vorigen Jahrhunderts abgebildet, vereint mit den führenden europäischen Schriftstellern und Intellektuellen. Bob Silvers verdanken wir unzählige wichtige Texte, sie bilden ein geistiges Archiv unserer Zeit.

Wie wichtig war und ist der private emotionale Rückhalt für Ihren beruflichen Weg?
Mein Vater spielt eine große Rolle in meinem Leben. Doch auch die Familie mütterlicherseits ist ein großer emotionaler Bezugspunkt für mich. Meine Mutter war über viele Jahre sehr krank – angesichts dessen ist es beinahe erstaunlich, dass ich mein Leben so führen konnte, wie ich es getan habe. Das wäre ohne die Unterstützung meiner Familie, vor allem meiner Tanten, nicht möglich gewesen. Meine Mutter hatte fünf Geschwister, davon vier Schwestern. Meine Großmutter war eine phantastische Frau, die ihren Mann nach dem 20. Juli 1944 verloren hat. Er war am Widerstand beteiligt und ist hingerichtet worden. Meine Großmutter hat sechs Kinder großgezogen und war eine unglaublich einnehmende und kluge Person, die eine großartige Haltung verkörperte. Sie hat uns gezeigt, dass es schwere, auch schreckliche Dinge im Leben geben kann. Man muss versuchen, sie hinzunehmen. Man muss sie als Teil des Lebens begreifen. Und dann muss es weitergehen, aber auf eine Weise, die einen das Leben genießen und gut leben lässt. Sie war das Zentrum der Familie. Bis heute, da auch meine Generation nun Kinder hat, besteht dieser große familiäre Zusammenhalt – er ist für mich enorm wichtig.

Wie schaffen Sie den Spagat zwischen der Freude am Erfolg verbunden mit hoher inhaltlicher und zeitlicher Belastung einerseits und dem Erfordernis mentaler Entspannung und dem Bedürfnis nach der Pflege privater sozialer Kontakte andererseits?
Es gibt sicherlich viele Frauen, die wesentlich mehr leisten als ich. Grundsätzlich ist es aber nicht nur eine Frage der Organisation, das kriegt man ja meist schon irgendwie hin, sondern auch eine Frage der emotionalen und seelischen Befindlichkeiten aller Beteiligten. Als meine Mutter noch lebte und die Krankheit schlimmer wurde, war meine Arbeit schon sehr von

diesen schmerzlichen privaten Aspekten beeinflusst, immerzu hatte ich das Gefühl, ich müsste mehr Zeit investieren, um die Situation für meine Mutter gut hinzubekommen. Oder bei den kleineren Krisen der Kinder – wenn man nach Hause kommt und sie merken, man ist zwar da, wälzt aber irgendein berufliches Problem und schenkt ihnen nicht die Aufmerksamkeit, die sie brauchen. Dann wird es manchmal schwierig. Dieser Moment der Zerrissenheit kommt immer wieder mal vor, das Gefühl, nichts wirklich gut genug hinzubekommen. Tja, damit muss man eben fertig werden. Und es tut gut, wenn man merkt, anderen geht es genauso.

Welche Bedeutung haben Auslandsaufenthalte für die Entwicklung von Karrieren in Ihrem Berufsfeld? Machen sie Sinn oder wird ihre Bedeutung überschätzt?
Das ist heutzutage sehr wichtig und man sollte sich auf jeden Fall in dieser Hinsicht bemühen.

Spielt ein großes und gut gepflegtes Netzwerk wirklich die Rolle, die ihm vielfach zugeschrieben wird?
Netzwerke sind sehr wichtig, auch wenn ich es persönlich manchmal als schwierig empfinde, solche Netzwerke aufrechtzuerhalten. Es geht ja vielfach um persönliche Treffen und so weiter und das funktioniert bei mir zeitlich oft einfach nicht.

Welche Vorteile haben Sie persönlich aus Netzwerken für sich generieren können?
Netzwerke waren für mich, wie gesagt, wichtig, auch für meinen beruflichen Werdegang. Allerdings insbesondere dann, wenn sie weitgehend offen konzipiert waren oder auch einen improvisatorischen, „spontanen" Charakter hatten.

Welche Rückschläge mussten Sie auf Ihrem beruflichen Weg hinnehmen? Wie kam es dazu und wie sind Sie damit umgegangen?
Insbesondere in der Welt, in der ich im Moment arbeite, in der es zu ganz großen Veränderungen kommt – aufgrund der „digitalen Revolution" –, kann man schon mal ins Stolpern geraten. Wenn man Dinge schlicht „verschläft", wenn man auf Entwicklungen nicht rasch genug eingeht oder eingehen kann. Und man kann darüber stolpern, dass man in einer solchen Situation nicht auf die richtigen Partner stößt. Gerade in so aufgeregten Zeiten muss man die richtigen Leute treffen, mit denen man Dinge umsetzen kann.

Hatten Sie auf Ihrem beruflichen Weg schon mal das Gefühl der Frustration und/oder der Resignation? Wie sind Sie mit diesem Gefühl umgegangen?
Frustration? Ja, klar – immer wieder. Resignation – eher selten. Das Motto: Keep calm and carry on. Und bei anhaltender Frustration, bei anhaltenden Rückschlägen – gemeinsam analysieren, was schief läuft. Das gilt übrigens auch für Erfolge: Die gemeinsame Analyse lohnt sich immer, um für die Zukunft (noch) effektivere Vorgehensweisen zu entwickeln.

Gab es auf Ihrem beruflichen Weg Situationen, wo Sie gegen Widerstände Ihren eigenen Weg gegangen sind und es sich gelohnt hat?
Wenn ich überzeugt war, eine bessere Vorstellung davon zu haben, wie es laufen müsste – und dauerhaft auf Widerstände gestoßen bin –, habe ich mich meist entschlossen zu gehen. Das war in aller Regel auch der bessere Weg für mich.

Welche Ratschläge würden Sie jungen Frauen in der Medienbranche mit auf den Weg geben?
Ganz wichtig ist es, mit einer gewissen Unverkrampftheit an die Dinge zu gehen und auch mit einer gewissen Sicherheit, auch wenn man die nicht immer so hundertprozentig spürt. Man wächst in Situationen und mit jeder Herausforderung – dazu muss man sich ihnen aber auch stellen.

Welches sind die drei wichtigsten Stellschrauben für den Erfolg in Ihrem beruflichen Umfeld?
Erstens: Dieses ewige Thema „Kriegt man es unter einen Hut, Kinder und Arbeit usw." – das sollte einen nicht so beeinflussen. Man sollte sich nicht den Schneid abkaufen lassen. Zweitens ist es wichtig, dass man Fremdsprachen beherrscht. Drittens: Was mich interessiert, wenn ich Lebensläufe lese, ist, ob man auch mal überraschende Dinge gemacht hat. Menschen sind gerade dann interessant, wenn sie nicht nur gezielt die Bausteine aufeinander gesetzt haben. Das zeigt: Da ist ein Mensch, der hat wirkliche Interessen und der weicht auch mal vom vorgezeichneten Pfad ab, um diesen Interessen nachzugehen.
Und natürlich muss man sich darauf einstellen, dass man hart arbeiten muss. Man muss zuverlässig und beharrlich sein und man muss mutig sein. Und schließlich soll man versuchen, für das einzustehen, was einem wichtig ist.

Was mussten Sie für die Erreichung Ihrer beruflichen Ziele und auf Ihrem beruflichen Weg aufgeben, was ist „auf der Strecke" geblieben?
Nichts.

Was hätten Sie rückblickend gern anders gemacht auf Ihrem beruflichen Weg? Gibt es „Weichen", bei denen Sie heute anders abbiegen würden?
Nichts – das kann ich ganz ehrlich sagen und das ist einer der wirklich glücklichen Umstände meines Lebens. Aber das hängt eben damit zusammen, dass ich mein größtes Interesse, meine größte Leidenschaft zu meinem Beruf machen konnte.

II. Medienteilmarkt Nachrichten

„Wenig Raum für Zukunftsträume"
Karina Böckmann, Chefredakteurin IPS-Inter Press Service Deutschland

Karina Böckmann, Jahrgang 1958, ist seit mehr als 25 Jahren als Journalistin tätig und hat sich während dieser Zeit intensiv mit Themen der internationalen Politik, der menschlichen Entwicklung und Fragen der Globalisierung befasst. Ihr Hauptinteresse gilt Minderheiten, Flüchtlingen, Ureinwohnern und Bevölkerungsfragen. Für IPS Deutschland ist die studierte Romanistin und Germanistin als Chefredakteurin tätig.

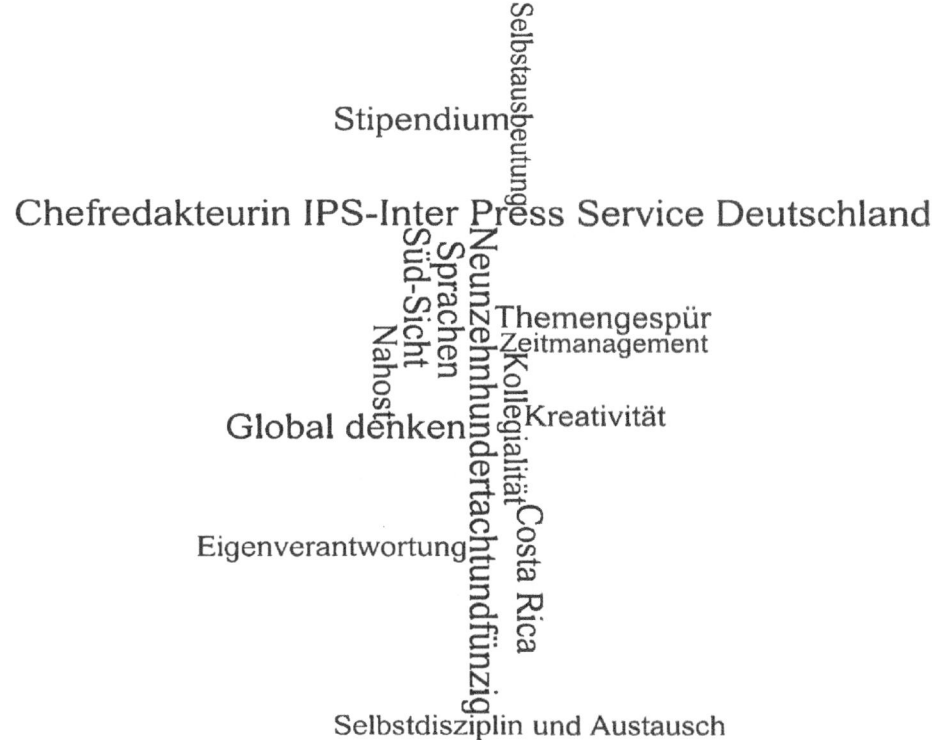

Ihr beruflicher Weg hat Sie ganz an die Spitze geführt. Haben Sie von dieser Position schon zu Berufsbeginn geträumt? War es womöglich die Erfüllung eines lang gehegten Wunsches? Skizzieren Sie bitte kurz, wie es zu Ihrer beruflichen Laufbahn kam.

Dass mich mein Weg an die Spitze geführt hat, klingt gut, muss aber relativiert werden. Denn verantwortlich bin ich für eine Mini-Redaktion, die den kleinen aber feinen deutschsprachigen Dienst einer internationalen Nachrichtenagentur herausgibt und verbreitet. Ich persönlich sehe mich eher als Steuerfrau eines Zweihandseglers, der gegen die Wucht der derzeitigen Medienkrise ankämpft.

Ich habe nie davon geträumt, eine Leitungsfunktion zu übernehmen. Ich wollte Bildhauerin werden und bin durch eine Ferienvertretung bei der IPS Dritte Welt Nachrichtenagentur, wie IPS Deutschland damals hieß, „vom Weg abgekommen". Nach einem Volontariat war ich zunächst für den Wochen- und Umweltdienst und später für den gesamten deutschen Dienst zuständig.

Wie viel Zeit investieren Sie in Ihre berufliche Aufgabe? Sind Sie rund um die Uhr erreichbar und ist das eigentlich erforderlich in Spitzenjobs?

Eine 50-Stunden-Woche ist die Regel. Ich bin aber nicht rund um die Uhr verfügbar. Das ginge allein schon aus persönlichen Gründen nicht. Wohl antworte ich an den Wochenenden auf E-Mails und nehme hin und wieder Termine wahr, die außerhalb meiner üblichen Arbeitszeit liegen.

IPS Deutschland bietet weitgehend nachhaltige Beiträge an und steht deshalb nicht unter dem Druck, tagesaktuell zu berichten. Allerdings gilt es ein gewisses Arbeitspensum zu erledigen, das in einem Acht-Stunden-Tag nicht zu schaffen ist. Wären wir finanziell besser aufgestellt, ließe sich dieses Arbeitspensum auf mehrere Schultern verteilen.

Ich persönlich bin der festen Überzeugung, dass es unter bestimmten und wünschenswerten Voraussetzungen möglich wäre, auch in Spitzenjobs ein humanes Zeitmanagement hinzukriegen.

Wir stecken aus verschiedenen Gründen in einem System fest, das uns zu willigen Arbeitssklaven macht, wohl wissend, dass sich der Raubbau eines Tages rächen wird. Ich fürchte, dass erst die Notwendigkeit, auf den demographischen Wandel zu reagieren, zu einer strukturellen Veränderung führen wird.

Welches war rückblickend der entscheidende Faktor, der Ihre Karriere befördert hat?

Das große Vertrauen, das mein damaliger Chefredakteur in mich gesetzt hat.

Welche Bedeutung hatten auf Ihrem beruflichen Weg die bewusste Karrieregestaltung einerseits und Zufall und Glück andererseits?

Da mich ein beruflicher Aufstieg nie besonders interessiert hat, habe ich auch nicht bewusst an meiner Karriere gebastelt. Ich bin einfach aufgerückt. Glück war vielleicht, dass unser Betrieb von Mobbing und Machtkämpfen verschont geblieben ist.

Wie wichtig ist Branchen- und/oder Unternehmenstreue für den beruflichen Aufstieg? Oder braucht gerade Karriere den gezielten, wohl durchdachten Wechsel?

In meinem Fall war Unternehmenstreue entscheidend. Wäre ich ehrgeiziger gewesen, hätte ich sicher gewechselt. Da ich mich aber stets mit der Philosophie und den Zielen von IPS identifiziert habe – den Stimmlosen dieser Welt mit den Mitteln der Information und Kommunikation eine Stimme zu geben –, verspürte ich nie den Wunsch, mir einen anderen Arbeitgeber zu suchen.

Übrigens ist das inzwischen 50-jährige Konzept der IPS, Journalisten aus Afrika, Asien, Nahost und Lateinamerika die Berichterstattung über ihre Länder und Regionen zu überlassen, sehr progressiv und wird sich meiner Meinung nach in Zeiten, in denen Korrespondentennetze abgebaut werden, zunehmend durchsetzen.

Gibt es persönliche Schlüsseleigenschaften, die unverzichtbar sind für einen nachhaltigen Erfolg in Ihrem Berufsfeld? Falls ja, auf welche Eigenschaften kommt es dabei ganz besonders an?
Ich halte Teamgeist für wichtig und die Fähigkeit, mit Menschen umzugehen. Beide Eigenschaften wirken motivierend auf die Kollegen und sorgen für eine reibungslose Zusammenarbeit.

Gibt es erworbene Schlüsselkompetenzen, die unverzichtbar sind für einen nachhaltigen Erfolg in Ihrem Berufsfeld? Falls ja, auf welche Kompetenzen kommt es dabei ganz besonders an?
Fachwissen, Überzeugungskraft und Gelassenheit.

Welche Bedeutung hatten Vorbilder und Mentoren auf Ihrem beruflichen Weg? Waren es eher Frauen oder Männer? Was haben Sie gelernt?
Mein Mentor war ein Mann. Hätte er mir nicht den Rücken gestärkt, wäre ich sicher vorher abgesprungen. Was habe ich von ihm gelernt? Ich würde sagen: Differenziertes Denken, gerade im entwicklungspolitischen Kontext, die Erkenntnis, dass nichts unmöglich ist, und die Notwendigkeit, eigene Positionen zu hinterfragen, auch wenn's schwerfällt.

Wie wichtig war und ist der private emotionale Rückhalt für Ihren beruflichen Weg?
Er verleiht Stärke.

Wie schaffen Sie den Spagat zwischen der Freude am Erfolg verbunden mit hoher inhaltlicher und zeitlicher Belastung einerseits und dem Erfordernis mentaler Entspannung und dem Bedürfnis nach der Pflege privater sozialer Kontakte andererseits?
Schlecht bis gar nicht. Es ist schwierig, Freundschaften zu pflegen, wenn Freizeit knapp ist. Ich bin oft zu erschöpft, Privatanrufe entgegenzunehmen. Treffen mit Freunden und Familie sind nur sporadisch möglich, dafür sind sie sehr intensiv.

Welche Bedeutung haben Auslandsaufenthalte für die Entwicklung von Karrieren in Ihrem Berufsfeld? Machen sie Sinn oder wird ihre Bedeutung überschätzt?
Ohne Sprachkenntnisse geht in einer internationalen Nachrichtenagentur gar nichts. Sprachen werden sicher eine immer größere Rolle im Mediengeschäft spielen. Da sich die deutschen Medien, wie schon gesagt, nur noch wenige deutsche Korrespondenten leisten, werden Journalisten bei ihren Internetrecherchen nicht mehr ohne Sprachkenntnisse auskommen. Auch werden sie zunehmend Beiträge von ausländischen Kollegen übersetzen müssen. Um Inhalte richtig wiedergeben zu können, sind umfassende Sprachkenntnisse ein Muss. Auslandsaufenthalte sind notwendig, um eingefahrene Vorstellungen zu korrigieren.

Spielt ein großes und gut gepflegtes Netzwerk wirklich die Rolle, die ihm vielfach zugeschrieben wird?
Networking halte ich für die Karrieregestaltung, den Informationsaustausch und für die Vermarktung von Medienprodukten für sehr wichtig.

Welche Vorteile haben Sie persönlich aus Netzwerken für sich generieren können?
Es lassen sich viele Fragen schnell und unkompliziert klären und wichtige Kontakte herstellen.

Welche Rückschläge mussten Sie auf Ihrem beruflichen Weg hinnehmen? Wie kam es dazu und wie sind Sie damit umgegangen?
Da fallen mir keine ein.

Hatten Sie auf Ihrem beruflichen Weg schon mal das Gefühl der Frustration und/oder der Resignation? Wie sind Sie mit diesem Gefühl umgegangen?
Ja, solche Gefühle treten immer wieder auf, meist im Zusammenhang mit der Frage nach dem Sinn der Arbeit, die man da leistet, und die dann oft auch die Frage nach dem Sinn des Lebens nach sich zieht. Meist helfen Gespräche, Entspannungsübungen, Schlaf.

Gab es auf Ihrem beruflichen Weg Situationen, wo Sie gegen Widerstände Ihren eigenen Weg gegangen sind und es sich gelohnt hat?
Ja, solche Situationen hat es gegeben. Gelohnt haben sie sich eigentlich nur, wenn sie zu konstruktiven Ergebnissen führten.

Welche Ratschläge würden Sie jungen Frauen in der Medienbranche mit auf den Weg geben?
Ich würde Berufseinsteigerinnen empfehlen, sich genau zu überlegen, ob sie sich den Journalismus wirklich antun wollen. Immer mehr Kollegen verlieren ihren Job und/oder werden mies bezahlt. Einer jüngeren Untersuchung zufolge verdienen Freie im Durchschnitt keine 20.000 Euro im Jahr. Das lässt wenig Raum für Zukunftsträume.
Journalismus war einmal ein angesehener Job. Doch hat er im Internetzeitalter an Glanz verloren. Der Druck nimmt zu, vernünftige Recherchen sind oft nicht möglich.
Den Frauen, die unbedingt an ihrem Berufswunsch festhalten wollen, würde ich raten, die Nische zu suchen und sich etwa auf den Wissenschaftsjournalismus zu konzentrieren, der meiner Meinung nach eine Zukunft hat.

Welches sind die drei wichtigsten Stellschrauben für den Erfolg in Ihrem beruflichen Umfeld?
Ausdauer, Selbstdisziplin und Eigenantrieb.

Was mussten Sie für die Erreichung Ihrer beruflichen Ziele und auf Ihrem beruflichen Weg aufgeben, was ist „auf der Strecke" geblieben?
Ich hätte gern mehr Zeit für meine Kinder gehabt. Und mir ist die Muße abhandengekommen, Freundschaften und Hobbys zu pflegen.

Was hätten Sie rückblickend gern anders gemacht auf Ihrem beruflichen Weg? Gibt es „Weichen", bei denen Sie heute anders abbiegen würden?
Nein. Ich war immer so überzeugt von dem, was ich gemacht habe, und so vertieft, dass ich Weichen gar nicht gesehen hätte. Das Einzige, was ich vielleicht anders machen würde: Mich weniger unter Leistungsdruck zu setzen.

„Von dem was man tut, muss man überzeugt sein"

Edith Stier-Thompson, Geschäftsführerin dpa Picture-Alliance GmbH

Edith Stier-Thompson wurde 1957 in Zwingenberg/Bergstraße geboren. Ihr Berufsweg begann nach einer Ausbildung zur Bürokauffrau 1980 als Bildarchivarin bei der Associated Press, wo sie bald zur Leiterin des Bildverkaufs aufstieg. 1999 folgte der Wechsel zur Deutschen Presse-Agentur. Hier durchlief Edith Stier-Thompson verschiedene Positionen und war unter anderem als Sales Director Photo bei der dpa Picture-Alliance tätig bevor sie zum 1. April 2007 die Geschäftsführung der dpa Picture-Alliance übernahm.

Geschäftsführerin
Associated Press
Netzwerk Bildarchivarin Vertrieb Leiterin Bildverkauf
Vorstandsvorsitzende BVPA USA
Bildagenturen Social Media dpa Picture-Alliance Vice President CEPIC
Marketing
Neunzehnhundertsiebenundfünfzig

Ihr beruflicher Weg hat Sie ganz an die Spitze geführt. Haben Sie von dieser Position schon zu Berufsbeginn geträumt? War es womöglich die Erfüllung eines lang gehegten Wunsches? Skizzieren Sie bitte kurz, wie es zu Ihrer beruflichen Laufbahn kam.

Nein, meine Laufbahn war kein lang gehegter Wunsch. Meine Karriere hat sich so entwickelt, dass ich von Position zu Position aufgestiegen bin. Wegen meiner drei Kinder habe ich auch Pausen eingelegt. Und dann hat sich die Chance ergeben, eben diese Position, die ich heute innehabe, zu übernehmen. In der Zeit, als ich schwanger war und meine Kinder zur Welt kamen, war ich immer als Angestellte beschäftigt und konnte während der Mutterschutzzeit unterbrechen. Danach bin ich auch gleich wieder in Vollzeit eingestiegen. Das konnte ich tun, weil ich Unterstützung durch meine Mutter hatte. Dadurch war eine optimale Kinderbetreuung gesichert. Mein erstes Kind ist jetzt 33 Jahre alt. Zur damaligen Zeit gab es weder eine gute Kinderbetreuung noch gab es Elternzeit. Außerdem war man als vollberufstätige Frau immer ein Exot. Das habe ich vor allem dann gemerkt, wenn ich an freien Tagen meine Kinder am Kindergarten abgeholt habe. Da habe ich regelmäßig gehört: „Ach, sie arbeiten den ganzen Tag?". Kurz gesprochen, meinte das: „Das arme Kind!". Das hat sich heute glücklicherweise verändert.

Wie viel Zeit investieren Sie in Ihre berufliche Aufgabe? Sind Sie rund um die Uhr erreichbar und ist das eigentlich erforderlich in Spitzenjobs?

Ich bin rund um die Uhr erreichbar. Das ist sicherlich nicht immer erforderlich, aber ich denke, wenn man sich mit dem Job identifiziert, möchte man auch immer erreichbar sein. Mir macht es auch Freude. Es belastet mich nicht, stets erreichbar zu sein.

Welches war rückblickend der entscheidende Faktor, der Ihre Karriere befördert hat?

Bei mir ist irgendwann nach drei Kindern der Ehrgeiz ausgebrochen. Ich wollte noch etwas erreichen und nicht als Angestellte weiterarbeiten. Dann hat sich glücklicherweise diese Chance geboten. Wenn man gut im Job ist und auch gut vernetzt, dann kommen die Angebote auch auf einen zu. Wenn dies passiert, dann muss man den Mut haben und zugreifen. Man muss bereit sein, diese Verantwortung zu tragen.

Welche Bedeutung hatten auf Ihrem beruflichen Weg die bewusste Karrieregestaltung einerseits und Zufall und Glück andererseits?

Ich denke, berufliche Chancen entstehen weniger durch Glück und Zufall als durch die eigene Leistung. Wenn man gute Leistungen bringt und gut vernetzt ist, dann wird man auch von anderen Menschen wahrgenommen. Und dann kommen auch Angebote. Durch richtiges Netzwerken lernt man auch die richtigen Ansprechpartner kennen, die einem beruflich weiterhelfen können.

Wie wichtig ist Branchen- und/oder Unternehmenstreue für den beruflichen Aufstieg? Oder braucht gerade Karriere den gezielten, wohl durchdachten Wechsel?

Ich denke, Branchen- und Unternehmenstreue ist wichtig. Wenn ich an meinen Bereich denke, das Bildagenturgeschäft, dann kommen die Topangebote vor allem von Leuten aus der Branche als von Branchenfremden. Aber auch einen gezielten Wechsel von Unternehmen halte ich für wichtig. Die Medienbranche steckt in der Krise. Da sollte man sich durchaus auch in andere Richtungen informieren.

Gibt es persönliche Schlüsseleigenschaften, die unverzichtbar sind für einen nachhaltigen Erfolg in Ihrem Berufsfeld? Falls ja, auf welche Eigenschaften kommt es dabei ganz besonders an?
Im Management ist die zentrale Schlüsseleigenschaft die soziale Kompetenz. Menschen führen können und Personalmanagement sind entscheidend. Man kann ein Unternehmen nur erfolgreich führen, wenn auch das Team Spaß am Job hat, wenn der Druck nicht zu groß ist. Und wenn der Druck groß ist, dann muss das trotzdem noch Freude bereiten. Ich halte die soziale Kompetenz für die wichtigste Schlüsseleigenschaft.

Gibt es erworbene Schlüsselkompetenzen, die unverzichtbar sind für einen nachhaltigen Erfolg in Ihrem Berufsfeld? Falls ja, auf welche Kompetenzen kommt es dabei ganz besonders an?
Fachwissen ist immer gut. Meine Philosophie ist aber auch, Fremdeinsteigern eine Chance zu geben. Ich denke, wenn jemand in das Team passt, dann ist die fachliche Kompetenz auch immer erlernbar. Hier in meiner Branche sind wir ein vertriebsorientiertes Unternehmen. Und ein Vertriebler kann aus allen möglichen Branchen kommen. Das fachliche Wissen – das lernt man dann bei uns.

Welche Bedeutung hatten Vorbilder und Mentoren auf Ihrem beruflichen Weg? Waren es eher Frauen oder Männer? Was haben Sie gelernt?
In meinem beruflichen Umfeld waren immer Männer. Als Frau in der Männerwelt habe ich dort vor allem fachliche Dinge gelernt, insbesondere im Bereich Management. Ich habe aber auch von Männern gelernt, dass Frauen oft die besseren Manager sind. Bei Männern geht es vielfach nicht um die Sache, sondern um Kompetenzen und um das Abstecken von Revieren, ganz nach dem Motto „das ist mein Bereich", „das ist mein Personalstamm". Männer haben oft noch Nebenkriegsschauplätze, auf denen sie ihre Kämpfe austragen. Und von Männern habe ich auch gelernt, dass man sich auf seiner Position erst behaupten muss. Man muss taff sein und muss seine Ellbogen einsetzen als Frau. Das lernt man mit der Verantwortung.

Wie wichtig war und ist der private emotionale Rückhalt für Ihren beruflichen Weg?
Der private Rückhalt ist sehr wichtig, gerade wenn man im Management arbeitet und viel reisen muss. Dann muss der Background im privaten Bereich stark sein, er muss Verständnis zeigen. Das gilt auch, wenn man mal belastet nach Hause kommt. Bei mir war vieles einfacher, weil ich in diese Position kam, als die Kinder relativ groß waren. Frauen, die noch kleine Kinder haben, haben es da viel schwerer. Man hält dann die Karriere klein, wenn man kleine Kinder hat, und wenn die Kinder selbstständiger werden, dann wird richtig in die Karriere investiert. So war es jedenfalls bei mir.

Wie schaffen Sie den Spagat zwischen der Freude am Erfolg verbunden mit hoher inhaltlicher und zeitlicher Belastung einerseits und dem Erfordernis mentaler Entspannung und dem Bedürfnis nach der Pflege privater sozialer Kontakte andererseits?
Es bleibt immer viel auf der Strecke, zum Beispiel der Freundeskreis. Mein Job bereitet mir sehr viel Freude und ich versuche auch, die Ressourcen, die der Job verbraucht, mit entsprechenden Freizeitaktivitäten auszugleichen. Das kann ich bewusst steuern, indem ich mal pünktlich aus dem Büro gehe, um mich mit einer Freundin zu treffen. Diese Dinge sind

erlernbar. Am Anfang, als ich hier Geschäftsführerin geworden bin, dachte ich oft, „nein, jetzt kannst du noch nicht nach Hause gehen", da habe ich oft gehadert. Aber heute gehe ich nach Hause, wenn ich es möchte, weil ich eben mein Privatleben sehr schätze. Und ich muss mein Privatleben auch pflegen.

Welche Bedeutung haben Auslandsaufenthalte für die Entwicklung von Karrieren in Ihrem Berufsfeld? Machen sie Sinn oder wird ihre Bedeutung überschätzt?
In jungen Jahren hatte ich einen Auslandsaufenthalt, aber das war eher privater Natur. Für die englische Sprache war es sehr gut. Wenn man zwei Jahre im Ausland lebt in den USA oder in England beispielsweise, dann ist man der Sprache einfach hundertprozentig mächtig. Und das ist in einem Job besser als alles andere, was man erlernen kann. Für die Sprachkenntnisse sind Auslandsaufenthalte entscheidend.

Spielt ein großes und gut gepflegtes Netzwerk wirklich die Rolle, die ihm vielfach zugeschrieben wird?
Ja, ein Netzwerk spielt eine unheimlich wichtige Rolle, es ist das A und O. Wenn man gut vernetzt ist, dann kommt das nicht nur einem selbst zugute, sondern auch der Firma. Sucht man zu einem Thema oder zu Projekten geeignete Leute, ist es Gold wert, wenn man ein Netzwerk hat und einfach jemanden anrufen kann. In meiner Branche ist auch ein internationales Netzwerk wichtig. Wir haben viele internationale Partneragenturen und gehen auf internationale Kongresse.

Welche Vorteile haben Sie persönlich aus Netzwerken für sich generieren können?
Für mich persönlich konnte ich keine echten Vorteile aus Netzwerken generieren. Aber ich habe meine Netzwerkkontakte bisher immer gewinnbringend für die Firma nutzen können.

Welche Rückschläge mussten Sie auf Ihrem beruflichen Weg hinnehmen? Wie kam es dazu und wie sind Sie damit umgegangen?
Bislang musste ich auf meinem beruflichen Weg keine Rückschläge verkraften. Ich bin aber auch immer sehr firmentreu gewesen. Mein Weg hat sich immer nach oben entwickelt.

Hatten Sie auf Ihrem beruflichen Weg schon mal das Gefühl der Frustration und/oder der Resignation? Wie sind Sie mit diesem Gefühl umgegangen?
Klar, Frustration gehört dazu. Sicher gab es mal Vorgesetzte, wo man schon mal frustriert war. Aber dann kam der nächste Schritt und damit ging auch der Frust weg. Ich denke, dass man im Job, egal in welchem Job, immer mal frustriert ist oder auch resigniert denkt, „oh, das ist es jetzt gewesen", weil man zum Beispiel gerade einen wichtigen Kunden verloren hat. Frust gehört im Job dazu. Eine Strategie, wie man am besten mit Frust umgeht, gibt es nicht meiner Meinung nach. Das muss jeder selbst mit sich ausmachen. Ich rede zum Beispiel im Team über Frust oder ich versuche meinen Frust durch Sport auszugleichen, ich laufe sehr viel. Aber ich versuche auch, aus Frust und Problemen etwas Positives zu gewinnen.

Gab es auf Ihrem beruflichen Weg Situationen, wo Sie gegen Widerstände Ihren eigenen Weg gegangen sind und es sich gelohnt hat?
Ja, diese Situationen gab es. Gerade, wenn man in größeren Unternehmen arbeitet, dann gibt es immer irgendwelche Widerstände, von anderen Abteilungsleitern, von anderen Ver-

antwortlichen. Wenn man aber eine Strategie für Produkte entwickelt, die man selbst verantwortet, wird das vielleicht im Produktionsbereich völlig anders gesehen. Hier bei Picture-
Alliance geht es darum, Umsätze zu generieren, Umsätze zu steigern. Da haben wir oft
Konflikte und Widerstände, die ich bewältigen muss. Aber wenn man sich dann durchgesetzt hat und sich der finanzielle Erfolg einstellt, dann sieht man, dass es gut war. Es dient ja
immer der Sache, dem Unternehmen.

**Welche Ratschläge würden Sie jungen Frauen in der Medienbranche mit auf den
Weg geben?**
Wenn man den Weg der Karriere einschlägt, muss man von dem, was man tut, überzeugt
sein und es auch zeigen. Dazu gehört eine klare Körpersprache. Die sagt viel aus. Man muss
seinen Standpunkt vertreten und man braucht viel Ellbogen in der Männerwelt. Als ich
Geschäftsführerin geworden bin, musste ich mir oft anhören: „Das ist ja toll, dass sie als
Frau so eine Position bekommen haben." Das sind genau die Sprüche, die nur von Männern kommen. Da muss man sich den Respekt immer wieder aufs Neue erarbeiten. Und das
kann man nur mit Leistung und mit hoher Kompetenz erreichen.

**Welches sind die drei wichtigsten Stellschrauben für den Erfolg in Ihrem berufli-
chen Umfeld?**
Das große Ganze, die Mitarbeiter, das ist elementarer Baustein für den Erfolg. Ohne moti-
vierte Mitarbeiter funktioniert der ganze Laden nicht. Zudem braucht man selbst als Führungskraft eine hohe soziale Kompetenz, sowohl im eigenen Team als auch bei den Verantwortlichen, die andere Teams verantworten.

**Was mussten Sie für die Erreichung Ihrer beruflichen Ziele und auf Ihrem berufli-
chen Weg aufgeben, was ist „auf der Strecke" geblieben?**
Auf der Strecke bleibt vor allem immer das Privatleben. Man muss ein gutes Zeitmanagement betreiben und darauf achten, dass man selbst nicht zu kurz kommt und die Gesundheit erhalten bleibt.

**Was hätten Sie rückblickend gern anders gemacht auf Ihrem beruflichen Weg? Gibt
es „Weichen", bei denen Sie heute anders abbiegen würden?**
Ich hätte wahrscheinlich meinen Karriereweg früher eingeschlagen, als ich es getan habe.
Ich habe drei Kinder und habe erst als meine Kinder relativ groß waren richtig mit der
Karriere angefangen. Ich habe meine Karriere nie wirklich vorangetrieben. Wenn ich heute
an die jungen Frauen denke, die ganz neu in den Beruf einsteigen, haben diese Frauen mittlerweile ganz andere Möglichkeiten, ihre Karriere zu gestalten. Es gibt heute einfach vielfäl-
tigere Möglichkeiten in der Kinderbetreuung, es gibt Ganztagsschulen. Zu meiner Zeit
damals war das alles sehr reduziert. Ich hatte einen Job, meine Familie und musste mich
einfach um alles kümmern. Heute haben es die jungen Frauen leichter als vor 30 Jahren. Ich
finde es toll, dass die Vereinbarkeit von Beruf und Kinder heute so viel einfacher geworden
ist.

III. Medienteilmarkt Musik

„Chancen ergreifen, wenn sie sich bieten"

Dagmar Sikorski-Großmann, Geschäftsführende Gesellschafterin Sikorski
Musikverlage

Dagmar Sikorski-Großmann wurde 1956 in Hausham geboren. Ihr beruflicher Weg führte sie nach einem Studium der Betriebswirtschaftslehre und Musikwissenschaft zunächst für ein Jahr in die USA, wo sie verlegerisch tätig war. Seit 1980 ist sie geschäftsführende Gesellschafterin des Familienunternehmens Sikorski Musikverlage. Neben dieser Tätigkeit ist sie in mehreren Verbänden tätig, so seit 2005 im Präsidium des Deutschen Musikrates, seit 2003 Mitglied im Aufsichtsrat der GEMA und seit 2002 als Präsidentin des Deutschen Musikverleger-Verbandes, in dem sie bereits seit 1997 tätig ist. Dagmar Sikorski-Großmann ist verheiratet mit dem Manager und Unternehmer Dr. Jürgen Großmann und hat drei Kinder. In ihrer Heimat Hamburg engagiert sie sich ebenfalls in verschiedenen Gremien, beispielsweise im Ausschuss für Medien- und Kreativwirtschaft und den Stiftungen „Kinder brauchen Musik" und „Deutsche Stiftung Musikleben", Landesmusikrat.

Drei Kinder
Landesmusikrat Hamburg
Studium BWL & Musikwissenschaft
New York   Sikorski Musikverlage
Deutscher Musikverlegerverband
Geschäftsführende Gesellschafterin
Aufsichtsrätin Neunzehnhundertsechsundfünfzig
Deutscher Musikrat Familienunternehmen GEMA
Verlegerin
Diplom-Kaufmann
Präsidentin

Ihr beruflicher Weg hat Sie ganz an die Spitze geführt. Haben Sie von dieser Positi-on schon zu Berufsbeginn geträumt? War es womöglich die Erfüllung eines lang gehegten Wunsches? Skizzieren Sie bitte kurz, wie es zu Ihrer beruflichen Laufbahn kam.

Da ich in einem ererbten Betrieb arbeite, ist diese Frage schwer zu beantworten. Mein Vater starb als ich 16 und meine Mutter als ich 25 Jahre alt war. Es war nicht immer mein Wunsch, den Betrieb zu übernehmen. Das geschah plötzlich und ohne Vorwarnung. Ei-gentlich wollte ich etwas ganz anderes machen, bevor ich in den Familienbetrieb einsteigen sollte. Deshalb habe ich davor so „wunderschöne" Sachen gemacht wie eine Hotelkauf-mann-Lehre. Das hat mir in manchen Situationen mehr geholfen, als mein Studium der Musikwissenschaft bzw. mein Abschluss zum Diplomkaufmann. Und als ich ins Ausland, das heißt in die USA, gehen wollte, konnte ich nur eine Arbeitserlaubnis erhalten. Durch diesen Zufall bin ich ins Verlagswesen gekommen und wusste schon, was auf mich zu-kommt. Es war aber nicht die Erfüllung eines lang gehegten Wunsches.

Wie viel Zeit investieren Sie in Ihre berufliche Aufgabe? Sind Sie rund um die Uhr erreichbar und ist das eigentlich erforderlich in Spitzenjobs?

Rund um die Uhr erreichbar zu sein, ist nicht unbedingt ein Zeichen von Erfolg. Man braucht ein gutes Zeitmanagement und sollte sich nicht zum Sklaven des eigenen Jobs ma-chen, sonst denkt man auch nachts noch über die eigenen Aufgaben nach. Aber in meinem Metier muss man nicht immer erreichbar sein – dieses ist vielleicht anders, wenn man Arzt oder Börsenmakler ist. Wichtig ist, auch im eigenen Umfeld klar zu machen, dass man nicht alle zwei Minuten seine E-Mails abruft, vor allem nicht in der Freizeit. Viele können das nicht und das ist schade. Durch die Smartphones und die dauernde Erreichbarkeit wird man oft zu Schnellschüssen verführt. Zu schnell wird eine Antwort geschrieben – so nebenbei – ohne groß darüber nachzudenken. Für mich ist es wichtiger, dass Mitarbeiter mit- und vielleicht auch zweimal darüber nachdenken bevor sie handeln. Dies ist viel wichtiger als rund um die Uhr erreichbar zu sein.

Welches war rückblickend der entscheidende Faktor, der Ihre Karriere befördert hat?

So genau kann ich das in meinem Fall nicht beantworten. Für mich war es mit entschei-dend, dass ich neben meiner Tätigkeit als Musikverlegerin verschiedenste Funktionen und Positionen bekleide, in die ich gewählt worden bin. Ich bin gewählt worden aufgrund mei-ner Person und nicht, weil ich die Tochter von irgendjemanden bin. Ich hatte schon früh den Mut, Ehrenämter und andere Positionen zu übernehmen. Dabei sollte man auch keine falsche Scheu an den Tag legen, sich zwar nicht in den Vordergrund drängen, aber deutlich klar machen, dass man diese Position wirklich ausfüllen möchte. Ergreif die Chancen, wenn sie sich bieten, und lege keine falsche Bescheidenheit an den Tag. Man muss deutlich zu verstehen geben „natürlich möchte ich das gerne machen". Authentizität und Ehrlichkeit sind ganz wichtig.

Welche Bedeutung hatten auf Ihrem beruflichen Weg die bewusste Karrieregestal-tung einerseits und Zufall und Glück andererseits?

Wichtig ist, dass man zum richtigen Zeitpunkt am richtigen Ort ist. Dies passiert häufig zufällig. Und dann muss man auch bereit sein, Verantwortung zu übernehmen und Konse-quenzen zu tragen. Viele, die gerne nach oben wollen, sind dazu nicht bereit.

Ich finde es sehr wichtig, dass man seinen Mitarbeitern zeigt: Wenn du was falsch gemacht hast, musst du die volle Verantwortung übernehmen – auch für eventuelle Fehler. Und wenn mal was schief geht, biete auch gleich eine Lösung an, wie man es besser machen kann. Schlimm ist, wenn Leute versuchen, Fehler unter den Teppich zu kehren und dann auch noch anderen die Schuld zuzuschieben.

Wie wichtig ist Branchen- und/oder Unternehmenstreue für den beruflichen Aufstieg? Oder braucht gerade Karriere den gezielten, wohl durchdachten Wechsel?
In der Medienbranche gibt es bei einigen Unternehmen Ähnlichkeiten und Überschneidungen. Es ist ganz gut, wenn man über den Tellerrand hinausguckt und sich woanders umschaut. Aber man sollte nicht zu sehr hin und her springen, zum Beispiel von einem Verlag in die Tonträgerindustrie. Wenn man das einmal macht, dann ist das okay. Das verbreitert das Wissen. Aber wenn man dreimal hin und her springt, dann kommt das irgendwann nicht mehr so gut an. Wenn man bereits innerhalb der Probezeit merkt, dass das nicht das Richtige für mich ist, dann ist ein Wechsel richtig. Wenn man aber jedes Jahr den Job wechselt, ist das nicht gut für die Karriere. Man muss auch mal durchhalten können und sich in schwierigen Situationen versuchen durch zu beißen.

Gibt es persönliche Schlüsseleigenschaften, die unverzichtbar sind für einen nachhaltigen Erfolg in Ihrem Berufsfeld? Falls ja, auf welche Eigenschaften kommt es dabei ganz besonders an?
Wichtig ist es, authentisch zu sein. Wenn man permanent versucht, sich anders darzustellen als man ist, dann geht das nicht lange gut. Wichtig ist außerdem Flexibilität. Man darf nicht unablässig sagen: „Das kann ich nicht" beziehungsweise „Das haben wir schon immer so gemacht". Man sollte flexibel sein, stets dazulernen wollen und offen für Neues sein.
Mit einer Familie im Hintergrund ist das manchmal schwierig, räumlich flexibel zu sein. Ich habe deshalb mit meinen drei Kindern immer meinen Standort in Hamburg behalten und bin nicht mit meinem Mann mitgezogen. So kommt es, dass ich erst jetzt, nach 27 Jahren Ehe, das erste Mal mit meinem Mann zusammen wohne.
Es war für mich immer ein riesiger Vorteil, dass ich selbstständig bin. So konnte ich notfalls von zuhause aus arbeiten, wenn mal wieder ein Rädchen klemmte, zum Beispiel eines der Kinder schwer krank war. Deshalb ist auch meine Forderung an die Politik und die Wirtschaft, dass Mütter flexiblere Arbeitszeiten haben sollten und vielleicht auch mal von zu Hause aus arbeiten können. Eine Mutter ist meistens mehr multitasking als andere. Dies muss ich beweisen, da ich als Aufsichtsratsmitglied der Gema mindestens zu 30 Sitzungen im Jahr reisen muss.
Wichtig für Erfolg ist auch eine Dienstleistungsorientierung, das heißt man muss sich selbst auch mal zurück nehmen und darf nicht stur bleiben. Beharrlichkeit ist erlaubt und wichtig, aber nie Sturheit. Ich habe gelernt: Wenn ich stur bin, passiert gar nichts – ganz besonders in Verhandlungen – meist mit Männern – hilft das gar nicht, man hat keine Chance. Ein Beispiel: Wenn ich rot möchte, muss am Ende derjenige, der vorher immer grün bevorzugt hat, glauben: „Gut, dass ich rot durchgesetzt habe, das war auch die einzige Möglichkeit!".
Dass es so kommt – das schaffen wir Frauen.

Gibt es erworbene Schlüsselkompetenzen, die unverzichtbar sind für einen nachhaltigen Erfolg in Ihrem Berufsfeld? Falls ja, auf welche Kompetenzen kommt es dabei ganz besonders an?
Immer offen für Neues und lernbereit sein.

Welche Bedeutung hatten Vorbilder und Mentoren auf Ihrem beruflichen Weg? Waren es eher Frauen oder Männer? Was haben Sie gelernt?
Es gab eine Frau, die ich sehr bewundert habe, weil sie Familie und Beruf perfekt unter einem Hut bekam ohne dies nach außen zu tragen. Andere Menschen eigneten sich oft sehr gut als negative „Vorbilder". Aber ich finde, man kann auch am Negativen viel lernen. Diese Menschen meinten, nur mit durchsetzen des eigenen Willens weiter zu kommen. Da habe ich gemerkt, dass ich viel mehr erreichen kann, wenn ich diplomatisch vorgehe aber trotzdem beharrlich bleibe.

Wie wichtig war und ist der private emotionale Rückhalt für Ihren beruflichen Weg?
Der private Rückhalt in der Familie und im Freundeskreis ist mir extrem wichtig. Meine Freunde aber auch meine Familie haben immer verstanden, dass ich zwar viel unterwegs bin und dass die Qualität der Zeit, die man miteinander verbringt, viel wichtiger ist, als die Quantität. Und wenn ich nur schnell mal als Zeichen einen Zettel schreibe oder eine Postkarte. Damit gibt man anderen das Gefühl, dass man an ihrem Leben trotzdem teilnimmt, auch wenn man nicht jeden Montagabend ein Bier zusammen trinkt.

Wie schaffen Sie den Spagat zwischen der Freude am Erfolg verbunden mit hoher inhaltlicher und zeitlicher Belastung einerseits und dem Erfordernis mentaler Entspannung und dem Bedürfnis nach der Pflege privater sozialer Kontakte andererseits?
Die eigene Familie ist und bleibt bei allem Erfolg das Wichtigste. Ich habe meinen Kindern ganz früh beigebracht, dass die Qualitätszeit mit der Mutter etwas anderes ist, als die Zeit mit einer Mutter, die nur dasitzt, bügelt oder mit Freundinnen Kaffee trinkt. Diese Kaffeetrinkenden Mütter waren für meine Kinder immer abschreckende Beispiele. Die waren zwar körperlich anwesend, aber geistig nicht dabei. Meine Kinder wissen immer, wie sie mich erreichen können, ganz egal, wo ich gerade bin und wenn es wichtig ist, habe ich dann auch Zeit beziehungsweise nehme sie mir.

Welche Bedeutung haben Auslandsaufenthalte für die Entwicklung von Karrieren in Ihrem Berufsfeld? Machen sie Sinn oder wird ihre Bedeutung überschätzt?
Neue Erfahrungen sind ganz, ganz wichtig. Das können auch Auslandsaufenthalte sein. Dadurch erhält man einen Blick von außen auf das gewohnte Umfeld. Man muss sich neu beweisen. Wenn man immer nur in den gleichen, gewohnten sozialen Strukturen lebt, dann schwimmt man im kalten Wasser schlechter. Man muss lernen, dass Menschen aus anderen Umfeldern auch anders denken – ob man das nun im Ausland oder sonst wo anders lernt, ist egal. Wenn ich mir bewusst bin, dass andere Menschen anders denken, dann bin ich auch in der Lage, mich in diese Menschen hineinzuversetzen. Gleichzeitig ist es gut im Hinterkopf zu haben, dass man zuhause das eigene „Nest" hat.
Ein gutes Beispiel ist die Angst von Kindern bei einem Schulwechsel, wenn die beste Freundin nicht mit auf die neue Schule kommt. Jetzt muss sich das Kind alleine unter neuen Kindern bewähren und es wird sich zeigen, ob diese Freundschaft auch ohne die Basis der

gemeinsamen Schule weiter hält. Genauso ist es auch im späteren Leben: Man muss sich auch mal in einem anderen sozialen Umfeld bewähren. Das sollte man sogar ganz früh lernen. Nach der Universität mit 25 oder 28 Jahren ist es dafür oft zu spät.

Spielt ein großes und gut gepflegtes Netzwerk wirklich die Rolle, die ihm vielfach zugeschrieben wird?
Ja, auf jeden Fall. Das Netzwerk muss nicht nur eines im eigenen Berufsfeld sein. Wichtig ist, dass man viele Leute kennt und weiß: Für den habe ich mal etwas getan, jetzt kann ich den auch mal anrufen. Es muss ein Geben und Nehmen sein. Für mich machen allerdings nur die persönlichen Netzwerke Sinn. Man muss nicht unbedingt auf eine Netzwerkparty gehen. Man sollte auf allen Veranstaltungen, die man besucht, Interesse zeigen an den Menschen, die man dort trifft. Hinterher schreibt man dann mal eine E-Mail. Irgendwann trifft man den Menschen dann wieder. Ich glaube, dass wir Frauen diese Netzwerke untereinander noch gar nicht so pflegen wie die Männer. Da können wir Frauen noch viel lernen. Gucken Sie sich nur an, wie heute wichtige Positionen, zum Beispiel Aufsichtsräte besetzt werden: Die Männer dort kennen (beruflich) keine Frauen, deshalb kommen dort keine Frauen rein.

Welche Vorteile haben Sie persönlich aus Netzwerken für sich generieren können?
Dazu kommt für mich als Frau, dass ich über die Jahre viele Menschen kennengelernt habe. Und mein Vorteil als Frau ist, dass sich viele dann auch an mich erinnern. In meiner Generation ist eine Frau in einer gehobenen Position noch ein Exot. Ich war immer die erste Frau hier, die erste Frau dort. Deshalb bin ich aufgefallen und ich konnte dann auch später mal darauf zurückkommen und sagen: „Du, pass mal auf, jetzt ist da gerade etwas, wo du mir helfen könntest". Aber dann ist es auch ganz wichtig, dass man dann auch fragt: „Kann ich noch etwas für dich tun?". In der Medienbranche ist es einfach, authentisch zu bleiben. In der Bankbranche dagegen sehen Frauen heute genauso aus wie die Männer, nur mit Zopf. Das finde ich unglücklich.

Welche Rückschläge mussten Sie auf Ihrem beruflichen Weg hinnehmen? Wie kam es dazu und wie sind Sie damit umgegangen?
Der größte Rückschlag war für mich der Tod meiner Mutter. Meine eigene Lebensplanung ist dadurch total durcheinander geraten. Aber ich gehöre zum Glück zu den Menschen, die sofort aufstehen können und weiter gehen. Die Aufarbeitung folgt dann später. Wichtig ist, dass man nicht immer zurückschaut und grübelt, was hätte sein können, wenn. Man kann seine Energie in die Frage stecken: „Wie hätte ich es vermeiden können?", aber nicht in die Frage: „Was wäre, wenn...?". Es ist passiert und im Nachhinein kann man es nicht ändern.

Hatten Sie auf Ihrem beruflichen Weg schon mal das Gefühl der Frustration und/oder der Resignation? Wie sind Sie mit diesem Gefühl umgegangen?
Das passiert andauernd. Besonders, wenn man politische Lobbyarbeit oder Verbandsarbeit macht. Wenn die Menschen sagen: „Man müsste mal...", aber nicht bereit sind, selber etwas zu tun. Das habe ich sehr oft erlebt. So etwas sollte einen nicht entmutigen. Mittlerweile bekleide ich viele Funktionen und Ämter so lange, dass ich das Gefühl habe, jetzt muss auch mal wieder jemand Neues ran. Heute bin ich in einem Alter zu sagen: „Ich stelle mich einfach nicht mehr zur Wahl." Es ist viel schöner, wenn man einen netten Abschied hat und die Leute sich mit mir freuen, als wenn sie mich nicht mehr sehen können.

Gab es auf Ihrem beruflichen Weg Situationen, wo Sie gegen Widerstände Ihren eigenen Weg gegangen sind und es sich gelohnt hat?

Es hat sich immer gelohnt, wenn ich der Meinung war, dass mein Weg richtig war. Aber man sollte auch überlegen, ob Widerspruch berechtigt ist oder ob der andere vielleicht doch Recht haben könnte. Es ist wichtig, die eigene Meinung nochmal selbst zu überdenken. Widerstände haben mich immer erst richtig herausgefordert. Aber nicht zu einem „mit dem Kopf durch die Wand".

Welche Ratschläge würden Sie jungen Frauen in der Medienbranche mit auf den Weg geben?

Offenheit, auf sich selbst besinnen, auch mal Ratschläge annehmen. Man darf sich auf keinen Fall entmutigen oder wegdrängen lassen. Fehler sollte man eingestehen können, daran ist noch niemand gescheitert. Und man sollte sich selbst nicht wichtiger nehmen als die anderen. Die Medienbranche ist so breit gefächert, da existiert ein Majorverlag beziehungsweise eine große Tonträgerfirma neben dem Verleger für Chormusik, der sich über einen Druckfehler bei einer Auflage von 500 Stück ärgert. Man muss immer in der Lage sein, sich in die anderen hineinzuversetzen.

Welches sind die drei wichtigsten Stellschrauben für den Erfolg in Ihrem beruflichen Umfeld?

Das erste ist Kenntnis, Kompetenz, Wissen. Bloß nicht denken, dass man nichts mehr lernen muss. Das zweite sind die Soft Skills, wie man mit Menschen umgeht – diese sind extrem wichtig. Für mich sind Soft Skills am meisten unterschätzt und werden am wenigsten gefördert, insbesondere in Universitäten. Das sind Fähigkeiten, die Mütter oftmals von Hause aus mitbringen: Zuhören können, Organisationsfähigkeit, sich mal zurücknehmen, auf andere Menschen eingehen. All diese Kompetenzen treten heute oft in den Hintergrund. Es heißt immer nur: „Du musst die Beste sein, du musst das Ziel erreichen." Auch in der Schule oder im Sport wird immer nur der Wettbewerb großgeschrieben. Deshalb bin ich so für den Musikunterricht, denn dort werden diese Soft Skills gefördert. Zum Beispiel beim Singen im Chor. Man muss auf den anderen hören und nur in der Gemeinschaft ist man gut. Das dritte ist die eigene Authentizität – man sollte sich immer selber treu bleiben. Sie formt sich über die Jahre.

Was mussten Sie für die Erreichung Ihrer beruflichen Ziele und auf Ihrem beruflichen Weg aufgeben, was ist „auf der Strecke" geblieben?

Auch bei mir ist Einiges auf der Strecke geblieben – Freizeit, Hobbies, Sport – aber auch so simple Sachen wie ein Besuch beim Friseur, das heißt vieles, was für einen „normalen" Menschen das Leben ausmacht. Die freie Zeit, die ich hatte, wollte ich mit meiner Familie und mit meinen Freunden verbringen. Natürlich sind auch Freundschaften auf dem Weg geblieben, denn nicht jeder kann akzeptieren, dass ich viel unterwegs bin, fast nie Zeit habe und so schon mal einen Geburtstag vergessen habe. Besuche beim Friseur und Kosmetik dagegen: Diese Sachen sind mir nicht so wichtig.

Was hätten Sie rückblickend gern anders gemacht auf Ihrem beruflichen Weg? Gibt es „Weichen", bei denen Sie heute anders abbiegen würden?

Dieses „hätte...könnte...wäre gewesen, wenn" gab es bei mir nicht. Vielleicht wäre ich heute Hoteldirektorin auf den Malediven, wenn es anders gekommen wäre. Und jetzt fahre ich irgendwann mal auf die Malediven und gucke mir an, wie der Hoteldirektor arbeiten muss, während ich Urlaub habe. Man sollte immer positiv denken, wieder aufstehen und nach vorne gucken. Das ist auch ganz wichtig bei der Kindererziehung. Man muss seine Kinder stark machen. Kinder müssen auch mal hinfallen und weinen. Wenn man ihnen immer ein Leckerli gibt und die Sache versüßt, dann ist das nichts anderes als bei Drogen. Trösten ist okay aber mit Körperwärme, nicht mit einer Süßigkeit.

„My whole life is about music"

Alexandra Ziem, Head of Artist & Repertoire Electrola Universal Records

Alexandra Ziem wurde 1978 in Schönebeck (Elbe)/Sachsen-Anhalt geboren. Nach dem Studium der Betriebswirtschaftslehre an der Fachhochschule in Nürtingen und an der European Business School in Berlin begann sie im August 2006 als Repertoire Managerin bei Universal Music Publishing in Berlin und stieg dort nach 2 Jahren zum Senior A&R und Creative Manager auf. 2011 wurde Alexandra Ziem als einzige Deutsche als – Best in Biz – in der Kategorie „Major Publisher Creative" von der National Assoziation of Record Industrie Professionals mit Sitz in Los Angeles neben ausschließlich amerikanischen und englischen Branchengrößen nominiert. Sie prägte in ihrer siebenjährigen Zusammenarbeit mit Universal Publishing den Begriff des „modernen Publishing" und war parallel als Geschäftsführerin von JMC Music tätig. Ende 2013 wechselte sie als Head of A&R Electrola zu Universal Records.

Bandpool Popakademie Mannheim

The Voice/X-Factor/DSDS

The Baseballs

Songplugging   JMC Music   Echo Awards
Songwriter Camps
Senior A&R und Creative Manager UMP Germany   European Business School
Head of A&R Electrola   Multiplatinum awarded as Executive Producer
Modernes Publishing   Berlin   NARIP Nominierung „Best in Biz"
Universal Music Group

Ihr beruflicher Weg hat Sie ganz an die Spitze geführt. Haben Sie von dieser Position schon zu Berufsbeginn geträumt? War es womöglich die Erfüllung eines lang gehegten Wunsches? Skizzieren Sie bitte kurz, wie es zu Ihrer beruflichen Laufbahn kam.

Ich startete relativ klassisch in der Musikbranche, indem ich selbst als Künstlerin und Autorin tätig war und bereits im Alter von 19 Jahren die Businessseite neben meiner kreativen Arbeit übernommen habe.

Dies hieß, Gespräche mit Plattenfirmen, Musikverlagen, Bookingagenturen, Managements zu führen, um einerseits als Künstlerin ein entsprechendes professionelles Umfeld um sich herum aufzubauen und einen Plattenvertrag zu erhalten und andererseits, als Autorin für bereits etablierte Künstler oder Newcomerkünstler schreiben zu können. Letztendlich ging es immer stark darum, Menschen für das Zusammenarbeiten zu gewinnen beziehungsweise diese zu überzeugen. Diese frühen Erfahrungen und auch Erkenntnisse bildeten die Grundlage für meinen weiteren Weg, wobei sich der Weg auf Businessseite als MEIN WEG herauskristallisierte. Für meine heutige Arbeit ist es von großem Vorteil auf Künstler- und Autorenseite gestanden zu haben, da ich dadurch zu Künstlern oder Autoren einen deutlich besseren Zugang habe.

Bei der Frage, ob es sich um die Erfüllung eines lang gehegten Wunsches handelt, kann ich das nicht eindeutig mit ja beantworten, da mir mit 19 Jahren noch nicht bewusst war, welche vielfältigen Möglichkeiten sich mir innerhalb der Branche bieten werden. Dafür war das Wissen über die Branche noch zu oberflächlich. Was ich jedoch schon sehr früh wusste, dass Musik mein Leben bestimmen wird!

Wie viel Zeit investieren Sie in Ihre berufliche Aufgabe? Sind Sie rund um die Uhr erreichbar und ist das eigentlich erforderlich in Spitzenjobs?

Ich investiere sehr viel Zeit in meine berufliche Aufgabe, man könnte sagen „My whole life is about music" – trotzdem ist es sehr wichtig nicht permanent erreichbar zu sein, um wieder Kraft und Energie tanken zu können, um abzuschalten und auch zu reflektieren. Wenn der Körper permanent „on" ist, schafft man ab einem bestimmten Zeitpunkt nicht mehr die Leistung, der es bedarf, Projekte erfolgreich umzusetzen.

Welches war rückblickend der entscheidende Faktor, der Ihre Karriere befördert hat?

Mein Team, mit dem ich seit 15 Jahren erfolgreich zusammenarbeite.

Welche Bedeutung hatten auf Ihrem beruflichen Weg die bewusste Karrieregestaltung einerseits und Zufall und Glück andererseits?

Beiden Komponenten rechne ich eine gleich große Bedeutung zu.

Ein Beispiel dafür: Durch ein zufälliges Gespräch mit dem damaligen MD von Universal Music Publishing ergab es sich, dass er mich fragte, ob ich mir vorstellen könnte, für die Firma zu arbeiten. Es war nie einer meiner Pläne für UMP zu arbeiten, jedoch hat diese Entscheidung meinen Weg innerhalb der Branche wesentlich und nachhaltig beeinflusst, welches 2013 zur Ernennung zum Head of A&R Electrola führte. Ein anderes Beispiel ist, dass man Erfolg oftmals nur bis zu einem gewissen Grad beeinflussen kann. Zum Zeitpunkt als ich damals zusammen mit meinem Team die Band „The Baseballs" unter Vertrag genommen habe, konnten wir nicht davon ausgehen, dass wir über 1 Millionen Platten verkaufen und mit dem Album in UK auf Platz 4 charten werden. Neben sehr guter Arbeit muss man auch zur richtigen Zeit am richtigen Ort sein sowie das gewisse Quäntchen Glück haben. Trotzdem ist meine Erfahrung, dass man durch Fleiß, seinem Glück auf die Sprünge helfen kann, indem man an Dingen dran bleibt und Chancen potenziert. Dadurch lässt es sich auf eine gewisse Art und Weise auch erarbeiten.

Wie wichtig ist Branchen- und/oder Unternehmenstreue für den beruflichen Aufstieg? Oder braucht gerade Karriere den gezielten, wohl durchdachten Wechsel?
Es gibt Beispiele in der Musikbranche, bei denen es nicht wichtig war, das Unternehmen zu wechseln, um bis an die Spitze zu kommen, bei anderen war es jedoch entscheidend!
Ich habe Ende 2013 einen Wechsel innerhalb des Universal Konzerns vorgenommen und bin von Universal Music Publishing zu Universal Records gewechselt.
Nachdem sich das persönliche und inhaltliche Wachstumspotential in meinem Bereich erschöpfte, war der Wechsel ein logischer Schritt, um sich neuen Herausforderungen und Chancen zu stellen, was gleichzeitig mit der Beförderung vom Senior A&R und Creative Manager zum Head of A&R einherging und eine neue Karrierestufe bedeutete.
Da die Musikbranche in der heutigen Zeit mit vielen anderen Branchen wie der Telekommunikationsbranche, Werbebranche, Modebranche, Film- und Fernsehbranche, Veranstaltungsbranche etc. kooperiert, ist Branchentreue nicht unbedingt erforderlich, um einen nächsten Karriereschritt einzuleiten. Ein Branchenwechsel sollte dann jedoch innerhalb der sich tangierenden Branchen stattfinden.

Gibt es persönliche Schlüsseleigenschaften, die unverzichtbar sind für einen nachhaltigen Erfolg in Ihrem Berufsfeld? Falls ja, auf welche Eigenschaften kommt es dabei ganz besonders an?
LEIDENSCHAFT, Durchsetzungskraft und Konfliktfähigkeit, Kommunikationsfähigkeit – Menschen überzeugen und mitreißen, Kreativität, Ausdauer und Belastbarkeit, Disziplin, Durchhaltevermögen, soziale Kompetenz.

Gibt es erworbene Schlüsselkompetenzen, die unverzichtbar sind für einen nachhaltigen Erfolg in Ihrem Berufsfeld? Falls ja, auf welche Kompetenzen kommt es dabei ganz besonders an?
Management Skills, Herstellen von Querverbindungen und Synergieeffekten, strategisches Denken, selbstverantwortlich Probleme lösen, gute Argumentationen in Diskussionsrunden, überzeugend und aussagekräftig Präsentieren von zum Beispiel Projekten/Künstlern.

Welche Bedeutung hatten Vorbilder und Mentoren auf Ihrem beruflichen Weg? Waren es eher Frauen oder Männer? Was haben Sie gelernt?
Menschen, die mich durch ihre persönliche Art und auch durch ihre Art Dinge umzusetzen inspirieren, bezeichne ich als meine Mentoren und Vorbilder.
Da es leider zu wenig Frauen in Spitzenpositionen in der Musikbranche gibt, waren es durchweg nur Männer. Frauen beziehungsweise weibliche Persönlichkeiten haben mich teilweise durch deren (Fach-) Bücher sehr inspiriert und damit Vorbild- beziehungsweise Mentorenfunktion eingenommen.
Der entscheidende Aspekt, den ich gelernt habe, war, dass diese Personen durch Durchhaltevermögen, Fleiß und Talent ihre Ziele erreicht haben und wenn man permanent versucht sein Bestes zu geben, es sich früher oder später auszahlen wird!

Wie wichtig war und ist der private emotionale Rückhalt für Ihren beruflichen Weg?
Ohne privaten Rückhalt wäre mein Weg nicht so verlaufen. Er bildet meine Basis.

Wie schaffen Sie den Spagat zwischen der Freude am Erfolg verbunden mit hoher inhaltlicher und zeitlicher Belastung einerseits und dem Erfordernis mentaler Entspannung und dem Bedürfnis nach der Pflege privater sozialer Kontakte andererseits?
Der Spagat gelingt mir mal mehr mal weniger gut. Ich bin jedoch dazu übergegangen, mir für Treffen mit Freunden und Familie und auch für meine Entspannung Termine zu legen, die dann verbindlich sind. Arbeiten am Wochenende mache ich zur Ausnahme. Es kommt hin und wieder vor, ich versuche dies jedoch zu vermeiden.

Welche Bedeutung haben Auslandsaufenthalte für die Entwicklung von Karrieren in Ihrem Berufsfeld? Machen sie Sinn oder wird ihre Bedeutung überschätzt?
Auslandsaufenthalte dienen der eigenen Persönlichkeitsentwicklung und sind sehr wichtig! Die Bedeutung wird keinesfalls überschätzt. Neben der Verbesserung der sprachlichen Fähigkeiten und der Steigerung der interkulturellen Kompetenz sollte ein besonderer Fokus auf der Herstellung neuer Kontakte beziehungsweise auf dem Aufbau des eigenen Netzwerkes liegen.

Spielt ein großes und gut gepflegtes Netzwerk wirklich die Rolle, die ihm vielfach zugeschrieben wird?
Ja, spielt es! Gute, persönliche Kontakte sind das A & O!!!

Welche Vorteile haben Sie persönlich aus Netzwerken für sich generieren können?
Mein Netzwerk ist die Basis für die Umsetzung meiner Themen/Projekte. Durch dieses konnte ich Aufgaben oftmals viel schneller und effektiver umsetzen und so zum Erfolg bringen als etwaige Mitkonkurrenten.

Welche Rückschläge mussten Sie auf Ihrem beruflichen Weg hinnehmen? Wie kam es dazu und wie sind Sie damit umgegangen?
Die Erkenntnis, dass trotz hohem inhaltlichen und zeitlichen Einsatz Projekte auch mal nicht zum gewünschten Erfolg führen beziehungsweise 100 %iger Einsatz kein Erfolgsgarant ist – das sind Erfahrungen, mit denen ich lernen musste umzugehen.
Das Wichtige in diesen Momenten war, sich Zeit zu nehmen, um zu reflektieren und sich mit der Situation intensiv auseinanderzusetzen. Wenn mögliche Störfaktoren identifiziert werden konnten, die zur Behinderung des Erfolges geführt haben, mussten entsprechende Gegenmaßnahmen eingeleitet werden, um diese – wenn möglich – zu eliminieren. Manchmal kann jedoch auch einfach nur das gewisse Quäntchen Glück fehlen, was dem Erfolg in letzter Konsequenz im Wege steht.
Rückschläge gehören zu einer beruflichen Karriere und sind ein Teil des Erfolges. Wichtig ist der richtige Umgang mit ihnen, denn aus ihnen kann man Kraft für Veränderungen ziehen, lernt den Blickwinkel zu verändern und erlangt neue Erkenntnisse, die einen letztendlich wachsen lassen.

Hatten Sie auf Ihrem beruflichen Weg schon mal das Gefühl der Frustration und/oder der Resignation? Wie sind Sie mit diesem Gefühl umgegangen?
Diese gab es. In solchen Momenten nehme ich mir die Zeit für einen kurzen break, das heißt, ich konzentriere beziehungsweise besinne mich auf Dinge außerhalb der Musikbranche, um wieder das Gefühl zu bekommen, warum ich in der Branche angetreten bin. Besonders in diesen Momenten ist es wichtig, dass man seiner Arbeit beziehungsweise beruflichen Aufgaben mit Leidenschaft nachgeht, denn genau diese Leidenschaft treibt einen wieder zurück in die „Arena".

Gab es auf Ihrem beruflichen Weg Situationen, wo Sie gegen Widerstände Ihren eigenen Weg gegangen sind und es sich gelohnt hat?
Ja, dies war besonders in Situationen, in denen faktische, rationale Argumente nicht ausreichend überzeugten, ich jedoch wusste, dass ich mich auf meine Intuition – mein Bauchgefühl verlassen kann, einen bestimmten Weg zu gehen beziehungsweise eine bestimmte Vorgehensweise zu präferieren, die dann zum Erfolg führte.

Welche Ratschläge würden Sie jungen Frauen in der Medienbranche mit auf den Weg geben?
Mutig und selbstbewusst sein!! Ein Ziel haben und dieses konsequent verfolgen. In Gesprächsrunden/Diskussionen immer etwas beitragen! Mitstreiter suchen! Netzwerke bilden!

Welches sind die drei wichtigsten Stellschrauben für den Erfolg in Ihrem beruflichen Umfeld?
Netzwerk/Trendgespür/soziale Kompetenz/Durchsetzungsvermögen

Was mussten Sie für die Erreichung Ihrer beruflichen Ziele und auf Ihrem beruflichen Weg aufgeben, was ist „auf der Strecke" geblieben?
Ich musste mich relativ früh entscheiden, ob ich den künstlerischen Weg oder den Businessweg gehen möchte, da beides gleichzeitig auf professioneller Ebene nicht möglich ist/war.

Was hätten Sie rückblickend gern anders gemacht auf Ihrem beruflichen Weg? Gibt es „Weichen", bei denen Sie heute anders abbiegen würden?
Ich kann nicht sagen, dass ich etwas anders gemacht hätte. Ich weiß nur, wäre ich teilweise anders abgebogen, wäre mein Weg innerhalb der Branche etwas anders verlaufen – aber letztendlich nur anders.

„Den unverwechselbaren Wert der eigenen Fähigkeiten erkennen"

Jane Comerford, Vocalcoach und Leadsängerin

© Charlie Spieker

Jane Comerford wurde 1959 in Newcastle, Australien, geboren. Ihr beruflicher Weg führte sie nach einer Ausbildung in Geige, Musiktheorie und Klavier sowie Unterricht in Ballett und Gesang unter anderem nach Wien, wo sie die Rolle der Eponine in Les Misérables spielte. Seit 2005 ist sie Sängerin der Band „Texas Lightning", mit der sie 2006 beim Eurovision Song Contest antrat. Jane Comerford war in verschiedenen TV-Produktionen, wie beispielsweise „Popstars on Stage" oder „Fame Academy", als Vocalcoach zu sehen. Heute ist Hamburg ihre Heimat. Neben ihrer Tätigkeit als Song-Schreiberin, Komponistin und Musikproduzentin, arbeitet sie hier als Dozentin an der Hochschule für Musik und Theater.

Fame Academy
Leadsängerin   Komponistin   Vocalcoach
Eurovision Song Contest Merewether Beach Australia   Diplomierte Pianistin
Popstars on Stage Dozentin Popkurs Hochschule für Musik & Theater Hamburg
Neunzehnhundertneunundfünfzig   Geige   Gesang & Ballet
Song-Schreiberin Studio-Sängerin und Chor-Arrangeurin
Texas Lightning   Musikproduzentin
Newcastle Konservatorium
Les Misérables

Ihr beruflicher Weg hat Sie ganz an die Spitze geführt. Haben Sie von dieser Position schon zu Berufsbeginn geträumt? War es womöglich die Erfüllung eines lang gehegten Wunsches? Skizzieren Sie bitte kurz, wie es zu Ihrer beruflichen Laufbahn kam.

Naja, was im Leben ist schon 1:1 planbar? In meinem Fall war weder mein beruflicher Weg so geplant, noch habe ich zu Beginn von einer Karriere als Sängerin geträumt. Allerdings war es von Anfang an klar, dass Musik im Mittelpunkt stehen soll.

Nachdem ich in meiner Kindheit eine intensive Ausbildung in Geige, Ballett und Klavier erhalten habe, führte mein Weg mich zunächst raus aus dem konservativen Umfeld und hinein ins Rock'n'Roll-Leben. Der einzige Traum, den ich zu dem Zeitpunkt hatte, war mein eigener Herr zu sein. Da Musik zu gestalten immer schon ein Teil meines alltäglichen Lebens war, lag es nahe, Musikerin zu werden. Genau das habe ich dann auch gemacht: ich wurde Pianistin und Sängerin.

Wie viel Zeit investieren Sie in Ihre berufliche Aufgabe? Sind Sie rund um die Uhr erreichbar und ist das eigentlich erforderlich in Spitzenjobs?

Ich bin nicht rund um die Uhr erreichbar und ich finde dies auch extrem wichtig. Natürlich gibt es Phasen, in denen ich Tag und Nacht arbeite. Teilweise, weil Termindruck besteht und teilweise, weil ich Spaß daran habe und die Kreativität raus muss. Ich achte jedoch immer darauf, dass ich mir Auszeiten nehme. Jeder, der von mir Spitzenleistung erwartet, müsste diese Haltung nicht nur respektieren, sondern auch begrüßen. So habe ich nämlich wesentlich mehr Energie und Power für die eigentliche Arbeit.

Welches war rückblickend der entscheidende Faktor, der Ihre Karriere befördert hat?

Ich denke, dass mir das Vertrauen in die eigene musikalische Intuition sehr geholfen hat.

Welche Bedeutung hatten auf Ihrem beruflichen Weg die bewusste Karrieregestaltung einerseits und Zufall und Glück andererseits?

Ich habe meine Karriere schlicht und einfach nicht bewusst gestaltet. Deshalb würde ich es selber auch nicht als Karriere bezeichnen, sondern als berufliche Laufbahn. Als ich Anfang der 1980er Jahre nach Deutschland kam, gab es für Musiker im Populärmusik-Bereich keinen planbaren Berufsweg. Zufall und Glück haben dadurch zwangsläufig eine große Rolle gespielt. Fleiß, Ehrgeiz und Flexibilität kamen hinzu und natürlich auch meine große Liebe für die Musik. Wenn sich eine Möglichkeit für mich öffnete, dann habe ich immer 1000 Prozent gegeben.

Wie wichtig ist Branchen- und/oder Unternehmenstreue für den beruflichen Aufstieg? Oder braucht gerade Karriere den gezielten, wohl durchdachten Wechsel?

Ich finde, die gesamte Medienbranche funktioniert nach ähnlichen Kriterien: In jedem Bereich gibt es gewisse Spielregeln, die man beachten muss; überall braucht es ein gewisses Maß an Loyalität. Natürlich ist es von Vorteil, länger in einer Branche zu bleiben, da man dann dort seine Erfahrungen hat und Kontakte bestehen. Gerade Kontakte sind extrem wichtig. Für mich persönlich war es aber immer sehr belebend, wenn sich ein Türchen in einen anderen Bereich aufgetan hat. Diese „Ausflüge" haben mir neue Perspektiven und Ideen für andere Arbeitsbereiche gegeben. Mir ist diese Vielseitigkeit sehr gut bekommen.

Gibt es persönliche Schlüsseleigenschaften, die unverzichtbar sind für einen nachhaltigen Erfolg in Ihrem Berufsfeld? Falls ja, auf welche Eigenschaften kommt es dabei ganz besonders an?
Ja, ich finde die Eigenschaften Talent, Offenheit, Neugier, Durchhaltevermögen und Diplomatie unverzichtbar für einen nachhaltigen Erfolg.

Gibt es erworbene Schlüsselkompetenzen, die unverzichtbar sind für einen nachhaltigen Erfolg in Ihrem Berufsfeld? Falls ja, auf welche Kompetenzen kommt es dabei ganz besonders an?
Ich glaube, das ist vor allem die Fähigkeit, den unverwechselbaren Wert der eigenen Fähigkeiten zu erkennen, ihn zur Entfaltung zu bringen und ihn zu beschützen. Ob man zusätzlich eine Ausbildung im Musikbereich braucht oder nicht, kann man pauschal nicht beantworten. Es gibt nicht den einen richtigen Weg. Vielmehr besteht der Weg zum Erfolg aus vielen Puzzlesteinen, die man selber zusammensetzen muss. Gerade in der Musik gibt es ganz viele Quereinsteiger, die etwas Wissen hier und etwas Wissen dort haben. Was sie aber besonders macht, ist ihr Elan und ihr innovativer Geist, mit dem sie an die Sache rangehen. Als Musikerin und Sängerin ist es so, dass das Wesentliche, das man für den Erfolg braucht, nicht direkt „lernbar" ist. Es ist ein Talentberuf und es ist ein Lebensweg. Wer man ist, drückt man durch die Musik aus. Das heißt: Je weniger man gelebt hat, desto weniger kann man ausdrücken. Im Fernsehbereich habe ich die obskursten Quereinsteiger erlebt. Beispielsweise habe ich einmal einen jungen Mann kennengelernt, der mich damals als Fahrer abgeholt hat. Im nächsten Jahr war er Produktionsassistent und im darauffolgenden Jahr war er noch höher in der Hierarchie aufgestiegen. Diese Quereinsteiger besitzen meistens hohe soziale Kompetenz und sind innovative Köpfe. Es ist schön, mit solchen Menschen zu arbeiten. Diese Eigenschaften bringen einen im beruflichen Leben oft viel weiter als manche akademische Vorbildung.

Welche Bedeutung hatten Vorbilder und Mentoren auf Ihrem beruflichen Weg? Waren es eher Frauen oder Männer? Was haben Sie gelernt?
Ich habe keine Mentoren auf meinem Weg gehabt, sondern alles im Alleingang gemacht. Heute bin ich selbst gerne Mentorin für meine Studierenden. Ich bemühe mich, ihnen zu geben, was ich selber gerne gehabt hätte. Vorbilder im klassischen Sinne habe ich auch nicht gehabt. Die Musik hat mich geleitet. Ich habe viel von Kolleginnen und Kollegen gelernt, mit denen ich auf der Bühne stand. Man tauscht sich aus und inspiriert sich gegenseitig. Auch in anderen Berufsfeldern, im Theaterbereich oder beim Schreiben, lernt man viel von dem aktiven Tun mit anderen. Das setzt natürlich voraus, dass man sich gut versteht und sehr offen miteinander umgeht. Gelernt habe ich da sowohl von Frauen als auch von Männern.

Wie wichtig war und ist der private emotionale Rückhalt für Ihren beruflichen Weg?
Zum beruflichen Weg gehört das gesamte Spektrum an emotionaler Vielfalt, die man mit oder ohne privaten Rückhalt erlebt. Das alles fließt in die künstlerische Arbeit hinein. Es ist schön, privaten Rückhalt zu haben, aber manchmal ist eine gewisse „Leidenszeit" auch förderlich, da auch diese die Kreativität ankurbelt. Insofern ist es schwierig, dies pauschal zu sagen. Ich empfinde es aber als sehr wichtig, ein Leben außerhalb des Berufes zu haben und zu pflegen.

Wie schaffen Sie den Spagat zwischen der Freude am Erfolg verbunden mit hoher inhaltlicher und zeitlicher Belastung einerseits und dem Erfordernis mentaler Entspannung und dem Bedürfnis nach der Pflege privater sozialer Kontakte andererseits?
Um im Bild zu bleiben: Mal bin ich gut gedehnt und mal hole ich mir einen kleinen Muskelkater. Damit meine ich, dass es nicht immer leicht ist, diesen Spagat zwischen Beruf und Privatem hinzubekommen.

Welche Bedeutung haben Auslandsaufenthalte für die Entwicklung von Karrieren in Ihrem Berufsfeld? Machen sie Sinn oder wird ihre Bedeutung überschätzt?
Bei mir persönlich wären Auslandsaufenthalte nicht weg zu denken. Ich habe über 30 Jahre in verschiedensten Ländern gelebt und gearbeitet. Ich denke, man ordnet sich dann neu in der Welt ein. Man erfährt, wie vielfältig die Lebensphilosophien der verschiedenen Kulturen sind und wird dadurch offener und toleranter. Zwangsläufig guckt man über den eigenen Tellerrand hinaus und bekommt einen ganz anderen Blick auf die Dinge. Für meinen Beruf halte ich Auslandsaufenthalte für unentbehrlich.

Spielt ein großes und gut gepflegtes Netzwerk wirklich die Rolle, die ihm vielfach zugeschrieben wird?
Networking war für mich extrem wichtig. Es gab kaum einen Job, für den ich mich schriftlich hätte bewerben können. Eine Vielzahl der Engagements sind durch Empfehlungen aus dem Musikbereich gekommen. Das war alles schon so in einer Zeit, in der der Begriff des Networkings überhaupt noch nicht populär war; lange bevor es das Internet gab. Schon damals war Networking für mich und meinen Beruf nicht wegzudenken. Heute ist es bequemer: Man kann für das Networking auch das Angebot an sozialen und beruflichen Netzwerken nutzen. Trotz guter Netzwerke darf man jedoch nie vergessen, dass man in dem, was man tut, auch gut sein muss, denn nur dann kommt man auch weiter.

Welche Vorteile haben Sie persönlich aus Netzwerken für sich generieren können?
Mein Dozentenposten an der Hochschule für Musik und Theater in Hamburg, mein erster Schallplattenvertrag, mein Einstieg bei Texas Lightning, meine erste Hauptrolle im Theater und vieles, vieles andere mehr ist über Netzwerke zustande gekommen. Ich kann das alles gar nicht aufzählen. Netzwerke sind sozusagen mein Leben. Die ganze Branche funktioniert nach diesem Prinzip.

Welche Rückschläge mussten Sie auf Ihrem beruflichen Weg hinnehmen? Wie kam es dazu und wie sind Sie damit umgegangen?
Es gab viele Rückschläge, das bleibt nicht aus. Jeder muss eine Art entwickeln, damit umzugehen. Hat man das nicht, verfällt man irgendwann in Depressionen. Ich sage mir dann: „Wenn irgendwo eine Tür zugeht, geht woanders eine auf." Im Englischen sagt man auch: „Hope for the best and expect the worst." Bei Rückschlägen geht die Welt nicht unter – man muss weiter machen.

Hatten Sie auf Ihrem beruflichen Weg schon mal das Gefühl der Frustration und/oder der Resignation? Wie sind Sie mit diesem Gefühl umgegangen?
Wenn man kreativ arbeitet, dann beinhaltet das Schaffen für die meisten Menschen zu 80 Prozent Frustration und über große Strecken kommt auch mal Resignation hoch. Vielleicht

sind 15 Prozent Ausgeglichenheit und 5 Prozent machen Highlights aus. Und das meine ich wirklich ernst. Von außen sieht man oft nur das Positive, aber nicht die negativen Dinge. Die Kreativität zu bringen, die erwartet wird, das bedeutet auch, einen steinigen Weg zu gehen, sozusagen ein selbst auferlegtes Drama, das man sich antut. Nicht nur die Geburt und die Vollendung einer Idee müssen gelingen, sondern das kaufmännische Konzept und die Vermarktung müssen auch noch erfolgreich sein. Das Leben hinter dem Leben, welches man in der Öffentlichkeit wahrnimmt, ist für einen persönlich oft noch mal was ganz anderes. Viele Erfolge sind sehr hart verdient. Damit will ich jetzt nicht herumjammern. Ich weiß es sehr zu schätzen, dass ich so viele schöne Highlights erlebt habe und dass ich meine Leidenschaft als Beruf ausüben kann. Es gibt viele Leute, die diese Art von Erfolg nicht haben, aber trotzdem unglaublich fleißig und talentiert sind. Man muss sich glücklich schätzen für alles, was einem gelingt. Ich sage das hier, weil viele junge Frauen denken, dass sie die Einzigen sind, die mit ihrer Kreativität ringen müssen, aber es ist eben einfach normal.

Gab es auf Ihrem beruflichen Weg Situationen, wo Sie gegen Widerstände Ihren eigenen Weg gegangen sind und es sich gelohnt hat?
Eigentlich habe ich das Gefühl, dass ich immer gegen Widerstände kämpfen muss. Es läuft selten alles genau nach Plan. Zu kämpfen für das, was einem wichtig ist, gehört einfach zu meinem Beruf dazu.

Welche Ratschläge würden Sie jungen Frauen in der Medienbranche mit auf den Weg geben?
Man sollte die Strukturen in einem Unternehmen erkennen und sie respektieren; man muss sich einordnen können. Außerdem braucht man eine gute Mischung aus Ehrgeiz und Nachgeben. Man sollte immer bestrebt sein, ein gutes Arbeitsklima zu schaffen. Das sind, abgesehen von Talent, die Eigenschaften, die wichtig sind in der Branche.

Welches sind die drei wichtigsten Stellschrauben für den Erfolg in Ihrem beruflichen Umfeld?
Für mich sind es vornehmlich die folgenden Faktoren, die diesbezüglich wichtig sind: Unabhängig davon, wie es zu dem jeweiligen Zeitpunkt läuft, sich die Freude am Entwicklungsprozess zu bewahren und daran, die Dinge gewähren zu lassen. Vor allem die Herausforderung anzunehmen, sich dabei immer treu zu bleiben.

Was mussten Sie für die Erreichung Ihrer beruflichen Ziele und auf Ihrem beruflichen Weg aufgeben, was ist „auf der Strecke" geblieben?
Ich habe für mich gewählt, Australien zu verlassen und musste deshalb ein Leben ohne die Familie an meiner Seite in Kauf nehmen.

Was hätten Sie rückblickend gern anders gemacht auf Ihrem beruflichen Weg? Gibt es „Weichen", bei denen Sie heute anders abbiegen würden?
Ich glaube nicht, dass ich etwas anders gemacht hätte. Es ist mein Weg, mit allen Erfolgen und Misserfolgen, und ich bin diesen Weg so gegangen. Ich hoffe, dass ich dadurch als Mensch gewachsen bin.

„Auf, zu neuen Taten!"

Prof. Dr. Brigitte Fassbaender, Opernsängerin, Liedsängerin, Regisseurin und Intendantin

Die Mezzosopranistin Prof. Dr. Brigitte Fassbaender wurde 1939 in Berlin geboren und studierte 1959 bis 1961 am Konservatorium in Nürnberg Gesang bei ihrem Vater, Kammersänger Willy Domgraf-Fassbaender. Ihre künstlerische Laufbahn begann 1961 als Mitglied der Bayerischen Staatsoper, schon 1970 folgte die Ernennung zur bayerischen Kammersängerin. Einige Jahre später verlieh ihr auch die Wiener Staatsoper diesen Titel. In den 1970er Jahren wurde sie über die Grenzen Deutschlands hinaus bekannt mit Auftritten als Opernsängerin an Häusern wie der Metropolitan Opera, Covent Garden, La Scala Milano, dem Opernhaus von San Francisco und den Bayreuther sowie Salzburger Festspielen. Brigitte Fassbaender spielte rund 250 Schallplatten ein.

1995 beendete sie ihre Karriere als Opern-, Lied- und Konzertsängerin und widmete sich fortan der Regie von Oper und Schauspiel. Darüber hinaus ist sie seit Jahren eine gefragte Gesangspädagogin und international als Meisterkursleiterin tätig. Doch die Tätigkeit als Regisseurin ist bis heute das wichtigste Kapitel im Leben von Brigitte Fassbaender. Stationen waren bisher die Operndirektion am Staatstheater Braunschweig und die Intendanz des Tiroler Landestheaters. Für ihre Arbeit wurde Brigitte Fassbaender vielfach ausgezeichnet, so unter anderem mit dem Deutschen Kritikerpreis, dem Frankfurter Musikpreis, dem Bayerischen Maximiliansorden für Wissenschaft und Kunst und mit dem Wolfgang-Amadeus-Mozart-Preis. Sie ist Mitglied des Ordens Pour le mérite und wurde zum Ritter der Ehrenlegion (L'Ordre national de la Légion d'Honneur) ernannt. 2012 kamen das Große Verdienstkreuz mit Stern der Bundesrepublik Deutschland hinzu sowie der Ehrenring der Stadt Innsbruck. Seit 2009 ist Brigitte Fassbaender künstlerische Leiterin des Richard-Strauss-Festivals in Garmisch-Partenkirchen und hat ebenso seit über zehn Jahren die künstlerische Leitung des Eppaner Liedsommers inne.

Schubert „Winterreise"
Begegnung mit Carlos Kleiber Bayerische und Wiener Kammersängerin
Begegnung mit Günther Rennert
Bayerische Staatsoper München Schreiben Pour le mérite Malen
Metropolitan Opera N.Y.
Covent Garden London Gesangsausbildung beim Vater
Regietätigkeit
Rosenkavalier
Salzburger Festspiele
Intendanz

Ihr beruflicher Weg hat Sie ganz an die Spitze geführt. Haben Sie von dieser Position schon zu Berufsbeginn geträumt? War es womöglich die Erfüllung eines lang gehegten Wunsches? Skizzieren Sie bitte kurz, wie es zu Ihrer beruflichen Laufbahn kam.
Ja, der Wunsch nach Erreichen der Spitzenliga war immer vorhanden. Besser gesagt: Hätten Zweifel bestanden, wäre ich diesen beruflichen Weg nicht gegangen. Ich bin in einem Künstlerhaushalt geboren und aufgewachsen. Mein Vater war ein berühmter Sänger, meine Mutter Bühnen- und Filmschauspielerin. Es gab von Anfang an nichts anderes als die Welt des Theaters. Die Eltern haben das Weiterführen ihrer eigenen Künstlerambitionen durch mich in jeder Weise gefördert. Mein Vater wurde mein Lehrer, meine Mutter eine kluge, konstruktive „Kritikerin".

Wie viel Zeit investieren Sie in Ihre berufliche Aufgabe? Sind Sie rund um die Uhr erreichbar und ist das eigentlich erforderlich in Spitzenjobs?
Der Tag müsste viel mehr als 24 Stunden haben. Die künstlerische Kreativität, wie ich sie, seit ich denken kann, ausübe, ist vielfältig und pausenlos fordernd. In einer Intendanz muss man selbstverständlich rund um die Uhr erreichbar sein. Jede künstlerische Leitung verlangt das. Alle verfügbare Energie fließt in den Beruf.

Welches war rückblickend der entscheidende Faktor, der Ihre Karriere befördert hat?
Eine außergewöhnliche Begabung. Eine solide Ausbildung, eine ruhige Entwicklung, glückliche Umstände und ständiges arbeiten und lernen, um besser und besser zu werden. Und das richtige Angebot zur richtigen Zeit.

Welche Bedeutung hatten auf Ihrem beruflichen Weg die bewusste Karrieregestaltung einerseits und Zufall und Glück andererseits?
Das hielt sich eigentlich immer die Waage. Wenn der Ruf gefestigt ist, kommen die Angebote von allein. Das eine ergibt sich aus dem anderen. Dann muss man wählen und seine Kräfte einzuschätzen wissen, ebenso muss man seine Grenzen erkennen. Selbstüberschätzung schadet, ist aber eine große Gefahrenquelle im Beruf des Sängers.

Wie wichtig ist Branchen- und/oder Unternehmenstreue für den beruflichen Aufstieg? Oder braucht gerade Karriere den gezielten, wohl durchdachten Wechsel?
Sowohl als auch. In meinem Fall stellte sich der „Wechsel" durch die einsetzende, internationale Karriere von selber her. Aber er war „gezielt", indem er auf Erreichtem aufbaute. Es ergibt sich Stufe für Stufe.

Gibt es persönliche Schlüsseleigenschaften, die unverzichtbar sind für einen nachhaltigen Erfolg in Ihrem Berufsfeld? Falls ja, auf welche Eigenschaften kommt es dabei ganz besonders an?
Das verantwortungsbewusste Anwenden des erworbenen Könnens steht sicher an erster Stelle. Im Fall der Sängerin: Eine hervorragende, solide Ausbildung, eine sich ständig durch die richtigen Herausforderungen entwickelnde Begabung und Leistungsfähigkeit, Charisma. Eine robuste Gesundheit ist bei den beruflichen Anforderungen, bei permanentem Klimawechsel und Reisestress von Vorteil, ja fast unerlässlich. Im Fall der künstlerischen Leitung: Natürliche Autorität, Entscheidungsfreudigkeit, Erfahrung und Menschenkenntnis, Geduld, Zivilcourage, „Kunstverstand" …

Gibt es erworbene Schlüsselkompetenzen, die unverzichtbar sind für einen nachhaltigen Erfolg in Ihrem Berufsfeld? Falls ja, auf welche Kompetenzen kommt es dabei ganz besonders an?

Für die Intendanz: Repertoirekenntnis, Menschenführung und -kenntnis; bewusster, zielführender Ensembleaufbau, gewachsen aus Eigenerfahrung und Beobachtung, und verantwortungsbewusste Führung junger Stimmen. Integrität, Loyalität, Autorität, Teamgeist, katalysatorische Bereitschaft, Ehrlichkeit und Diplomatie.

Im Fall der Sängerin: Sängerischer Instinkt, Intuition, Phantasie, Musikalität, Disziplin, Vernunft, vernünftige Selbsteinschätzung, Risikobereitschaft (erworben, entwickelt, entdeckt …).

Welche Bedeutung hatten Vorbilder und Mentoren auf Ihrem beruflichen Weg? Waren es eher Frauen oder Männer? Was haben Sie gelernt?

Vorbilder und Mentoren hatten eine große Bedeutung in meinem Leben, auf meinem Weg. Es waren ausschließlich Männer, begonnen mit meinem Vater, dessen Künstlertum und Menschlichkeit bis heute mein Vorbild ist. Meine ersten „Chefs" – Staatsintendant Rudolf Hartmann, als wissender Mentor, Günter Rennert, als Persönlichkeit und Regisseur Maßstab setzend. Darüber hinaus große Dirigenten, Sängerpersönlichkeiten, von denen ich lernte, denen ich nacheiferte.

Wie wichtig war und ist der private emotionale Rückhalt für Ihren beruflichen Weg?

Sehr wichtig! Ständiger, fachlicher Rat und künstlerische Auseinandersetzungsmöglichkeit, gesangspädagogische Überwachung war bis zum Tod meiner Eltern gegeben. Langfristige Freundschaften setzen Verständnis für die Anforderungen, wie Unrast und Abgehobenheit eines künstlerintensiven Lebens voraus. Auch das Privatleben steht im Zeichen des Berufes.

Wie schaffen Sie den Spagat zwischen der Freude am Erfolg verbunden mit hoher inhaltlicher und zeitlicher Belastung einerseits und dem Erfordernis mentaler Entspannung und dem Bedürfnis nach der Pflege privater sozialer Kontakte andererseits?

Ich bin sehr belastbar und ein absolutes „Arbeitstier". Wobei „Freude am Erfolg" mir weniger zufällt. Dazu war und bin ich zu selbstkritisch und permanent unzufrieden mit Geleistetem. Ich konnte und kann meinen eigenen Ansprüchen selten gerecht werden. Zu totalem Abschalten und Ausspannen bin ich kaum fähig, kann mich aber kurzfristig sehr gut regenerieren. Letztendlich schaffe ich den angesprochenen „Spagat" aber wohl nicht.

Welche Bedeutung haben Auslandsaufenthalte für die Entwicklung von Karrieren in Ihrem Berufsfeld? Machen sie Sinn oder wird ihre Bedeutung überschätzt?

In meinem beruflichen Werdegang war und ist die Internationalität von enormer Wichtigkeit und ein Gradmesser der Karriere.

Spielt ein großes und gut gepflegtes Netzwerk wirklich die Rolle, die ihm vielfach zugeschrieben wird?

Als ich begann, war der Begriff „Netzwerk" noch nicht erfunden. Aber die heutige Berufswelt, auch auf künstlerischem Gebiet, lebt wohl davon.

Welche Vorteile haben Sie persönlich aus Netzwerken für sich generieren können?
Das ist mir nicht bewusst. Es sind im Fall einer Leitungsposition wohl eher Beziehungen zu wichtigen Künstlern und Agenturen.

Welche Rückschläge mussten Sie auf Ihrem beruflichen Weg hinnehmen? Wie kam es dazu und wie sind Sie damit umgegangen?
Ohne Krisen und Rückschläge ist ein Sängerleben kaum denkbar. Dass einen zwischenzeitlich das „Glück" zu verlassen scheint, dass man eine „Weiche" falsch stellt, dass man gesundheitliche Krisen erlebt, gehört dazu (für einen freischaffenden Sänger/in ist jede Erkältung eine Tragödie!). Wenn einem Opportunismus und Illoyalität, Intrige und Missgunst fremd sind, passieren Enttäuschungen häufiger.

Hatten Sie auf Ihrem beruflichen Weg schon mal das Gefühl der Frustration und/oder der Resignation? Wie sind Sie mit diesem Gefühl umgegangen?
Selbstverständlich! Durch Nicht-Erreichen gesteckter Ziele, durch Überforderung, durch sich missverstanden fühlen, durch Dummheit und Borniertheit um einen herum. Aber es hieß und heißt doch immer wieder: „Auf, zu neuen Taten"!

Gab es auf Ihrem beruflichen Weg Situationen, wo Sie gegen Widerstände Ihren eigenen Weg gegangen sind und es sich gelohnt hat?
Ja, das gab es. Nicht sehr häufig, weil ich ein diplomatischer Mensch bin. Jede Risikobereitschaft und -freudigkeit birgt die Gefahr des Widerstands von außen. Durchhalten lohnt sich immer, für das Selbstwertgefühl. Aber Kompromissbereitschaft gehört auch dazu.

Welche Ratschläge würden Sie jungen Frauen in der Medienbranche mit auf den Weg geben?
Siehe oben – und: Nie die Lern- und Wissbegier versiegen lassen! Erwerb von Souveränität und gesunder Selbsteinschätzung. Sich nicht um „Ruhm und Ehre" kümmern. Hart arbeiten! Integer bleiben! „Cliquenwirtschaft" vermeiden!

Welches sind die drei wichtigsten Stellschrauben für den Erfolg in Ihrem beruflichen Umfeld?
Wie schon oft gesagt: Eine solide, erstklassige Ausbildung, Erkenntnis der eigenen Grenzen, aber offen für jede Herausforderung. Also: Mut, Glück und Fleiß. Begabung ist natürlich Voraussetzung.

Was mussten Sie für die Erreichung Ihrer beruflichen Ziele und auf Ihrem beruflichen Weg aufgeben, was ist „auf der Strecke" geblieben?
Ein stabiles Familienleben, Ehe, Kinder, „hausfrauliche" Ambitionen, Freizeit.

Was hätten Sie rückblickend gern anders gemacht auf Ihrem beruflichen Weg? Gibt es „Weichen", bei denen Sie heute anders abbiegen würden?
Ich hätte gerne noch früher mit dem Singen aufgehört, um die Erfahrung einer zweiten Intendanz, möglichst in einem reinen Musiktheater, machen zu können. Und dreimal „Nein" zu Karajan war wohl auch eine falsche Weiche …

IV. Medienteilmarkt Film

„Durchatmen, drüber nachdenken und dann weiter machen"

Prof. Dr. Susanne Stürmer, Präsidentin Hochschule für Film und Fernsehen „Konrad Wolf"

Prof. Dr. Susanne Stürmer wurde 1963 in Leer geboren. Ihr beruflicher Weg begann nach einem Studium der Volkswirtschaftslehre bei der Price Waterhouse Corporate Finance GmbH. Später folgte eine Anstellung als Leiterin Regulierungsökonomie bei o.tel.o communications. 1998 wechselte sie zur UFA GmbH, wo sie in verschieden Positionen arbeitete und 2008 Geschäftsführerin wurde. Neben ihren Aufgaben bei der UFA widmet sich Susanne Stürmer intensiv der Ausbildung des Filmnachwuchses. Hier wurde sie 2011 zur ersten Professorin im Nebenamt an der Hochschule für Film und Fernsehen in Babelsberg berufen. Darüber hinaus engagiert sich Susanne Stürmer im Vorstand der media.net Berlin-Brandenburg sowie in der Allianz Deutscher Produzenten – Film & Fernsehen e. V. Im Januar 2013 wählte sie der Senat der Hochschule für Film und Fernsehen „Konrad Wolf" in Potsdam-Babelsberg zur neuen Präsidentin der Filmhochschule.

Assistant Manager
Leiterin Regulierungsökonomie
media.net Berlin-Brandenburg
Filmhochschulpräsidentin
Studium der Volkswirtschaftslehre
Hochschule für Film und Fernsehen „Konrad Wolf" Director of Corporate Affairs
Promotion
Price Waterhouse Corporate Finance GmbH
London School of Economics
UFA GmbH
Medien- und Tarifpolitik Allianz Deutscher Produzenten
Geschäftsführerin
Professorin

Ihr beruflicher Weg hat Sie ganz an die Spitze geführt. Haben Sie von dieser Position schon zu Berufsbeginn geträumt? War es womöglich die Erfüllung eines lang gehegten Wunsches? Skizzieren Sie bitte kurz, wie es zu Ihrer beruflichen Laufbahn kam.

„Ganz an die Spitze" ist ein relativer Begriff – aber lassen wir es mal so stehen. Nein, es war nicht die Erfüllung eines lang gehegten Wunsches. Aus dem einen folgte das Nächste – so hat sich mein Berufsweg entwickelt: In der Rückschau recht organisch, aber nicht, weil ein großer Plan dahinter stand, sondern weil sich die Dinge gut entwickelt haben und ich Gelegenheiten ergriffen habe, wenn sie sich boten.

Wie viel Zeit investieren Sie in Ihre berufliche Aufgabe? Sind Sie rund um die Uhr erreichbar und ist das eigentlich erforderlich in Spitzenjobs?

Ich investiere viel Zeit in meine berufliche Aufgabe, einschließlich vieler Abende und Zeiten an den Wochenenden. Rund um die Uhr erreichbar bin ich aber nicht. Man ist ja kein Notarzt. Wenn aber Erreichbarkeit erforderlich ist, zum Beispiel im Urlaub, bin ich ansprechbar. Das hat etwas mit Verantwortung zu tun und ist selbstverständlich.

Welches war rückblickend der entscheidende Faktor, der Ihre Karriere befördert hat?

Wichtig ist vor allem die Arbeitsqualität. Es gibt natürlich eine Korrelation zwischen der Qualität und dem Einsatz, die man in den verschiedensten Hinsichten zeigt, und der Wertschätzung, die man erfährt. Sicherlich hat Karriere auch etwas zu tun mit Unterstützung und mit glücklichen Umständen, aber im Kern zählt doch die Arbeitsqualität.

Welche Bedeutung hatten auf Ihrem beruflichen Weg die bewusste Karrieregestaltung einerseits und Zufall und Glück andererseits?

Bei der Frage, wo genau mich mein Berufsweg hingeführt hat, haben Zufall und Glück eine große Rolle gespielt und immer auch eigene Neugierde. Sich dies leisten zu können, hatte auch was mit den deutlich günstigeren Arbeitsmarktbedingungen in der Vergangenheit zu tun. Heute muss man, denke ich, schon strategischer planen.

Wie wichtig ist Branchen- und/oder Unternehmenstreue für den beruflichen Aufstieg? Oder braucht gerade Karriere den gezielten, wohl durchdachten Wechsel?

Ich habe meine berufliche Laufbahn nicht im Medienbereich begonnen. Insofern halte ich eine Branchentreue oder eine Beschränkung auf die Medienbranche nicht für wichtig, wenn es um eine Karriere geht. Ich finde es im Gegenteil gut, wenn man am Anfang breiter Erfahrungen sammelt. Danach sollte man sich festlegen, um auf Erfahrungen aufbauen zu können. Wenn man die Branche wechselt, entwertet man sein Wissen und seine Erfahrungen naturgemäß immer ein wenig. Unternehmenstreue ist für mich eher eine Sache der Persönlichkeit. Mir persönlich liegt daran, aber es gibt auch Menschen, die sich eher über Themen und Projekte definieren, als über eine Firma.

Gibt es persönliche Schlüsseleigenschaften, die unverzichtbar sind für einen nachhaltigen Erfolg in Ihrem Berufsfeld? Falls ja, auf welche Eigenschaften kommt es dabei ganz besonders an?

Zu wichtigen Persönlichkeitseigenschaften zähle ich an erster Stelle Kommunikationsfähigkeit. Da gibt es die unterschiedlichsten Ausprägungen und Arten, aber im Kern einen guten

Kontakt mit Menschen entwickeln zu können, ist sehr wichtig. Darüber hinaus finde ich Fleiß, Verantwortungsbereitschaft, Begeisterungsfähigkeit und Offenheit Schlüsseleigenschaften, die für den Erfolg erforderlich sind.

Gibt es erworbene Schlüsselkompetenzen, die unverzichtbar sind für einen nachhaltigen Erfolg in Ihrem Berufsfeld? Falls ja, auf welche Kompetenzen kommt es dabei ganz besonders an?
Ich würde persönliche Schlüsseleigenschaften und erworbene Schlüsselkompetenzen nicht so sehr trennen. Die persönlichen Schlüsseleigenschaften, die ich genannt habe, sind doch sämtliche Eigenschaften, die man auf seinem beruflichen Weg lernt oder zumindest erweitert. Was hinzu kommen muss und was man mit der Zeit erwirbt, ist ein gewisses diplomatisches Geschick, Erfahrungen mit Situationen. Ein Studium ist dagegen nicht unbedingt notwendig. Gerade in den Medien gibt es viele hervorragende Leute, vor allem Kreative, die nicht oder nicht zu Ende studiert haben. Wobei ich bei einigen von ihnen ein persönliches Bedauern kenne, einem Studium nicht ausreichend Raum gegeben zu haben.

Welche Bedeutung hatten Vorbilder und Mentoren auf Ihrem beruflichen Weg? Waren es eher Frauen oder Männer? Was haben Sie gelernt?
Vorbilder und Mentoren hatten für mich eine große Bedeutung. Naturgemäß waren es eher Männer, denn in der Zeit, in der meine Altersgruppe den Berufsweg gemacht hat, gab es noch nicht so viele Frauen als Vorbilder. Tatsächlich war für mich auch ein Vorbild meine Mutter, die, damals ungewöhnlich, immer und sehr engagiert berufstätig war. Wenn man dies von klein auf kennt, ist es sehr selbstverständlich, einen ähnlichen Weg zu gehen. Mentoren geben einem Selbstwertgefühl mit. Man braucht Menschen, die einem vermitteln: „Du kannst was! Ich sehe deine Fähigkeiten! Bilde diese weiter aus!".

Wie wichtig war und ist der private emotionale Rückhalt für Ihren beruflichen Weg?
Am wichtigsten ist für mich, ehrlich gesagt, der eigene emotionale Rückhalt. In erster Linie muss man mit beruflich schwierigen Dingen allein zurechtkommen. Themen zu besprechen oder sich Rat zu holen, ist natürlich immer wichtig.

Wie schaffen Sie den Spagat zwischen der Freude am Erfolg verbunden mit hoher inhaltlicher und zeitlicher Belastung einerseits und dem Erfordernis mentaler Entspannung und dem Bedürfnis nach der Pflege privater sozialer Kontakte andererseits?
Das ist und bleibt ein Spagat, das kann man nicht klein reden. Für mich sind meine Kinder die beste Bremse: Kinder sind einfach da und fordern einen unmittelbar. Da muss man nicht lange nachdenken, sondern ist sofort in einem ganz anderen Bereich, in dem berufliche Themen nur sehr bedingt relevant sind, und man schafft sich die notwendige Zeit mit und für die Kinder. Ich habe dadurch immer effizient und fokussiert gearbeitet.

Welche Bedeutung haben Auslandsaufenthalte für die Entwicklung von Karrieren in Ihrem Berufsfeld? Machen sie Sinn oder wird ihre Bedeutung überschätzt?
Ich finde Auslandsaufenthalte unerlässlich. Sie erweitern den Horizont. Viele der Eigenschaften, die ich für wichtig halte, wie Kommunikationsstärke und Flexibilität, hängen auch mit Auslandserfahrungen zusammen. Damit meine ich also nicht nur, dass Auslandsaufenthalte gut im Lebenslauf aussehen und der Sprachkompetenz dienen.

Spielt ein großes und gut gepflegtes Netzwerk wirklich die Rolle, die ihm vielfach zugeschrieben wird?
Ich finde, Netzwerken wird zu hoch bewertet. Gerade in dieser Zeit, in der Branchengrenzen zunehmen verschwimmen und sich Zuschnitte von Märkten schnell ändern, hat das klassische Netzwerk eine geringere Bedeutung als vielleicht früher.

Welche Vorteile haben Sie persönlich aus Netzwerken für sich generieren können?
Wenn ich Netzwerke weiter definiere, nämlich als gute Kontakte mit Kollegen und Geschäftspartnern, ziehe ich aus diesem menschlichen Kontakt vor allem die berufliche Freude. Ein wichtiger sachlicher Vorteil eines guten Kontaktgeflechtes ist ein schneller Zugang zu Informationen und zu Wissen im weitesten Sinne. Und Gelegenheiten, mit Menschen anderer Branchen in Kontakt zu kommen und mit deren Themen und Erfahrungen, finde ich immer sehr bereichernd.

Welche Rückschläge mussten Sie auf Ihrem beruflichen Weg hinnehmen? Wie kam es dazu und wie sind Sie damit umgegangen?
Ich habe bisher keine großen Rückschläge hinnehmen müssen. Wenn, dann waren es eher kleine inhaltliche Rückschläge, nämlich dann, wenn etwas nicht so klappt wie man es sich vorstellt oder es auf der Zeitschiene zäher wird. Wenn das passierte, habe ich mich immer gefragt, was ich dazu beigetragen habe, dass etwas nicht so lief wie es hätte sein müssen und was ich daraus lernen kann. Also Selbstreflexion und Analyse, um dann im nächsten Schritt etwas Positives daraus zu ziehen.

Hatten Sie auf Ihrem beruflichen Weg schon mal das Gefühl der Frustration und/ oder der Resignation? Wie sind Sie mit diesem Gefühl umgegangen?
Beides kenne ich, aber – wie auch die Rückschläge – auf recht niedrigem Niveau. Ich würde lügen, wenn ich sagen würde, dass ich ganz tiefe Täler durchschritten habe. Berufliche Situationen, zumal negative, relativiere ich für mich. Ich habe immer einen gewissen Abstand zu meinem Beruf, er ist nicht das Wichtigste auf der Welt. Da gibt es andere Dinge im Leben… Wenn etwas nicht gut läuft, muss man Abstand gewinnen, einmal durchatmen, drüber nachdenken und dann weiter machen.

Gab es auf Ihrem beruflichen Weg Situationen, wo Sie gegen Widerstände Ihren eigenen Weg gegangen sind und es sich gelohnt hat?
Widerstände gibt es immer, mal kleinere und mal größere Widerstände. Ich finde, es lohnt sich immer, an Dingen dran zu bleiben, an die man glaubt. Darin unterscheiden sich Menschen: Einige haben tausend Dinge, für die sie durchs Feuer gehen würden, andere brennen nur für wenige Dinge. Ich bin eher jemand, die wenige Punkte hat, die mir super wichtig sind und es sind auch weniger Sachthemen, als Prinzipien im Umgang und in der Art des Arbeitens. Inhaltlich finde ich eine Flexibilität und das Arbeiten an gemeinsamen Umsetzungen oft wichtiger und klüger.

Welche Ratschläge würden Sie jungen Frauen in der Medienbranche mit auf den Weg geben?
Man sollte vor allem den eigenen Stil entwickeln. Für Frauen gibt es nach wie vor wenig „Role Models", an denen man sich orientieren kann. Die Art und Weise, wie Frauen arbeiten und führen, sollte sich noch in viel mehr Facetten ausdifferenzieren. Sich am eigenen

Stil zu orientieren und nicht nach einem Schema F zu versuchen, Karriere zu machen, finde ich sinnvoll. Eine Empfehlung ist auch, den Wunsch nach Kindern, sofern vorhanden, nicht über die Karriere aus den Augen zu verlieren. Und umgekehrt nicht die Karriere hinten anzustellen, weil man Kinder bekommt. Und schließlich denke ich, dass Frauen immer noch dazu neigen, sich ausnutzen zu lassen. Man muss Grenzen ziehen. Und sollte auch, ganz praktisch, immer auf Entlohnungsgerechtigkeit im Vergleich mit Männern auf vergleichbaren Positionen achten. Ich war immer überrascht, wie unterschiedlich sich Frauen und Männer in dieser Frage aufstellen.

Welches sind die drei wichtigsten Stellschrauben für den Erfolg in Ihrem beruflichen Umfeld?
Oben schon genannt: Kommunikationsfähigkeit, die Bereitschaft, Verantwortung zu übernehmen und eine Flexibilität und Kreativität im Denken.

Was mussten Sie für die Erreichung Ihrer beruflichen Ziele und auf Ihrem beruflichen Weg aufgeben, was ist „auf der Strecke" geblieben?
Definitiv: Freizeitbeschäftigung!

Was hätten Sie rückblickend gern anders gemacht auf Ihrem beruflichen Weg? Gibt es „Weichen", bei denen Sie heute anders abbiegen würden?
Nein, da gibt es keine spezielle Weiche. Gerade weil sich bei mir viel „einfach so" entwickelt hat, wäre ich im Nachhinein einiges gerne bewusster und geplanter angegangen. Dann wären Dinge schneller und teilweise leichter gegangen.

„Das Interesse an Menschen und ihren Geschichten ist essentiell"

Heike Wiehle-Timm, Geschäftsführerin Relevant Film

© Stefan Malzkorn

Heike Wiehle-Timm wurde 1958 in Kassel geboren. Ihr beruflicher Weg führte sie nach einem Studium der Theaterwissenschaft, Germanistik und Publizistik als Dramaturgin an die Freie Volksbühne Berlin, später an das Bayerische Staatsschauspiel in München. Heute ist Hamburg ihre Heimat. Hier arbeitet sie seit 1988 zunächst als Producerin für die Polyphon Film- und Fernsehgesellschaft, wo sie diverse Fernsehspiele und -serien entwickelt hat. 1993 gründete sie (zusammen mit Peter Timm) die Relevant Film Produktionsgesellschaft in Hamburg. Bis heute ist sie dort als Geschäftsführerin, Filmproduzentin und Dramaturgin für zahlreiche Fernseh- und Kinofilme verantwortlich. Heike Wiehle-Timm ist Mutter zweier Töchter und nebenberuflich sehr engagiert in der Nachwuchsförderung durch ihre Arbeit als Bereichsleiterin Produktion des Filmstudiengangs der Hamburg Media School, sowie mit ihrer Stimme im Fördergremium der hessischen Filmförderung HessenInvest vertreten.

Deutsche Filmakademie
Geschäftsführerin Zwei Töchter Kompetenz
Geduld Bayrisches Staatsschauspiel München Kreativität
Selbstständige Produzentin Freie Volksbühne Berlin Dramaturgin
Studium Theaterwissenschaft, Germanistik & Publizistik
Relevant Film Bereichsleiterin Filmstudium
Leidenschaft Standfestigkeit

Ihr beruflicher Weg hat Sie ganz an die Spitze geführt. Haben Sie von dieser Position schon zu Berufsbeginn geträumt? War es womöglich die Erfüllung eines lang gehegten Wunsches? Skizzieren Sie bitte kurz, wie es zu Ihrer beruflichen Laufbahn kam.
Ich gehöre nicht zu denen, die schon immer in die Filmbranche wollten. Mein Berufswunsch war es, am Theater zu arbeiten. Ich wollte mein Interesse an Literatur und Geschichten zur Profession machen und habe deshalb Theaterwissenschaft, Germanistik und Publizistik studiert. Als Dramaturgin wollte ich inhaltlich verantwortlich mitgestalten. Das ist mir in Berlin an der Freien Volksbühne und anschließend am Bayerischen Staatstheater in München gelungen. Die Wunscherfüllung hat also in frühen Berufsjahren geklappt. Mit der Geburt meiner ersten Tochter habe ich dann allerdings die Branche gewechselt. Theater und Kind schien mir damals unvereinbar. Das klingt vielleicht wenig prosaisch, aber in mir war auch das Interesse an einem großen Publikum geweckt. Ich wollte ausreizen, welche Geschichten im Leitmedium Fernsehen und im Kino erfolgreich erzählt werden können. Dieses Interesse treibt mich noch immer an. Dass ich geschäftsführende Gesellschafterin einer Filmproduktionsgesellschaft sein werde, das habe ich nicht erwartet, das war auch nicht mein allererster Plan.

Wie viel Zeit investieren Sie in Ihre berufliche Aufgabe? Sind Sie rund um die Uhr erreichbar und ist das eigentlich erforderlich in Spitzenjobs?
Ich glaube, das ist mehr oder weniger erforderlich. Ich bin eigentlich rund um die Uhr erreichbar. Mit den modernen Kommunikationsmitteln ist die ständige Verfügbarkeit Fluch und Segen zugleich. Dabei versuche ich, so gut es geht, die Wochenenden nicht ganz mit Arbeit und Terminen zu füllen. Erstaunlicherweise gelingt mir das heute oft besser als früher. Der halbe Sonntag gehört der Firma, auch die Abende unter der Woche sind oft verplant. Ich bin ja als Geschäftsführerin und Produzentin eines unabhängigen Filmproduktionsunternehmens für die kreativen Belange ebenso wie für den wirtschaftlich, finanziellen Bereich verantwortlich. Das ist ein Spagat, den man hinlegen muss. Der Druck ist immer spürbar, denn ich muss schauen, dass die Auftragslage stimmt, die Bücher gefüllt sind, so dass die Firma wirtschaftlich stabil voran schreiten kann. Das ist zeitaufwändig.

Welches war rückblickend der entscheidende Faktor, der Ihre Karriere befördert hat?
Ich glaube, das waren zu allererst Menschen, die an mich geglaubt und mich gefördert haben. Dann denke ich, hat mir meine Kommunikationsfähigkeit geholfen. Ich kann mich einlassen, meine Leidenschaft zeigen und Menschen für Ideen gewinnen. Das eine hat das andere immer bedingt. Dass ich nicht allzu viel Angst habe, Verantwortung zu übernehmen, ist sicher auch ein entscheidender Faktor.

Welche Bedeutung hatten auf Ihrem beruflichen Weg die bewusste Karrieregestaltung einerseits und Zufall und Glück andererseits?
Das hält sich die Waage. Glück und Zufall gehören bei mir, wie vermutlich bei jedem, dazu. Strategisch am Reißbrett habe ich meine Karriere nicht geplant. Ich bin in vieles hineingewachsen. Ein Faktor, den ich sehr früh erkannt habe ist, dass Fleiß und Disziplin unabdingbar sind. Es fällt einem nichts zu, auch wenn manchmal das Quäntchen Glück weiter hilft. Karriere bedeutet viel Arbeit und erfordert eine enorme Disziplin. Die war ich bereit aufzubringen. Ich wollte nach mehreren Jahren als angestellte Producerin selbstständig verant-

wortlich sein. Die Konsequenzen dieser lebensverändernden Entscheidung waren mir damals allerdings nicht vollumfänglich bewusst. Mein Elternhaus hat mich diesbezüglich nicht
geprägt. Die unternehmerische Haltung habe ich mir selbst erarbeitet. Damit ging einher,
dass ich weniger Zeit in Freizeit und mehr Zeit in Arbeit investiert habe. Man muss auf
manches verzichten. Und wenn man Rückschau hält – ich bin jetzt Mitte 50 – dann denkt
man durchaus „ich hätte mich manchmal mehr um mich und mein Privatleben kümmern
müssen." Die Verantwortung für den Beruf und für die Mitarbeiter ist prägend. Es ist eine
Entscheidung, die man für sich treffen muss. Ich wollte in eine Position, in der ich selbstständig Entscheidungen treffen kann. Ich wollte Filme entwickeln, deren Inhalte ich vertre-
te, ein Team aufbauen und mit meinen Fähigkeiten und Möglichkeiten eine Unternehmens-
kultur entwickeln, in der sich mein Team ebenso wohlfühlt wie ich. Das war mir viel wert.

**Wie wichtig ist Branchen- und/oder Unternehmenstreue für den beruflichen Auf-
stieg? Oder braucht gerade Karriere den gezielten, wohl durchdachten Wechsel?**
Bevor ich mich selbstständig gemacht habe, war ich mehrere Jahre in anderen Unternehmen
(Theater, Filmproduktionsfirmen) tätig. Es ging im Theater ebenso wie beim Film um die
Umsetzung der kreativen Prozesse in eine konsumierbare Erzählform, die dem Anspruch
auf gesellschaftliche Reflexion, Aufklärung und Humanität gerecht wird. Insofern bin ich
meinem beruflichen Interesse immer treu geblieben. Der wesentliche Unterschied zwischen
Theater und Film ist ja der wirtschaftliche Faktor. Film ist im Gegensatz zum subventio-
nierten Theater das Haifischbecken. In einem Rhythmus von vier bis fünf Jahren habe ich
in meinen beruflichen Anfangsjahren die Stellen gewechselt. Das waren in meiner Wahr-
nehmung gute Intervalle. Ich konnte mich in jeder Position entwickeln, habe vieles gelernt
und bin sehr dankbar, dass ich diese unterschiedlichen Erfahrungen machen durfte. Seit 20
Jahren arbeite ich nun als selbstständige Unternehmerin und Produzentin. Vor drei Jahren
habe ich außerdem die Bereichsleitung der Produktionsstudenten an der Hamburg Media
School übernommen. Eine Lehrtätigkeit, die mir sehr viel Freude bereitet, weil ich den
Austausch mit den jungen Studenten sehr schätze. Insofern bleibe ich offen für Neues.
Vielleicht ist dies ein wichtiges Credo für eine Karriere. Flexibel, offen sein für Veränderung, aber in der Kontinuität einen langen Atem behalten. In großen Unternehmen bestimmt auch die Struktur, ob man die Karriereleiter hochklettern kann. Ich denke, dass
– wie so oft im Leben – die gute Mischung aus Beständigkeit und Wechsel karrierefördernd
ist.

**Gibt es persönliche Schlüsseleigenschaften, die unverzichtbar sind für einen nach-
haltigen Erfolg in Ihrem Berufsfeld? Falls ja, auf welche Eigenschaften kommt es
dabei ganz besonders an?**
Einfühlungsvermögen ist wichtig. Ich beschäftige mich ja mit der Umsetzung von kreativen
Prozessen. Dabei habe ich mit Autoren, Schauspielern, Regisseuren, Redakteuren zu tun,
mit denen ich gemeinsam an einer Idee arbeite. Ihre Kreativität gilt es zu fördern, zu kanali-
sieren, sie in eine Form zu bringen. Das ist ein sensibler Prozess, in dem man sich für ein
gutes Ergebnis offen und dadurch auch verletzbar zeigt. Dabei gilt es einerseits die Fäden in
der Hand zu behalten, andererseits sich zurück zu nehmen, zuhören zu können, die Kräfte
zu bündeln. Wichtig ist auch, Menschen das Gefühl zu geben, dass sie mit ihren Ängsten
gut aufgehoben sind, sich beschützt fühlen, damit sie sich in ihrer Kreativität vollkommen
öffnen können. Das heißt wiederum, die eigenen Ängste zurück zu stellen. Neben dem

sensiblen Einfühlungsvermögen ist dies vielleicht eine der persönlichen Eigenschaften, die in meinem Berufsumfeld unverzichtbar sind.

Gibt es erworbene Schlüsselkompetenzen, die unverzichtbar sind für einen nachhaltigen Erfolg in Ihrem Berufsfeld? Falls ja, auf welche Kompetenzen kommt es dabei ganz besonders an?
Selbstverständlich braucht es erworbene Kompetenzen. Das Wissen über Dramaturgie, eine breite Allgemeinbildung, psychologische und wirtschaftliche Kenntnisse. Der Beruf des Produzenten ist sehr komplex. Vielfältige Kompetenzen sind gefragt. Es ist eine Melange aus erworbenem Wissen und persönlichen Eigenschaften, die für einen nachhaltigen Erfolg wichtig sind. Das Lernen hört ja nie auf. Das ist das Schöne.

Welche Bedeutung hatten Vorbilder und Mentoren auf Ihrem beruflichen Weg? Waren es eher Frauen oder Männer? Was haben Sie gelernt?
Die Frauenbewegung hat mich stark geprägt. Schon sehr früh habe ich Frauen bewundert, die ihre eigenen Wege gegangen sind. Sich diese Freiheit nehmen und sie auszubauen, hat mich und meine Generation geprägt. Da wollte ich nicht hinten anstehen. Inspiriert von mutigen Frauen aus der Geschichte habe ich mir meine Freiheiten genommen. Vielen Frauen ging und geht es ja um einen ganzheitlichen Ansatz. Selbstbestimmt zu leben und zu arbeiten: Kinder und Karriere. Diese Mitte zu finden und in der Balance zu bleiben ist ein großes Ziel, wofür zunächst erfolgreiche mutige Frauen als Vorbild standen.
Aber natürlich gab es auch Männer, die mir imponiert haben. Orientiert habe ich mich immer an Menschen, Männern und Frauen, deren Professionalität gepaart mit einem menschlichen Umgang mich beeindruckt haben. Ich hatte auch einige männliche Mentoren, die mich gefördert haben, weil sie an mich geglaubt haben. Wenn man jung ist, weiß man selbst ja oft noch sehr wenig über sich selbst und ist sich der eigenen Fähigkeiten und Talente wenig bewusst. Dass andere diese Eigenschaften wahrnehmen und für förderungswürdig empfinden, ist ein großes Geschenk, denn es schafft Selbstvertrauen, die beschrittenen Wege weiter zu gehen.
Ich glaube, man kann immer von anderen lernen; sowohl im Positiven als auch im Negativen. Jeder hat seinen eigenen Stil. Nicht umsonst heißt unser Geschäft: People Business! Wir leben in einer sehr individualisierten Gesellschaft. In unserer Branche versucht jeder auf seine eigene Art erfolgreich zu sein.

Wie wichtig war und ist der private emotionale Rückhalt für Ihren beruflichen Weg?
Er ist essentiell! Ich bin Mutter von zwei Töchtern und habe versucht, den Spagat hinzukriegen. Ob mir das immer gelungen ist? Meine Töchter würden vermutlich sagen: „Ja, Mama, dir ist der Spagat gelungen." Sie sind mittlerweile zwei sehr starke, selbstbewusste junge Frauen. Ich würde mich als Familienmensch bezeichnen. Familie war und ist mir sehr wichtig – für meine Persönlichkeit und für meinen Beruf. Ich brauche beides. Die Wechselwirkung ist bereichernd. Filmstoffe sollen die Wirklichkeit abbilden. Ohne Kinder und eine gelebte Familienstruktur wäre ich arm an Geschichten. Familie ist der Nektar, an dem ich sauge.

Wie schaffen Sie den Spagat zwischen der Freude am Erfolg verbunden mit hoher inhaltlicher und zeitlicher Belastung einerseits und dem Erfordernis mentaler Entspannung und dem Bedürfnis nach der Pflege privater sozialer Kontakte andererseits?

Dieser Spagat ist mir mal besser, mal schlechter gelungen. Mein Freundeskreis war sehr tolerant mit mir. Eigentlich gab es in vielen Phasen eine Reduktion auf Familie und Beruf. Mehr war nicht drin. Es gab keinen Sport, keine Hobbies. Meine Hobby-Interessen, wie Lesen, Filme, Theater habe ich ja zu meinem Beruf gemacht. Diesbezüglich habe ich nichts entbehrt. Das, was man „Muse" nennt, ist auf der Strecke geblieben. Vor allem als die Kinder klein waren. Früher habe ich sehr diszipliniert bis in die Nacht am Schreibtisch gesessen, nachdem die Kinder im Bett lagen. Das hat mir einiges abverlangt. Heute eröffnen sich ganz andere Freiräume. Früher, als die Kinder im Haus waren, gab es deutlich weniger Entspannungsmöglichkeiten. Selbstverständlich freue ich mich über Erfolge. Wenn Filme die gelungen sind, beim Publikum ankommen. Über die Bestätigung der Auftraggeber. Das ist alles sehr schön. Aber es ist kein festgeschriebener Zustand. Es ist ein Entwicklungsprozess, der stetig fortschreitet und immer wieder neu bewiesen werden muss.

Welche Bedeutung haben Auslandsaufenthalte für die Entwicklung von Karrieren in Ihrem Berufsfeld? Machen sie Sinn oder wird ihre Bedeutung überschätzt?

Ich glaube, dass Auslandserfahrungen sehr wichtig sind. In meiner Generation war das einfach noch nicht Usus. Ich selbst habe leider keine nennenswerte Auslandserfahrung und empfinde dies als Manko. Deshalb sollte man diese Erfahrung bei jungen Leuten fördern. Dabei ist das Erlernen einer interkulturellen Kommunikation genauso wichtig wie das Vertiefen der Sprachkenntnisse. Für internationale Koproduktionen ist die durch einen Auslandsaufenthalt gewonnene Erkenntnis über das Land sicher von großem Vorteil.

Spielt ein großes und gut gepflegtes Netzwerk wirklich die Rolle, die ihm vielfach zugeschrieben wird?

Netzwerke spielen eine riesige Rolle. Ich denke, fast alle erfolgreichen Menschen haben ein Talent für Networking. Dabei spielt die Nachhaltigkeit der Kontaktpflege eine Rolle.

Welche Vorteile haben Sie persönlich aus Netzwerken für sich generieren können?

Ich bin nicht in sehr vielen Netzwerken. Inflationär betrieben, würde ich den einzelnen Netzwerken nicht mehr gerecht werden können. Aber von denen, die ich aktiv betreibe, profitiere ich sehr.

Welche Rückschläge mussten Sie auf Ihrem beruflichen Weg hinnehmen? Wie kam es dazu und wie sind Sie damit umgegangen?

Rückschläge sind immer dazu da, sich neu zu überdenken. Man lernt mit den Jahren, dass nach einem Tal immer wieder ein Berg kommt. Jedenfalls war das bei mir so. Die Frage ist ja nicht nur die nach den Rückschlägen, sondern nach dem Wachstum. Will man immer weiter wachsen? Wohin soll das führen? Ist nicht irgendwann ein gesättigter Punkt zum Beispiel des Unternehmens erreicht. Wie geht man mit dieser Erkenntnis um? Ist das Erkennen von Grenzen ein Rückschlag? Ich versuche progressiv damit umzugehen.

Hatten Sie auf Ihrem beruflichen Weg schon mal das Gefühl der Frustration und/oder der Resignation? Wie sind Sie mit diesem Gefühl umgegangen?

Ja, das Gefühl kenne ich. Als unabhängige, nicht mit einem Sender oder einem Großkonzern verbundene Filmproduktionsfirma ist es immer wieder ein Kampf, an Aufträge zu kommen. Man muss sehr viel finanzielle Mittel und Arbeitskraft investieren, damit es gelingt. Nicht jede Anstrengung ist erfolgreich. Wir versuchen uns mit inhaltlicher Qualität zu positionieren. Es gibt Jahre, in denen man nicht weiß, ob man die Gehälter der Mitarbeiter bezahlen kann. Die Mitarbeiter möchten beispielsweise eine Gehaltserhöhung, die dann nicht drin ist, obwohl sie viel geleistet haben. Das tut weh. Wenn trotz der Knochenarbeit, die Dinge nicht so laufen, ist das frustrierend. Ich habe in so einer Krise auch schon bei einer Unternehmensberaterin professionelle Hilfe gesucht. Sie hat sich mit mir die Struktur der Firma angeschaut und Vorschläge gemacht, wie und wo man verbessern kann. Sie hat auch aufgezeigt, wo man loslassen und delegieren muss, bevor man sich zerreißt. Das waren konstruktive Strategiegespräche, die ich sehr fruchtbar fand. Ich kann mit so einem Input etwas anfangen. Wenn ich das Gefühl habe, dass der Input richtig ist, dann handele ich auch dementsprechend und versuche, die Ideen umzusetzen.

Gab es auf Ihrem beruflichen Weg Situationen, wo Sie gegen Widerstände Ihren eigenen Weg gegangen sind und es sich gelohnt hat?

Ja, so etwas passierte vor allem in der Zeit, als ich angestellt war. Letztendlich hat der Widerstand mich in die Selbstständigkeit geführt. Nicht ahnend, was Selbstständigkeit genau bedeutet.

Damals hatte ich das Gefühl, ich muss nach vorne kämpfen und kann nicht auch noch die Pfeile von hinten abwehren. Nur im Film kann der Indianer rechts, links, oben und unten gleichzeitig abwehren und dennoch den Kampf gewinnen. Im wirklichen Leben schafft man so etwas nur für kurze Zeit. Dann geht man k.o. Insofern habe ich immer versucht, meinen und auch den Arbeitsplatz meiner Mitarbeiter so zu gestalten, dass alle nach vorne gehen können und nicht Abwehrkämpfe im Rücken führen müssen.

Welche Ratschläge würden Sie jungen Frauen in der Medienbranche mit auf den Weg geben?

Wenn es um Ratschläge geht, komme ich wieder auf das Thema „Kommunikation" und auf das Empathie-Vermögen zurück. Ebenso auf die Fähigkeit, sich selbst nicht immer so wichtig zu nehmen: Bei sich zu bleiben, authentisch sein! Die Medienbranche ist eine Branche der Eitelkeiten. Hier möchte jeder im Vordergrund sein. Wenn man es schafft, von hinten die Fäden zu ziehen, dann hat man es geschafft. Wichtig ist auch, dass man nicht nur den schönen Schein, den Glamourfaktor sieht, sondern erkennt, dass viel Disziplin und Fleiß hinter der Arbeit steckt, bis es zu den Erträgen kommt, von denen man leben kann.

Welches sind die drei wichtigsten Stellschrauben für den Erfolg in Ihrem beruflichen Umfeld?

Kreativität, Neugier und das Vermögen, Ideen zu „verkaufen" sind die wichtigsten Stellschrauben für beruflichen Erfolg in meinem Berufsumfeld. Es kommt auch darauf an, wie man das Leben betrachtet. Dieser Blick, die analytische Fähigkeit ist wichtig, weil wir ja das Leben in Geschichten abbilden. Das Interesse an Menschen und ihren Geschichten ist essentiell. Die Bereitschaft, Fremdheit zu überwinden und dem Unbekannten zu begegnen, weil darin gute Geschichten zu finden sind, ist ebenfalls hilfreich. Außerdem braucht man

Durchsetzungsvermögen und die klare Bereitschaft, mit Energie nach vorne zu gehen. Das waren jetzt aber mehr als drei Gründe.

Was mussten Sie für die Erreichung Ihrer beruflichen Ziele und auf Ihrem beruflichen Weg aufgeben, was ist „auf der Strecke" geblieben?
Ich hatte einfach keine Zeit für sportliche Aktivitäten. Das versuche ich jetzt mühsam nachzuarbeiten. Auch meine Lust am Reisen ist auf der Strecke geblieben, man könnte allgemein sagen, all das, was man „Freizeit" nennt.

Was hätten Sie rückblickend gern anders gemacht auf Ihrem beruflichen Weg? Gibt es „Weichen", bei denen Sie heute anders abbiegen würden?
Mit einem Menschen, der einem privat sehr nahe steht, sollte man aus meiner Erfahrung heraus keine Firma gründen. Da bleibt immer etwas auf der Strecke. Heute trenne ich Berufliches und Privates voneinander und das tut mir gut. Allein an der Spitze einer Firma zu stehen halte ich ebenfalls für bedenkenswert. Ich beneide Firmen, in denen sich zwei Geschäftsführer die Aufgaben teilen. Das macht es in meinen Augen leichter.

„Ehrgeiz ohne sich selbst in den Vordergrund zu spielen"

Kerstin Ramcke, Produzentin Studio Hamburg FilmProduktion

Kerstin Ramcke wurde 1963 geboren. Nach dem Studium der Germanistik, Amerikanistik und Theater-wissenschaften in Hamburg und Wien war sie ab 1989 Dramaturgin am Ernst-Deutsch-Theater, Ham-burg. 1993 begann Kerstin Ramcke als Producerin bei Studio Hamburg Produktion GmbH und betreute seitdem als Producerin/Produzentin über 60 Tatorte für den NDR; ebenso diverse Fernsehspiele für öffent-lich-rechtliche und private Sender. Sie ist Producerin der Kinofilme „Ein Lied von Liebe und Tod – Gloomy Sunday" und „Rosenstraße". 2001 erhielt Kerstin Ramcke Prokura. Als Produzentin verantwor-tete sie „Berlin, Berlin" (ARD) sowie unter anderem jedes Jahr diverse NDR-Tatorte. Erfahrungen in industrieller Produktion sammelte sie bei „Das Geheimnis meines Vaters" und „Rote Rosen". Im Juli 2006 wurde sie zur stellvertretenden Geschäftsführerin der Studio Hamburg Produktion ernannt. Im Zuge einer Neuaufstellung der Unternehmensstruktur der Studio Hamburg Produktion Gruppe wurde Kerstin Ramcke im Jahr 2011 Geschäftsführerin der Nordfilm GmbH und Nordfilm Kiel GmbH. Als Produzen-tin fungiert sie unter anderem für „Der Tatortreiniger", „Großstadtrevier", „Die Pfefferkörner" sowie für „Der Dicke". Die Bestsellerverfilmung „Nachtzug nach Lissabon" ist ihre aktuelle Kinoproduktion.

Kinofilme Nordfilm
Geschäftsführerin GroßstadtrevierTheater
Ernst-Deutsch-Theater Hamburg
Der Tatortreiniger Studio Hamburg FilmProduktion
Amerikanistik Theaterwissenschaft
GermanistikProduzentin FernsehspieleNeunzehnhundertdreiundsechzig
Dramaturgin
Reihen & Serien Tatort

Ihr beruflicher Weg hat Sie ganz an die Spitze geführt. Haben Sie von dieser Position schon zu Berufsbeginn geträumt? War es womöglich die Erfüllung eines lang gehegten Wunsches? Skizzieren Sie bitte kurz, wie es zu Ihrer beruflichen Laufbahn kam.

Ich habe mit Sicherheit weder davon geträumt, noch davon gewusst, dass es diese Position je geben würde. Meine berufliche Laufbahn begann hier in Hamburg am Ernst-Deutsch-Theater, wo ich nach meinem Studium als Dramaturgin, also zuerst als Dramaturgie-Assistentin, eingestiegen bin. Ich habe Literaturwissenschaft, Theaterwissenschaft und Amerikanistik studiert in Hamburg und Wien. Mein Traum war es immer, zum Theater zu gehen, was nicht einfach war, da es wenig Stellen gab und gibt. Außerdem hatte ich mir vorgenommen zu promovieren. Dies auch schlicht aus der Not heraus, weil ich einfach keinen passenden Job gefunden hatte. Nach einem Praktikum beim Ernst-Deutsch-Theater wurde ich gefragt, ob ich dort eine Assistenzstelle übernehmen würde, die gerade frei geworden war. Und dann habe ich zugegriffen und mir gesagt: „Promotion ist zwar eine schöne Sache, aber eigentlich willst du arbeiten." Also habe ich das gemacht und ich habe es nie bereut. Dort bin ich vier Jahre geblieben. Aber ich stellte schnell fest, dass man wenig Entwicklungsmöglichkeiten hat an einem privaten Haus; anders als bei staatlichen Häusern. Das ist wie eine kleine Kastengesellschaft. Wenn man sich woanders bewirbt, heißt es oft, du warst ja „nur" bei einem Privattheater. Das ist auf jeden Fall etwas Schlechteres, wie ich dann feststellte. Der Beruf der Dramaturgin eines Privattheaters ist eben nicht so angesehen wie der an einem Staatstheater. Da hatte ich das Gefühl, dass da der Weg für mich so ein bisschen verbaut ist.

Also habe ich mich in meinen Bewerbungen geöffnet und gesagt: „Das muss ja dann auch nicht Theater sein, es gibt ja auch verwandte Bereiche." Und so kam es, dass ich mich schlichtweg blind beworben habe, und das auch bei Studio Hamburg. Das Unternehmen passte auch deshalb gut, weil ich gerne, auch aus privaten Gründen, in Hamburg bleiben wollte. Es war damals die Zeit in den 1980er Jahren, als die Filmbranche unheimlich boomte. Die privaten Fernsehsender kamen auf, die Aufträge nahmen zu und das ganze Gewerbe florierte. Es wurde Personal gebraucht und es wurden Producer gesucht.

Dann hatte ich hier bei Studio Hamburg meine ersten Bewerbungsgespräche. Ich hatte mich als Dramaturgin beworben und wurde dann gefragt, ob ich auch als Producerin arbeiten könnte. Ehrlich gesagt hatte ich den Begriff Producer vorher noch nie gehört. Ich hatte keine Ahnung, aber habe sofort „ja" gesagt, das ist bestimmt spannend, klar kann ich das! Und bin eingestellt worden. Ich hab dann erst mal gedacht, au weia, jetzt musst du dich erst mal schlau machen, was es eigentlich genau ist, was du hier machen sollst. Das habe ich dann getan und habe außerdem auch noch das große Glück gehabt, dass es neben vielen Unterschieden auch viele Affinitäten zwischen Film und Theater gibt. Ich habe mich sehr schnell eingefunden, weil ich mich ganz gut orientieren kann. Und es war ja auch eine Boom-Zeit, in der viele helfende Hände gebraucht wurden, in der man viel ausprobieren konnte und in der man vielleicht auch dann nicht ganz so kritisch mit Dingen umgegangen ist, wie man es zum Teil heute tut. Das muss man fairerweise dazu sagen. Und ich hatte sehr großes Glück dadurch, dass ich direkt in die Hamburger Tatort-Produktion hinein befördert wurde und mich darüber sehr schnell profilieren konnte. Ich bekam viele Kontakte und habe schlichtweg produziert. Dadurch baute sich ein sehr großes Netzwerk ganz automatisch innerhalb relativ kurzer Zeit auf. Das zog dann sehr viel nach sich und war im Nachhinein für mich ein Riesenglück.

Darauf basierte im Grunde die ganze Karriere, die ich dann bei Studio Hamburg machen konnte. Und diese ist sicherlich immer noch ungewöhnlich. Ich bin am 1. März 2013 zwanzig Jahre im Unternehmen und hatte gerade Firmenjubiläum. In dieser Branche ist das sicherlich eher selten. Aber mir wurde hier einfach die Gelegenheit zu guten Karriereschritten gegeben. Ich konnte tolle Projekte betreuen, so dass ich nicht die Veranlassung hatte, mich woanders umzusehen, wo es dann vielleicht besser, höher, schneller oder weiter gewesen wäre. Und so habe ich diese Karriere dann gemacht. Und um auf die Eingangsfrage zurück zu kommen: Ganz am Anfang meiner Karriere habe ich mit Sicherheit niemals gedacht, wo ich da mal landen würde.

Wie viel Zeit investieren Sie in ihre berufliche Aufgabe? Sind Sie rund um die Uhr erreichbar und ist das eigentlich erforderlich in Spitzenjobs?
Ich investiere recht viel Zeit. Ich versuche mir aber einen Rest von Privatheit aufrecht zu erhalten, indem ich zum Beispiel abends seltener an mein Handy gehe oder es sogar ausschalte. Und wenn es wirklich sein muss, haben die Kollegen meine Privatnummer. Aber dennoch muss ich sagen: Ich arbeite fast jeden Abend an meinen E-Mails, kommuniziere auf diesem Wege, lese sehr viel. Und das alles auch an den Wochenenden. Es gibt wenige Tage, wo ich nicht arbeite. Und auch im Urlaub bin ich immer erreichbar über ipad und Handy. Das hat sich leider durch die neue Technik auch so ergeben, was sicherlich auch nicht nur von Vorteil ist. Somit bin ich, um es zusammen zu fassen, immer erreichbar.

Welches war rückblickend der entscheidende Faktor, der ihre Karriere befördert hat?
Das ist schwierig zu sagen. Ich glaube, ich hatte immer sehr gute Mentoren und Förderer innerhalb meiner Firma. Meine damaligen Chefs haben mich sehr gestützt, haben mir Möglichkeiten gegeben und mir vertraut. Ich bin in Projekten eingesetzt worden, die ich dann ausfüllen musste. Und sicherlich habe ich durch meine Fähigkeiten auch bewiesen, dass ich es dann konnte. Ich glaube, dass ich sehr gut kommunizieren und sehr gut Dinge zusammenbringen und vermitteln kann. Unser Beruf besteht ja gerade darin, viele unterschiedliche Interessen zusammen und auf einen Nenner zu bringen, auch viele Streitigkeiten zu schlichten, präsent zu sein. Man muss sich auch oft sehr zurücknehmen, weil man selbst nicht im Mittelpunkt steht, sondern andere Interessen. Zusammenfassend würde ich sagen, dass das Zusammenspiel von Förderung, Vertrauen und eigener Leistung die Basis meiner Karriere war.

Welche Bedeutung hatten auf Ihrem beruflichen Weg die bewusste Karrieregestaltung einerseits und Zufall und Glück andererseits?
Gestaltung und Zufall beziehungsweise Glück halten sich die Waage. Natürlich bin ich auch ehrgeizig, wollte meinen Weg gehen und habe meine Ziele. Aber man kann das alles nicht alleine schaffen. Man ist immer abhängig von anderen; von Menschen, die einem den Weg ebnen, einen mitnehmen oder einem eine Chance geben.
Ich hatte natürlich auch Glück, insbesondere, weil ich gleich am Anfang zum Hamburger „Tatort" kam. Das war damals schon ein sehr erfolgreiches Projekt. Hier konnte ich mit Krug und Brauer zusammenarbeiten. Von beiden habe ich unheimlich viel gelernt. Für mich hat sich hier durch das „dazu gehören" zum „Tatort" viel ergeben. Ich konnte meine eigenen Fähigkeiten, meine eigenen Initiativen und Ideen verwirklichen, hatte guten Rückenwind und eine hohe Reputation, weil man wusste: Oh, du arbeitest daran und mit diesen Leuten – das ist toll! Und in der Folge hat man mir auch mehr und andere Dinge zugetraut. Gutes zieht Positives nach sich genau wie umgekehrt. Insoweit habe ich auch sicherlich sehr

viel Glück gehabt. Es ist auch eine Leistung, das will ich nicht unter den Scheffel stellen, aber es ist auch ein Glück, mit diesen Leuten arbeiten zu können. Es muss also beides zusammenkommen. Nur Glück zu haben, hält vielleicht eine gewisse Weile. Für andauernden Erfolg müssen Fleiß und Beharrlichkeit, Können und Ehrgeiz dazu kommen, das ist ganz klar.

Wie wichtig ist Branchen- und/oder Unternehmenstreue für den beruflichen Aufstieg? Oder braucht gerade Karriere den gezielten, wohl durchdachten Wechsel?
Ich könnte mir vorstellen, dass man mit einem Wechsel schneller weiter kommt. Zumindest beobachte ich das so. Ich selbst habe nun innerhalb des Unternehmens Karriere gemacht. Vielleicht hätte ich durch Wechsel und wenn ich mich offensiver drum gekümmert hätte, schneller Karriere machen können. Vielleicht hätte ich auch mehr erreicht. Eigentlich bin ich sogar davon überzeugt. Für mich persönlich war das aber kein Weg. Dazu bin ich nicht offensiv genug und es auch nie gewesen.

Gibt es persönliche Schlüsseleigenschaften, die unverzichtbar sind für einen nachhaltigen Erfolg in Ihrem Berufsfeld? Falls ja, auf welche Eigenschaften kommt es dabei ganz besonders an?
Wichtig ist für eine Produzentin die Neugierde. Weiter braucht es Verhandlungsgeschick, also die Fähigkeit, Menschen zusammenzubringen, deren Interessen herauszufinden und diese zu einer Einheit in einem Projekt zusammenzuführen. Und natürlich braucht es die Fähigkeit, ein Projekt zusammenzuhalten und es zu leiten. Diese Art von Führung darf nicht diktatorisch sein, sondern es muss eine entwickelnde, eine begleitende, harmonisierende Weise sein, um die Leute zu motivieren und mitzunehmen. Ich möchte niemandem etwas aufpfropfen. Wir arbeiten in einem sehr subjektiven Gewerbe, und da ist eine Meinung oft nicht besser oder schlechter als eine andere. Insofern geht es mir immer darum, Dinge zusammen zu führen und wie eine Hebamme ein Projekt an das Tageslicht zu bringen, um das Beste heraus zu holen.
Nicht zu vergessen ist auch Ehrgeiz; diesen sollte man in den Projekten entwickeln, ohne sich selbst zu sehr in den Vordergrund zu spielen. Was man nach vorne bringen muss, sind die Künstler, die man letztlich zusammenbringt und beschäftigt. Deswegen hat man sie schließlich ausgewählt.
Und schließlich braucht es eine gute Menschenkenntnis. Entscheidend ist, wen man mit wem kombiniert. Oft probiert man auch neue Konstellationen aus, weil das attraktiv ist. Es birgt aber auch große Risiken, ob es dann klappt. Hier braucht es viel Gespür und das sollte man haben. Und last but not least braucht man viel Humor. In meinem persönlichen Leben glaube ich, dass der Humor mir immer sehr geholfen hat über schwierige Situationen gut hinweg zu kommen.

Gibt es erworbene Schlüsselkompetenzen, die unverzichtbar sind für einen nachhaltigen Erfolg in Ihrem Berufsfeld? Falls ja, auf welche Kompetenzen kommt es dabei ganz besonders an?
Mir persönlich hilft, dass ich von der Literatur und vom Theater komme. Deshalb kann ich gut mit Texten umgehen, mit Charakteren, mit Entwicklung. Hier habe ich sehr viel an theoretischem Vorwissen und das sollte man mitbringen. Im Filmbereich hat sich hier in den letzten Jahren eine starke Professionalisierung vollzogen, vor allem durch die Filmhochschulen.

Als ich in meinem Beruf anfing, gab es kaum Hochschulabsolventen in diesem Bereich. Das hat sich extrem geändert. Heute wäre es für eine Quereinsteigerin wie mich, kommend vom Theater, deutlich schwieriger, im Filmbereich Fuß zu fassen. Heute gibt es hervorragende Ausbildungen, die sehr gut und sehr hilfreich sind; die Absolventen haben durchweg ein hohes Niveau, was die theoretischen Kenntnisse angeht. Sie wissen, wie Filme aufgebaut sind, sind gut strukturiert. Analytisches Denkvermögen hilft sehr in einer Branche, die nach außen oft chaotisch wirkt. Hier braucht es die Fähigkeit, den Durchblick zu behalten, eine klare Vorstellung zu haben von dem, wie es sein soll, und die Leute auch mal wieder auf den Teppich zu bringen. Dazu muss man aber auch selber wissen, wo es lang geht.

Welche Bedeutung hatten Vorbilder und Mentoren auf Ihrem beruflichen Weg? Waren es eher Frauen oder Männer? Was haben Sie gelernt?
Vorbilder und Mentoren sind wichtig. Man kann viel von ihnen lernen, sie können einem sehr viel beibringen. Es ist gut, wenn man Menschen hat, an denen man sich ein Beispiel nimmt. Das habe ich auch immer versucht. Ich bin ein sehr beobachtender Mensch und gucke erst einmal, wie es läuft, was ich mir abgucken kann.
Ich selbst hatte konkret sehr gute Mentoren. Zum einen Dirk Düwel und Richard Schöps, meine ersten Chefs. Die beiden waren sehr unterschiedlich, aber haben mir auf ihre Weise sehr viel vermittelt an Praxiswissen, zum Beispiel wie man mit unterschiedlichsten Situationen oder Krisen umgeht. Unser Beruf besteht ja nun mal aus spontanen Reaktionen auf die unterschiedlichsten Dinge. Jeder Tag sieht anders aus, jede Situation ist anders. Indem ich mit meinen damaligen Chefs mitgehen konnte, habe ich gesehen: Wie machen die das, wie sehen die das?
Sehr viel gelernt habe ich auch von Martin Willich. Er hat Studio Hamburg 30 Jahre hervorragend geleitet. Von ihm konnte man nur lernen, in praktischen Dingen und durch Ratschläge für konkrete Situationen. Dafür bin ich dankbar.
Eine Frau, von der ich viel gelernt habe, ist Margarethe von Trotta. Mit ihr habe ich einen Kinofilm („Rosenstraße") machen dürfen. Sie ist eine beeindruckende Frau. Wie sie das Team und die ganze Produktion geführt hat – das vergisst man nie. Wie sie es geschafft hat, das ganze Team von morgens bis abends mitzunehmen, dass nach vielen langen Drehtagen alle gesagt haben: „Wir würden sofort gleich wieder von vorne anfangen", das war ganz toll. Beeindruckt hat mich auch, dass sie jeden nach seiner Meinung zum Projekt gefragt hat, was er oder sie davon hält. Sie wollte das wirklich und ehrlich wissen. Das hat mich menschlich schwer beeindruckt. Ein solcher Eindruck bleibt, das kann einem keiner nehmen.
Es ist meine feste Überzeugung, dass man nie beratungsresistent sein sollte, sondern sich mit Kollegen oder Menschen seines Vertrauens beraten sollte. Es ist Unsinn, wenn man denkt, dass man alles besser weiß.

Wie wichtig war und ist der private emotionale Rückhalt für Ihren beruflichen Weg?
Ich glaube, dass es sehr wichtig ist. Ich habe das große Glück, seit 20 Jahren mit demselben Mann glücklich verheiratet zu sein. Das bietet einen riesigen emotionalen Rückhalt. Mein Mann kommt aus der Theaterbranche, arbeitet aber inzwischen nicht mehr. Deshalb hat er volles Verständnis für meinen Beruf, ist aber immer derjenige, der mir den Rücken frei hält, mich erdet und mir auch sagt: „Pass mal auf, ist vielleicht doch nicht ganz so wichtig, was du dir da gerade überlegst, mach mal was anderes." Jemand, der mich immer wieder auf den Teppich holt. So ein Rückhalt ist wichtig, um auch eine Gegenwelt zu haben; sonst wird es zu eindimensional und zu einseitig.

Wie schaffen Sie den Spagat zwischen der Freude am Erfolg verbunden mit hoher inhaltlicher und zeitlicher Belastung einerseits und dem Erfordernis mentaler Entspannung und dem Bedürfnis nach der Pflege privater sozialer Kontakte andererseits?

Das ist nicht einfach. Sicherlich spürt man immer auch ein gewisses Defizit, weil man einen höheren Anspruch hat, als man ihn vielleicht erfüllen kann. Das ist auch bei mir so. Was ich mir aber bewahren konnte, ist die große Freude am Beruf. Ich mache das gerne, ich liebe meine Projekte, ich liebe jede neue Geschichte, die ich lese. Dafür kann ich mich total begeistern und rein begeben. Das ist bisher ungebrochen so, weil mir das einfach Spaß macht. Und das bei allen Schwierigkeiten und allem Ärger, den man natürlich immer auch genug hat. Die Begeisterungsfähigkeit ist halt einfach immer da.

Sicherlich gibt es bei all dem immer auch wieder das Gefühl und den Wunsch, mehr Zeit für das Private zu haben, gerade wenn man älter wird. Ich bin jetzt 50 geworden. Da denkt man durchaus darüber nach, was man an anderen Dingen gerne noch tun würde.

Wichtig ist, dass man für sich eine Entspannungsmöglichkeit findet. Bei mir sind das meine Hunde. Sie sind ein Gegengewicht. Wenn ich nach Hause komme und dann eine Stunde mit den Hunden gehe und danach wieder arbeite, habe ich eine Stunde etwas für mich gemacht. Das ist meine Methode; jeder hat da sicherlich ein andere. Außerdem mache ich gerne Sport.

Welche Bedeutung haben Auslandsaufenthalte für die Entwicklung von Karrieren in Ihrem Berufsfeld? Machen sie Sinn oder wird ihre Bedeutung überschätzt?

Für meinen beruflichen Weg waren Auslandsaufenthalte eher weniger wichtig, denn ich produziere in erster Linie für das deutsche Fernsehen. Insofern konzentriert sich mein Beruf auf Deutschland. Bei meinen Kinoprojekten hatte ich auch Co-Produktionen mit dem Ausland. In meinem Alltagsgeschäft ist das Ausland aber bisher eher die Ausnahme und daher nicht so bedeutend für mich.

Spielt ein großes und gepflegtes Netzwerk wirklich die Rolle, die ihm vielfach zugeschrieben wird?

Ja, das denke ich schon. Und zwar deshalb, weil unser Beruf aus Beziehungen und Beziehungspflege zu Kreativen, zu Autoren, zu Regisseuren, zu Schauspielern und zu Redakteuren besteht. Da ist das Netzwerk sehr wichtig. Das sollte möglichst breit aufgestellt sein und gepflegt werden.

Welche Vorteile haben Sie persönlich aus Netzwerken für sich genieren können?

Oft kann man Dinge auf dem kleinen Dienstweg einfacher regeln als über offiziellere Wege. Man kann Entscheidungen abkürzen, vorab fragen, Dinge klären. Im künstlerischen Bereich muss man auch immer gut abschätzen, wie man miteinander umgeht, man muss auf Befindlichkeiten eingehen. Je besser man sich kennt und je vertrauter man ist, desto einfacher ist es, die Dinge klar auszusprechen. Dadurch ist man letztlich auch erfolgreicher. Man kann einfach die richtigen Knöpfe drücken.

Welche Rückschläge mussten Sie auf Ihrem beruflichen Weg hinnehmen? Wie kam es dazu und wie sind Sie damit umgegangen?

Natürlich gibt es Rückschläge, das ist ganz klar. Manchmal muss man sich auch einer gewissen Staatsraison beugen. Da ist man Parteisoldat und zieht mit und vertritt eine Entscheidung nach außen. Nicht alles davon trägt man notwendig inhaltlich mit. Das habe ich auch erlebt, so wie es wohl jeder tut. Damit muss man umgehen lernen. Wichtig ist, dass man diese Dinge nicht zu persönlich nimmt. Es passieren eben auch viele Dinge, die der Funktion und der Position geschuldet sind, die man inne hat. Das muss man dann von seiner eigenen Person und seiner eigenen Persönlichkeit abtrennen, das ist wichtig. Man darf darüber nicht krank werden oder damit hadern.

Hatten Sie auf Ihrem beruflichen Weg schon mal das Gefühl der Frustration und/oder der Resignation? Wie sind Sie mit diesem Gefühl umgegangen?
Ja, sicher. In solchen Situationen versuche ich, mit Menschen meiner Wahl zu sprechen, mir Hilfe zu holen und mich auszusprechen, mir Rat zu holen, mich mit Leuten zusammen zu setzen, die zu diesem Thema meiner Ansicht nach etwas zu sagen haben oder mir helfen können. Einiges mache ich auch mit mir selbst ab. Das ist vielleicht nicht immer der beste Weg. Aus dem privaten Bereich versuche ich so etwas möglichst rauszuhalten. Ich bespreche zwar einiges mit meinem Mann, aber nicht alles, weil ich auch nicht möchte, dass man alles noch ins Private trägt. Ich denke, das Private sollte ein geschützter Raum bleiben, sonst spricht man auch über nichts anderes mehr. Aber gewisse Dinge und größere Sachen bespricht man natürlich auch im privaten Bereich; da ist mein Mann immer eine sehr große Hilfe.

Gab es auf Ihrem beruflichen Weg Situationen, wo Sie gegen Widerstände Ihren eigenen Weg gegangen sind und es sich gelohnt hat?
Na sicher und es hat sich gelohnt. Bei uns gibt es ja immer wieder Widerstände bei Projekten. Wenn man diese überwindet, lohnt es sich immer am Ende, das würde ich ganz klar sagen. Man sollte dabei aber immer konstruktiv vorgehen, nicht verbohrt sein oder mit dem Kopf durch die Wand wollen. Es ist wichtig, auch andere Meinungen zu hören und nicht nur die eigene. Dennoch: Bei gewissen Dingen muss man auch Beharrlichkeit zeigen und wirklich auch voranschreiten und das hat sich dann auch immer bewährt.

Welche Ratschläge würden Sie jungen Frauen in der Medienbranche mit auf den Weg geben?
Wenn man die Liebe und Leidenschaft für den Beruf hat, dann sollte man den Weg auf jeden Fall gehen. Und man sollte vor allem durchhalten, auch wenn es mal eine schwierige Zeit ist. Man sollte trotzdem mit aller Leidenschaft vorangehen und mit großem Engagement. Man muss sicher viel Zeit investieren und sein Privatleben etwas zurückstellen. Aber die Vereinbarkeit von zum Beispiel Kindern und Beruf ist auch eine Frage der Organisation. In unserem Beruf ist das nicht einfach. Aber ich glaube, wenn man in die Medien will, sollte man es tun. Es ist spannend, es ist vielseitig, kein Tag ist wie der andere, das sind alles ganz positive Dinge, die dort passieren. Aber man muss immer auch seinen Schutzraum haben und man darf nicht blauäugig sein. Man sollte sich bewusst machen, worauf man sich einlässt soweit es einem möglich ist. Man sollte ehrlich sein sich selbst gegenüber, ob man das wirklich will, ob man das durchhält und versuchen, den richtigen Rahmen für sich zu finden. Man muss für sich herausfinden, was zu einem passt oder aber auch nicht.

Welches sind die drei wichtigsten Stellschrauben für den Erfolg in Ihrem beruflichen Umfeld?

Erstens ist ein gutes Netzwerk wichtig, gerade im kreativen Bereich. Und man braucht Mentoren und Förderer, die an einen glauben. Zweitens kommt es an auf Begeisterungsfähigkeit und die Leidenschaft. Und schließlich braucht es auch die Leidensfähigkeit, wenn man bei manchen Projekten lange Zeit durchhalten muss. Das sind die drei wichtigen Voraussetzungen.

Was mussten Sie für die Erreichung Ihrer Ziele und auf Ihrem beruflichen Weg aufgeben, was ist „auf der Strecke" geblieben?

Natürlich kann man nicht alles, was man sich wünscht, realisieren. Bei mir ist es sicherlich in der Rückschau so, dass ich mich vielleicht auch ein bisschen zu bequem in einer Firma eingerichtet habe über die 20 Jahre. Vielleicht hätte ich durch mehr Mut zu wechseln auch noch ganz andere, spannende Seiten der Branche kennengelernt. Diese Erfahrung ist sicherlich auf der Strecke geblieben. Und es wird mit dem Wechseln auch immer schwieriger je älter man wird. Auch ein paar Jahre im Ausland zu arbeiten, hätte mir sicherlich Spaß gemacht. Das ist auch auf der Strecke geblieben.

Privat hätte ich gerne mehr Zeit gehabt, um eigene Dinge zu verwirklichen. Aber das ist natürlich mit einer Führungsposition schwer vereinbar. Im Grunde ist das fast unmöglich. Da muss man sich entscheiden.

Was hätten Sie rückblickend gern anders gemacht auf Ihrem beruflichen Weg? Gibt es „Weichen", bei denen Sie heute anders abbiegen würden?

Also so ganz große Weichen, bei denen ich gerne anders abgebogen wäre, gab es eigentlich nicht. Eigentlich lag es an mir selbst, dass ich mich nicht aktiv genug darum gekümmert habe, mal weg zu gehen, was anderes zu machen oder sich mal außen umzuschauen. Aber ich hatte auch gar keinen Grund dazu. Mir ist es hier im Hause einfach wirklich gut gegangen. Das hört sich vielleicht komisch an. Aber hier bei Studio Hamburg habe ich zu viele und zu gute Möglichkeiten bekommen, als dass ich einen echten Grund gehabt hätte, etwas anderes zu machen.

Außerdem bin ich ein sehr loyaler Mensch und habe ein enges Verhältnis zu den Kollegen. Es ist mir nicht egal, mit wem ich den Tag verbringe und mit wem ich die Arbeit gestalte. Deshalb war der Weg hier bei Studio Hamburg für mich persönlich genau richtig. Er passte genau zu meinen Interessen. Ich habe Kreativität und den entsprechenden Freiraum gesucht. Bei Studio Hamburg habe ich all das gefunden.

„Angstfreiheit ist eine Grundvoraussetzung"

Winka Wulff, Produzentin Polyphon Film- und Fernsehgesellschaft mbH

Winka Wulff ist Film und Fernsehen intensiv verbunden. Die studierte Romanistin leitete bis 1999 den Bereich Fiction & Entertainment beim Pay-TV-Sender Premiere, war später Leiterin der Abteilung Event und Show der Axel Springer TV Productions GmbH und kann auf Tätigkeiten bei Aspekt-Telefilm, Polyphon und Ziegler Film zurück blicken. In den Jahren 2007 bis 2010 war Winka Wulff Programmgeschäftsführerin der Colonia Media Filmproduktions GmbH. Heute arbeitet sie als Produzentin bei Polyphon. In ihrer Laufbahn entwickelte sie unter anderem die ZDF-Reihe „Im Tal der wilden Rosen", die sie auch in Kanada realisierte, und produzierte mit Regina Ziegler den Zweiteiler „Im Schatten der Macht". In der Zeit bei Premiere entstanden zahlreiche nationale und internationale Koproduktionen, darunter das Fernsehspiel „Das Urteil" (Regie: Oliver Hirschbiegel), „Gloomy Sunday" (Regie: Rolf Schübel) und – gemeinsam mit dem amerikanischen Pay-TV-Sender HBO – „From The Earth To The Moon" von und mit Tom Hanks.

Produzentin
Romanverfilmungen
Gloomy Sunday Myro Geschäftsführung Colonia Media
Wissen vor acht
Buddenbrooks Im Tal der wilden Rosen Entertainment
Im Schatten der Macht Studium der Romanistik
NDR Talk und Unterhaltung
Premiere Medien Polyphon

Ihr beruflicher Weg hat Sie ganz an die Spitze geführt. Haben Sie von dieser Position schon zu Berufsbeginn geträumt? War es womöglich die Erfüllung eines lang gehegten Wunsches? Skizzieren Sie bitte kurz, wie es zu Ihrer beruflichen Laufbahn kam.
Nein, eine Erfüllung eines lang gehegten Wunsches war es nicht. Ich gehöre zu der Generation, die ein Studium angefangen hat, ohne ein besonderes Karriereziel. Ich war allerdings immer ehrgeizig und habe im Leben sehr oft Glück gehabt. Trotzdem musste ich immer hart arbeiten und mich ordentlich anstrengen. Eigentlich war es so: Am Anfang war es Zufall, Glück und Ehrgeiz. Später kam die Bereitschaft hinzu, Verantwortung zu übernehmen und sich für die Macht zu entscheiden.

Wie viel Zeit investieren Sie in Ihre berufliche Aufgabe? Sind Sie rund um die Uhr erreichbar und ist das eigentlich erforderlich in Spitzenjobs?
Viele Jahre war ich rund um die Uhr erreichbar. Später habe ich das ganz bewusst geändert. Ich habe dann in den Mails geschrieben, dass ich erst ab 16 Uhr antworte oder nur bis 21 Uhr erreichbar bin. Dadurch wussten alle, die mich erreichen wollten, dass zu anderen Zeiten keine Antwort kommt. In bestimmten Situationen allerdings, bei Entscheidungsprozessen oder wenn man im Ausland mit Zeitunterschieden arbeitet, dann muss man immer erreichbar sein. Wichtig ist, deutlich zu kommunizieren, wann man erreichbar ist. Nur dann hat man die nötige Ruhe für eine ausgeglichene Balance von Beruf und Privatleben.

Welches war rückblickend der entscheidende Faktor, der Ihre Karriere befördert hat?
Natürlich war es vor allem meine Kompetenz und die Fähigkeit, mich schnell in die unterschiedlichsten Gebiete einzuarbeiten. Und natürlich zur richtigen Zeit am richtigen Ort zu sein. Außerdem muss man verkaufen und sich auf internationalem Parkett gut bewegen können, Sprachkenntnisse sind wichtig und, das klingt jetzt merkwürdig, kein zu auffallend hübsches Aussehen. Als Kumpeltyp hat man es in einer Männergesellschaft einfach leichter.

Welche Bedeutung hatten auf Ihrem beruflichen Weg die bewusste Karrieregestaltung einerseits und Zufall und Glück andererseits?
Ich glaube, eine bewusste Karrieregestaltung hätte es mir beruflich sicher leichter gemacht. Das habe ich aber zu spät erkannt. Dafür habe ich ganz oft Zufall und Glück auf meiner Seite gehabt. Eine bewusste Karrieregestaltung, also begleitet durch Fachseminare und Coaching, die hat sich bei mir erst später entwickelt. Irgendwann habe ich nämlich gemerkt: „Jetzt hast du eine Stufe erreicht, aber du willst noch höher."

Wie wichtig sind Branchen- und/oder Unternehmenstreue für den beruflichen Aufstieg? Oder braucht gerade Karriere den gezielten, wohl durchdachten Wechsel?
Ich glaube, in Deutschland ist Unternehmenstreue sehr gefragt. Bei mir war das aber nicht wichtig. Ich habe drei Konzerne durchlaufen: Bertelsmann, Springer und Bavaria.

Gibt es persönliche Schlüsseleigenschaften, die unverzichtbar sind für einen nachhaltigen Erfolg in Ihrem Berufsfeld? Falls ja, auf welche Eigenschaften kommt es dabei ganz besonders an?
Ich finde, dass Ausdauer und ein starker Wille entscheidende Schlüsseleigenschaften sind. Außerdem braucht man Kommunikationsfähigkeit, Fachkompetenz, Charme, Durchsetzungsfähigkeit, Verantwortungsbewusstsein und Führungsstärke.

Unabhängig davon ist sehr wichtig, dass man angstfrei in diesen Beruf hinein geht. Man darf zweifeln, muss sich aber treu bleiben. Ich glaube, Angstfreiheit ist eine Grundvoraussetzung für Führungsfähigkeit. Mit Macht kann man erst umgehen, wenn man keine Angst in sich trägt, die hemmt.

Gibt es erworbene Schlüsselkompetenzen, die unverzichtbar sind für einen nachhaltigen Erfolg in Ihrem Berufsfeld? Falls ja, auf welche Kompetenzen kommt es dabei ganz besonders an?
Ohne Fachkompetenz geht es nicht. Man erwirbt sie in der Ausbildung. In Führungspositionen braucht man dann die Fähigkeit, mit Macht umzugehen. Man muss lernen, Entscheidungen zu treffen, angenehme wie auch unangenehme. Man muss aushalten, dass man nicht von allen geliebt wird, das ist für Frauen schwieriger als für Männer. Man muss Visionen formulieren und Kompromisse eingehen können. Schließlich ist es wichtig, ein Ziel vor Augen zu haben. Dieses Ziel muss man auch klar formulieren können.

Welche Bedeutung hatten Vorbilder und Mentoren auf Ihrem beruflichen Weg? Waren es eher Frauen oder Männer? Was haben Sie gelernt?
Mentoren sind lebenswichtig – man braucht Menschen, die einem zur Seite stehen. Vorbilder hatte ich persönlich kaum welche. Das hängt aber mit meiner Generation zusammen. Die wenigen, die ein bisschen Vorbilder waren – das waren: Margaret Mead, Ethnologin, die durch die Welt reiste und fremde Kulturen erforschte, und Katharine Hepburn.
Was ich gelernt habe ist, dass man seine persönliche Meinung im Beruf zum Teil zurückhalten muss. Kommunikationsabteilungen wollen immer nur positive Berichte haben. Da muss man lernen, ein Pokerface zu haben und sehr geschickt und oft zwischen den Zeilen zu formulieren.

Wie wichtig war und ist der private emotionale Rückhalt für Ihren beruflichen Weg?
Ein ausgeglichenes Privatleben hilft, gerade in höheren Positionen, die Bodenhaftung nicht zu verlieren. Echtes Lachen und echte Freunde sind sehr wichtig. Letzteres hat man nur, wenn man sich auch Zeit nimmt und Berufliches nicht immer und ausschließlich erste Priorität ist.

Wie schaffen Sie den Spagat zwischen der Freude am Erfolg verbunden mit hoher inhaltlicher und zeitlicher Belastung einerseits und dem Erfordernis mentaler Entspannung und dem Bedürfnis nach der Pflege privater sozialer Kontakte andererseits?
Um das zu schaffen, ist die Liebe zum Beruf sehr wichtig. Man muss lieben, was man tut. Dann muss man eine innere Gelassenheit haben. Aber die kommt mit der Erfahrung. In unserem Beruf in den Medien ist es oft so, dass private Kontakte auch berufliche Kontakte sind. Nicht viele, aber einige. Dann kommt beides zusammen.

Welche Bedeutung haben Auslandsaufenthalte für die Entwicklung von Karrieren in Ihrem Berufsfeld? Machen sie Sinn oder wird ihre Bedeutung überschätzt?
Auslandsaufenthalte sind absolut wichtig, weil sie den Horizont erweitern und ganz neue Denkanstöße geben. Außerdem fördern sie Selbstbewusstsein und Sprachkenntnisse. Sie sind unverzichtbar.

Spielt ein großes und gut gepflegtes Netzwerk wirklich die Rolle, die ihm vielfach zugeschrieben wird?
Netzwerke spielen eine größere Rolle als man glaubt. Ein gutes Netzwerk zu haben ist das A und O. Wir haben zwar keine mafiösen Strukturen in der Medienbranche, aber dennoch hat man dadurch einen Informationsvorsprung und erfährt, was zwischen den Zeilen steht. Das geht nur, wenn man die richtigen Kontakte hat und einfach nachfragen kann.

Welche Vorteile haben Sie persönlich aus Netzwerken für sich generieren können?
Der Informationsvorsprung ist das Wichtigste. Was man daraus macht, ist eine andere Geschichte.

Welche Rückschläge mussten Sie auf Ihrem beruflichen Weg hinnehmen? Wie kam es dazu und wie sind Sie damit umgegangen?
Ich glaube, wir alle in solchen Positionen kennen Rückschläge. Ein Rückschlag ist es zum Beispiel, wenn eine Firma verkauft wird, wenn ein Geschäftsführerwechsel stattfindet oder aber ganz einfach, wenn man gemobbt wird. Das sind drei Sachen, die mir im Laufe meiner 30-jährigen Berufserfahrung begegnet sind und die ich als Rückschläge bezeichnen würde. Wie man damit umgeht? Man beobachtet, wie andere mit einer ähnlichen Situation umgehen, versucht, mit Hilfe von Freunden und guten Kollegen, seine positive Lebenshaltung zu behalten, sie vielleicht sogar zu verstärken. Man sagt sich: „Es geht nicht um Leben und Tod." Das hilft.

Hatten Sie auf Ihrem beruflichen Weg schon mal das Gefühl der Frustration und/oder der Resignation? Wie sind Sie mit diesem Gefühl umgegangen?
Ich kenne beides, man kann es nur akzeptieren, wie es ist. Bei mir persönlich waren es aber immer kurze Momente und ich halte mich immer an den amerikanischen Spruch: „The best way out is always through." Das heißt: Immer wieder durchstarten. Das Gute ist, sie gehen garantiert vorbei.

Gab es auf Ihrem beruflichen Weg Situationen, wo Sie gegen Widerstände Ihren eigenen Weg gegangen sind und es sich gelohnt hat?
Ja, solche Situationen gab es. Ich habe einen Chef gehabt, der immer gesagt hat: „Oh Gott, Frau Wulff, wenn man sie zur Tür rausschickt, kommen sie zum Fenster wieder rein!". Diesen Ausspruch fand ich ganz toll. Denn er zeigt, dass es wichtig ist, dass man an Werte und an seine Überzeugungen glaubt. Man muss eine hohe Moral mitbringen, unbestechlich sein und unbestechlich bleiben. Es macht den Weg nicht einfacher, aber am Ende eines Lebens kann man sich immer im Spiegel angucken.

Welche Ratschläge würden Sie jungen Frauen in der Medienbranche mit auf den Weg geben?
Junge Frauen sollten unbedingt Leidenschaft mitbringen! Sie sollten sich immer wieder selbst überraschen und mutig sein. Sie sollten wissen, wie Männer denken, wie Männer lenken und dann deren Netzwerke beobachten, kennenlernen und trotzdem ihren eigenen Weg gehen. Man muss sich öffnen und keine Angst haben.

Welches sind die drei wichtigsten Stellschrauben für den Erfolg in Ihrem beruflichen Umfeld?

Beziehungen, der Rückhalt von Vorgesetzten, das „zum richtigen Zeitpunkt am richtigen Ort sein", Visionen haben und diese zur richtigen Zeit verkaufen können.

Was mussten Sie für die Erreichung Ihrer beruflichen Ziele und auf Ihrem beruflichen Weg aufgeben, was ist „auf der Strecke" geblieben?

Die Kommunikationsabteilungen in unserer Branche akzeptieren nur positive Berichte. Das Gleiche gilt für Vorgesetzte und Aufsichtsräte. Das hat zur Folge, dass man eine gewisse Offenheit verliert, außerdem eine gewisse Naivität und eine gewisse Art von Ehrlichkeit. Man muss lernen, Kompromisse zu machen und alles positiv auszudrücken. Man bleibt mit seinen Sorgen, als Geschäftsführerin oder Führungskraft sehr oft allein. Das ist eine Bürde, mit der man lernen muss umzugehen. Insofern bleibt ein Stück der Naivität, die man am Anfang des Berufslebens hat und die Offenheit gegenüber allem, auf der Strecke.

Was hätten Sie rückblickend gern anders gemacht auf Ihrem beruflichen Weg? Gibt es „Weichen", bei denen Sie heute anders abbiegen würden?

Ja und Nein. Ich hätte mir gewünscht, dass ich früher gelernt hätte, mehr und vor allem besser zu taktieren. Dass ich erkannt hätte, dass vieles schon vorher politisch beschlossen ist und man sehr genau hinhören muss. Ich glaube, ich würde noch mehr Networking machen und ehrgeiziger sein. Man muss sehr viel Kraft und Leidenschaft mitbringen, um die Vision, die man hat, zu Ende zu bringen, zu verkaufen und am Schluss zu sehen: „Ja! Das ist eine Idee von mir!". Aber wenn das gelingt, ist das natürlich das Beglückende. Eine Vision zu verwirklichen oder sich selbst zu überraschen, mit dem was man geschafft hat – das ist etwas Tolles!

B. Karrieren im Contentpackaging

I. Medienteilmarkt Zeitung

„Entschlussfreudigkeit ist eine wichtige Eigenschaft"
Susan Molzow, Geschäftsführerin Morgenpost Verlag GmbH

Der berufliche Weg von Susan Molzow, Jahrgang 1966, ist geprägt durch Printmedien. Nach Abitur und Studium der Betriebswirtschaftslehre in Hamburg arbeitete sie von 1991 bis 2000 in verschiedenen Positionen im Morgenpost Verlag, unter anderem als Assistentin der Geschäftsleitung und als kaufmännische Leiterin, und wurde dort auch zur stellvertretenden Verlagsleiterin ernannt. In den Folgejahren war sie in unterschiedlichen Positionen bei Gruner + Jahr tätig, zuletzt für die Zeitschrift Gala. Sie fungierte dort auch als Leiterin Online-Sites Entertainment & Health. Seit 1. Februar 2010 ist Susan Molzow Geschäftsführerin der Hamburger Morgenpost.

DuMont Schauberg
Hamburger Morgenpost
Kaufmännische Leitung
Neunzehnhundertsechsundsechzig
Geschäftsführerin
Diplom-Kauffrau Projektleiterin
Gala
Stellvertretende Verlagsleiterin
Leiterin Online-Sites, Entertainment & Health
Gruner+Jahr
Studium BWL
Zeitungen
Universität Hamburg
Morgenpost-Verlag

Ihr beruflicher Weg hat Sie ganz an die Spitze geführt. Haben Sie von dieser Position schon zu Berufsbeginn geträumt? War es womöglich die Erfüllung eines lang gehegten Wunsches? Skizzieren Sie bitte kurz, wie es zu Ihrer beruflichen Laufbahn kam.

Nein, ein Wunsch von Anfang an war es nicht. Ich habe vor mich hin studiert und mich im Bereich Revision und Treuhand getummelt. Damals hatte ich eher die Idee, Steuerberaterin zu werden als den Plan, dahin zu kommen, wo ich jetzt bin. Meine Karriereplanung betraf die Bereiche Steuerberatung und Wirtschaftsprüfung. Dass es dann ganz anders kam – daran Schuld war ein Praktikum, das ich damals gemacht habe. Dieses hat mir vor Augen geführt, dass Steuerberatung und Wirtschaftsprüfung doch nicht das ist, wofür ich brenne. Nach meinem Studium habe ich mich bei der Morgenpost beworben und hatte das große Glück, hier meine Karriere starten zu können.

Wie viel Zeit investieren Sie in Ihre berufliche Aufgabe? Sind Sie rund um die Uhr erreichbar und ist das eigentlich erforderlich in Spitzenjobs?

Es ist immer die Frage, ob der Beruf eine Last oder Lust ist. Da ich selbst meine Arbeit nicht als Last empfinde, kann ich jetzt auch wenig dazu sagen, ob ständige Erreichbarkeit erforderlich ist. Für mich gilt, dass ich theoretisch immer erreichbar bin oder zumindest nahezu immer. Natürlich gibt es da auch Zeiten, in denen ich zu Hause bin und das Telefon auch mal abschalte. Insbesondere im Urlaub bitte ich meine Kollegen, nur anzurufen, wenn es wirklich wichtig ist. Meine E-Mails lese ich in dieser Zeit auch nicht. Das ist dann durchaus auch mal eine Wohltat. Aber grundsätzlich bin ich gern erreichbar und empfinde das auch nicht als Last.

Welches war rückblickend der entscheidende Faktor, der Ihre Karriere befördert hat?

Ich denke, in meinem Fall war es das Vertrauen und der Glaube, den meine Vorgesetzten an mich hatten. Sie haben mich, gerade zu Beginn meiner Laufbahn, hier bei der Morgenpost, aber auch später bei Gruner + Jahr, immer mal wieder ins kalte Wasser geschmissen und dabei gesagt: „Das wird schon!". Und so war es dann in der Tat auch.

Welche Bedeutung hatten auf Ihrem beruflichen Weg die bewusste Karrieregestaltung einerseits und Zufall und Glück andererseits?

Für mich war der Einstieg in die Medien eigentlich zunächst nur die bewusste Entscheidung gegen Steuerberatung und Wirtschaftsprüfung. Man kann sagen, ich bin ein wenig zufällig in die Medien gerutscht. Auch meine weiteren beruflichen Schritte hatten immer wieder etwas mit Zufall zu tun, insbesondere mit Fluktuation. Erst mit zunehmendem Alter habe ich angefangen, meinen Weg etwas bewusster einzuschlagen und Karriereentscheidungen zu treffen. Aber das fing, ehrlich gesagt, erst mit Mitte 30 an.

Wie wichtig ist Branchen- und/oder Unternehmenstreue für den beruflichen Aufstieg? Oder braucht gerade Karriere den gezielten, wohl durchdachten Wechsel?

Ich denke, dass es da keine allgemein gültige Aussage gibt. Es kommt immer auf die Position und auf die Branche an. Zumindest in Führungspositionen im Medienbereich ist Branchenkenntnis sicherlich hilfreich.

Aber in der Realität ist es eher so, dass Aufstieg durch Wechsel erfolgt und weniger dadurch, dass man versucht, sich in einem Unternehmen nach oben zu arbeiten. Einfach deshalb, weil man dort häufig auf sehr manifestierte Strukturen trifft.

Gibt es persönliche Schlüsseleigenschaften, die unverzichtbar sind für einen nachhaltigen Erfolg in Ihrem Berufsfeld? Falls ja, auf welche Eigenschaften kommt es dabei ganz besonders an?
Man sollte Spaß haben am Umgang mit Menschen, an der Kommunikation. Das ist wichtig, weil Menschen einfach in Unternehmen ein wichtiger Faktor sind. Für mich persönlich ist es außerdem wichtig, authentisch zu bleiben. Man darf nicht versuchen, eine private und berufliche Persönlichkeit völlig abgekoppelt voneinander zu leben, sondern sollte diese nach Möglichkeit harmonisch miteinander verbinden. Es sollte da kein Graben durchlaufen.

Gibt es erworbene Schlüsselkompetenzen, die unverzichtbar sind für einen nachhaltigen Erfolg in Ihrem Berufsfeld? Falls ja, auf welche Kompetenzen kommt es dabei ganz besonders an?
Sehr wichtig sind unternehmerisches Denken und Handeln. Außerdem braucht man Entschlussfreudigkeit und die Fähigkeit, Dinge zu sehen, anzugehen und zu verändern – Change Management sollte man unbedingt beherrschen. Wichtig sind auch Eigeninitiative und die Bereitschaft, sich immer wieder zu hinterfragen, zu lernen und sich auch herausfordern zu lassen. Gerade in Umbruchzeiten, wie wir sie insbesondere im Medienbereich seit Jahren leben, sind all das wichtige Kompetenzen.

Welche Bedeutung hatten Vorbilder und Mentoren auf Ihrem beruflichen Weg? Waren es eher Frauen oder Männer? Was haben Sie gelernt?
Mentoren habe ich nie gehabt. Einfach, weil es das damals noch nicht wirklich gab. Meine beruflichen Vorbilder waren meistens Männer. Das hing damit zusammen, dass damals mehr Männer als Frauen in den Führungspositionen waren – jedenfalls bei Gruner + Jahr. Als dann später immer mehr Frauen in die Führungsebenen kamen, habe ich leider oft auch erlebt, dass diese Frauen in Führungspositionen wenig authentisch waren. Sie haben versucht, männlich zu sein und männlich zu führen. Diese Frauen waren deshalb weniger ein Vorbild für mich.

Wie wichtig war und ist der private emotionale Rückhalt für Ihren beruflichen Weg?
Den persönlichen privaten Rückhalt empfinde ich als sehr wichtig. Nur dann funktioniert es auch im Beruf. Für mich ist es sehr wichtig, dass auch in meinem Privatleben mein Beruf Akzeptanz findet und ein Interesse an den Themen besteht, mit denen ich mich beschäftige. Und dass ich hier auch – wo es möglich und geboten ist – ein neutrales Feedback bekomme für die Dinge, die ich entscheiden muss, aber auch für Führungsthemen allgemein. Und natürlich sollte es im privaten Umfeld auch Verständnis geben für die berufliche Anspannung. Ich muss wissen, dass es da ein Korrektiv gibt, dass da Menschen sind, die mich genauso brauchen. Menschen, die mich in einer Art hinterfragen und leiten, sodass ich mich selbst hinterfrage und schaue, ob das hier jetzt die richtige Balance zwischen dem einen und dem anderen ist. Für diese Art von Rückhalt bin ich sehr dankbar. Ich hatte aber auch schon mal einen Punkt erreicht in meinem Berufsleben, an dem die Balance nicht mehr gestimmt hat. Ich bin im Nachhinein eigentlich glücklich, dass ich diese Erfahrung gemacht habe. Sonst hätte ich mich auch nicht korrigieren können.

Wie schaffen Sie den Spagat zwischen der Freude am Erfolg verbunden mit hoher inhaltlicher und zeitlicher Belastung einerseits und dem Erfordernis mentaler Entspannung und dem Bedürfnis nach der Pflege privater sozialer Kontakte andererseits?

Ich entscheide sehr bewusst und gezielt, welche Veranstaltungen ich besuche. Außerdem versuche ich meine Geschäfts-Partner und auch die Kollegen hier im Haus zu überzeugen, gemeinsame Termine mit mir so zu legen, dass diese auch für mich gut passen und dass sie sich nicht unnötig in die Länge ziehen. Das funktioniert in der Regel ganz gut.

Insgesamt selektiere ich und gehe nicht überall hin. Von zu Hause Telefonkonferenzen zu führen, dort an Präsentationen oder an Businessplänen zu arbeiten, habe ich mir strikt verboten. Diese Arbeit gehört ins Büro. Das gibt mir Freiraum. Aber mir gefällt durchaus die Freiheit, durch die verschiedenen mobilen Möglichkeiten, zum Beispiel abends noch Mails beantworten. Wichtig sind auch Achtsamkeit, Sport und immer darauf zu achten, dass ich selbst nicht zu kurz komme.

Welche Bedeutung haben Auslandsaufenthalte für die Entwicklung von Karrieren in Ihrem Berufsfeld? Machen sie Sinn oder wird ihre Bedeutung überschätzt?

Welche Bedeutung Auslandsaufenthalte haben, hängt nicht nur von der Branche ab, sondern auch vom Verlag, vom Titel und von der konkreten Marke. Allgemein denke ich, dass Auslandsaufenthalte wegen der Globalisierung und wegen der vielen Geschäftsmodelle, denen man sicherlich hinterher jagen könnte, zunehmend an Bedeutung gewinnen. Sie sind wichtig für Inspirationen und die Förderung von Kreativität. Man ist gefordert, neuen Menschen und Herausforderungen zu begegnen und sich diesen zu stellen. Für mich selbst hatten Auslandsaufenthalte allerdings nicht diese Bedeutung; sie sind nicht existenziell wichtig in meinem Bereich.

Spielt ein großes und gut gepflegtes Netzwerk wirklich die Rolle, die ihm vielfach zugeschrieben wird?

Ein Netzwerk ist wichtig. Allerdings ist es nicht die Größe allein, die da die wichtige Rolle spielt. Ein gut gepflegtes Netzwerk ist sicherlich wichtiger, vor allem für die Anbahnung von Businesskontakten und Knowhow-Transfer. Es ist auch wichtig, Menschen zu haben, die man um Rat fragen kann. Auch, wenn es um Themen wie Jobwechsel oder aber Empfehlungen geht. Gerade im Bereich von lokalen Medienmarken, wie wir es sind, halte ich gut gepflegte Netzwerke für wichtig.

Welche Vorteile haben Sie persönlich aus Netzwerken für sich generieren können?

Ich habe in meiner Laufbahn durch Menschen, die mich gut kannten und mich empfohlen haben, einen sehr guten Einstieg in Unternehmen gehabt. Umgekehrt habe ich auch selbst aus meinen persönlichen Netzwerken Mitarbeiter für das Unternehmen gewinnen können und Inspirationen für neue Geschäftsmodelle erfahren.

Welche Rückschläge mussten Sie auf Ihrem beruflichen Weg hinnehmen? Wie kam es dazu und wie sind Sie damit umgegangen?

Ich habe Rückschläge erleben müssen kurz nachdem meine Tochter geboren war und ich wieder zurück in meinen Job wollte. Der erste Rückschlag war, dass ich früher als ursprünglich geplant zurück wollte in meinen Beruf und dies dann leider nicht machbar war. Der zweite Rückschlag war, dass der Job nach dem Wiedereinstieg ganz und gar nicht der gleiche war wie der, den ich vorher hatte. Das hat mich frustriert. In dieser Situation habe ich versucht, mich mit dieser Lage zu arrangieren und ich habe angefangen, mich wieder hochzuarbeiten. Dieser Plan hat funktioniert, weil Menschen um mich waren, die mir wieder die gleichen Chancen gegeben haben und die ich davon überzeugen konnte, dass es gut ist, mit mir zu arbeiten.

Hatten Sie auf Ihrem beruflichen Weg schon mal das Gefühl der Frustration und/oder der Resignation? Wie sind Sie mit diesem Gefühl umgegangen?
Bei mir gibt es immer mal wieder die Situation, dass ich die Gewichtung von Beruf und Privatem neu überdenken muss. Ich frage mich dann, welche Stellenwerte Job und Privatleben haben. Ich frage mich weiter, welchen Raum ich beidem jeweils gebe und ob das, was ich tue, auch gut ist und ich noch richtig bin in dem Unternehmen oder in der Abteilung oder beim Vorgesetzten. Das hat bei mir einmal zu einem Unternehmenswechsel geführt. Möglicherweise stand ein Wechsel sowieso an; meine Frustrationen waren so groß, dass ich mir dachte, dass es am Ende wohl besser sei, etwas anderes zu machen und das Unternehmen zu verlassen.

Gab es auf Ihrem beruflichen Weg Situationen, wo Sie gegen Widerstände Ihren eigenen Weg gegangen sind und es sich gelohnt hat?
Nein, solche Situationen gab es nicht.

Welche Ratschläge würden Sie jungen Frauen in der Medienbranche mit auf den Weg geben?
Meiner Meinung nach ist es sehr wichtig, stets authentisch zu bleiben und sich nicht zu verbiegen. Einfach weil es Kraft kostet und man diese Kraftanstrengung auf Dauer nicht durchhalten kann. Ich denke, dass wir Frauen mehr können, ohne sich tatsächlich in der Authentizität zu verbiegen. Was die eigene Selbstdarstellung allerdings angeht oder Versuche, sich ins Gespräch zu bringen: Da sind Frauen meistens zu bescheiden.
Da funktioniert es übrigens ganz gut, sich mit Vätern von Töchtern zu umgeben. Diese Männer geben Frauen häufiger eine Chance. Leider haben Frauen auch oft den Ruf, nicht besonders entschlussfreudig zu sein. Entschlussfreudigkeit ist aber eine wichtige Eigenschaft und es wäre schön, wenn Frauen diese mehr zeigen könnten und weniger risikoscheu wären. Sie sollten mehr Mut haben und auch mal mit Fehlern leben, die durchaus passieren können. Fehler sind dazu da, um aus ihnen zu lernen. Die Angst vor Fehlern darf kein Hindernis sein, eine Entscheidung zu treffen.

Welches sind die drei wichtigsten Stellschrauben für den Erfolg in Ihrem beruflichen Umfeld?
Wichtig ist kaufmännisches Wissen. Am Ende wird nämlich der wirtschaftliche Erfolg des Unternehmens, welches man führt, gemessen. Außerdem ist Kreativität sehr wichtig. Es ist auch von Bedeutung, mal aus der Vogelperspektive auf die Dinge zu schauen und sich zu hinterfragen, ob noch alles gut und richtig ist.

Was mussten Sie für die Erreichung Ihrer beruflichen Ziele und auf Ihrem beruflichen Weg aufgeben, was ist „auf der Strecke" geblieben?
Es ist einiges auf der Strecke geblieben, aber ich leide nicht wahnsinnig darunter. Ich hätte schon gerne mehr ausgiebige Urlaube gemacht oder auch gerne mal ein Sabbatical genom-

men, um ein halbes Jahr ins Ausland zu gehen. Aber als angestellte Geschäftsführerin trage ich hohe Verantwortung und habe einfach nicht die Freiheit der Zeitgestaltung. Gerade, wenn man Kinder hat, wünscht man sich mehr Freiheit. Ich bin mir aber gar nicht sicher, ob der Mangel an Freiheit daran liegt, dass ich nicht mehr Freiheit eingeräumt bekomme oder ob ich mir die Freiheit einfach nicht nehme.

Was hätten Sie rückblickend gern anders gemacht auf Ihrem beruflichen Weg? Gibt es „Weichen", bei denen Sie heute anders abbiegen würden?
Wenn ich noch einmal studieren würde, dann sicher nicht Betriebswirtschaftslehre, sondern Jura. Ich denke, dass ich in dem Fach besser aufgehoben gewesen wäre. Aber bei mir sind viele Dinge einfach durch Zufall entstanden und ich habe auf meinem beruflichen Weg viel Glück gehabt. Ich bin glücklich mit dem, was ich tue, aber es hätte auch anders laufen können. Vielleicht hätte ich mich, rückblickend betrachtet, in einigen Situationen schon früher aktiv umorientieren, aktiver handeln sollen. Aber ich habe meistens spät entschieden oder auf Zufälle gewartet, die dann auch eintrafen. Wie ich bereits sagte, von heute aus betrachtet, würde ich es anders machen. Ich habe erst in den letzten Jahren damit begonnen, aktiver und reflektierter zu entscheiden und dann auch zu handeln. Genau dazu würde ich junge Frauen auch ermutigen: Aktiv entscheiden und handeln und nicht auf Zufälle warten.

„Ehrlichkeit, Authentizität und sich selbst treu bleiben"

Lydia Nißl, Geschäftsführerin Donaukurier Verlagsgesellschaft mbH & Co. KG

Lydia Nißl ist dem lokalen und regionalen Journalismus tief verbunden. Geboren 1958 in Gerolfing/Ingolstadt. Kaufmännische Ausbildung, Leitung Finanz- und Rechnungswesen, Geschäftsführung; alles berufliche Stationen beim Donaukurier. Lydia Nißl ist heute Geschäftsführerin der Donaukurier Verlagsgesellschaft mbH & CO. KG in Ingolstadt. Zur Unternehmensgruppe gehört auch der lokale Fernsehsender intv. Ihn rettete sie im Jahr 2001 durch ihren Einstieg vor der Insolvenz.

Erinnerungen intv
Traumberuf
Traditionen   Bayern
DONAUKURIER Reisen Familie Loyalität   Leidenschaft
Kunst
Ingolstadt Jahrgang Neunzehnhundertachtundfünfzig
Willenskraft   Geschäftsführerin

Ihr beruflicher Weg hat Sie ganz an die Spitze geführt. Haben Sie von dieser Position schon zu Berufsbeginn geträumt? War es womöglich die Erfüllung eines lang gehegten Wunsches? Skizzieren Sie bitte kurz, wie es zu Ihrer beruflichen Laufbahn kam.
Ja, das kann man so sagen – für mich war das die Erfüllung eines lang gehegten Wunsches. Ich wollte schon immer Karriere machen. Ich habe bereits mit 17 Jahren für mich beschlossen, mich auf den Beruf zu konzentrieren.

Wie viel Zeit investieren Sie in Ihre berufliche Aufgabe? Sind Sie rund um die Uhr erreichbar und ist das eigentlich erforderlich in Spitzenjobs?
Ich bin rund um die Uhr erreichbar. Ich investiere wahnsinnig viel Zeit in meine Arbeit. Ich habe sehr wenig Privatleben, aber einen guten familiären Hintergrund. Dadurch werden mir viele Dinge abgenommen.

Welches war rückblickend der entscheidende Faktor, der Ihre Karriere befördert hat?
Der entscheidende Faktor war und ist, dass ich immer ein Ziel konkret vor Augen hatte. Ich wusste schon früh, dass ich Karriere machen möchte. So bin ich dann Schritt für Schritt vorangegangen. Natürlich spielten auch Glück und Förderer eine Rolle, aber das Wichtigste war, stets das Ziel nicht aus den Augen zu verlieren.

Welche Bedeutung hatten auf Ihrem beruflichen Weg die bewusste Karrieregestaltung einerseits und Zufall und Glück andererseits?
Bei mir stand die bewusste Karrieregestaltung absolut im Vordergrund. Diese Motivation hat mich nach vorne getrieben – das sage ich ganz offen. Zu Beginn meiner Karriere hatte ich dann auch noch Glück mit meiner damaligen Chefin. Sie hat mich sehr gefördert. Ich denke deshalb auch, dass beide Faktoren – Karrieregestaltung und Glück – bei mir zu gleichen Teilen eine Rolle gespielt haben.

Wie wichtig ist Branchen- und/oder Unternehmenstreue für den beruflichen Aufstieg? Oder braucht gerade Karriere den gezielten, wohl durchdachten Wechsel?
Ich bin 55 Jahre alt, also schon eine Weile im Beruf. Zu Beginn meiner Karriere war es anders als heute, wo häufig verlangt wird, dass man den Job wechseln oder Auslandserfahrungen mitbringen sollte. Zu meiner Zeit ist man seinen Weg kontinuierlich gegangen. Auch bei mir hat es sich damals so ergeben, dass ich im Unternehmen geblieben bin. Heute dagegen befürwortet man einen Unternehmenswechsel. Trotzdem denke ich, dass man mehr Erfahrungen sammelt, wenn man länger in einem Haus bleibt.

Gibt es persönliche Schlüsseleigenschaften, die unverzichtbar sind für einen nachhaltigen Erfolg in Ihrem Berufsfeld? Falls ja, auf welche Eigenschaften kommt es dabei ganz besonders an?
Wichtige Eigenschaften und Kompetenzen gibt es nicht nur im Medienbereich. Überall spielen Ehrlichkeit, Authentizität und das „sich selbst treu bleiben" eine wichtige Rolle. Ebenso wie Loyalität, sowohl dem Unternehmen wie auch Mitarbeitern gegenüber. Es bringt niemanden weiter, wenn man an der Spitze sitzt und seine Mitarbeiter nicht anständig behandelt. Es war immer meine Maxime, ehrlich zu sein, Werte und Moralvorstellungen aufrechtzuerhalten – authentisch zu sein. Das ist wichtig.

Gibt es erworbene Schlüsselkompetenzen, die unverzichtbar sind für einen nachhaltigen Erfolg in Ihrem Berufsfeld? Falls ja, auf welche Kompetenzen kommt es dabei ganz besonders an?
Selbstverständlich ist zunächst Fachkompetenz ausschlaggebend. Diese wird hauptsächlich durch das Studium und auch durch Auslandsaufenthalte erlangt. Ob man erfolgreich wird oder nicht, hängt aber stark mit der Persönlichkeit zusammen.

Welche Bedeutung hatten Vorbilder und Mentoren auf Ihrem beruflichen Weg? Waren es eher Frauen oder Männer? Was haben Sie gelernt?
Ich hatte immer Frauen zum Vorbild. An erster Stelle Frau Reissmüller, unsere Seniorchefin, die das Unternehmen nach dem Krieg zusammen mit ihrem Mann aufgebaut hat. Damals waren es 20 Mitarbeiter, heute sind es 450. Frau Reissmüller war mein Vorbild. Sie vereinte Tugenden in sich, die auch für mich von großer Bedeutung sind. Sie war bodenständig, ehrlich, anständig und hat uns Untergebene immer mit Respekt behandelt. Ich habe sie zehn Jahre lang privat begleitet – auch dadurch, weil ich beim Donaukurier kontinuierlich aufgestiegen bin. Bevor ich Geschäftsführerin wurde, war ich 23 Jahre lang Leiterin des Finanz- und Rechnungswesens. Wenn es um Zahlen geht, ist Vertrauen wohl das Wichtigste. Das habe ich mir erworben und so konnten wir eng zusammenarbeiten. Ihre Akribie und Moralvorstellungen prägten ihre Arbeit, mich und das Unternehmen, dessen Leitung sie nach dem Tod ihres Mannes übernahm. Eine beeindruckende Frau, ein Vorbild.

Wie wichtig war und ist der private emotionale Rückhalt für Ihren beruflichen Weg?
Der emotionale Rückhalt ist sehr wichtig. Man hat in meiner Position unglaublich viel zu tun, man muss Entscheidungen fällen, die auch unangenehm sind und Probleme bereiten. Wenn man im privaten Bereich keinen Rückhalt hat, kann man das nicht verarbeiten. Ich habe das Glück, dass mir viel abgenommen wird. So kann ich mich um meine Arbeit kümmern. Auch mein Glaube hat mir stets viel Kraft gegeben, schwere Schritte zu gehen und unangenehme Entscheidungen zu treffen. Für mich sind Familie und Glaube tragende Säulen.

Wie schaffen Sie den Spagat zwischen der Freude am Erfolg verbunden mit hoher inhaltlicher und zeitlicher Belastung einerseits und dem Erfordernis mentaler Entspannung und dem Bedürfnis nach der Pflege privater sozialer Kontakte andererseits?
Das ist für mich gar kein großer Spagat. Ich bin jetzt seit 38 Jahren im Job und es gab nur selten Tage, an denen ich nicht gerne zur Arbeit gegangen bin. Das ist sehr viel wert. Dadurch, dass ich immer Freude hatte, an dem was ich tue, war es für mich nicht schwierig, meine Familie und soziale Kontakte zu pflegen. In meinem Alter spielt es auch keine Rolle mehr, wie viele Freunde man bei Facebook hat. Man braucht ein paar gute Freunde, bei denen man weiß, dass man sich auf sie verlassen kann, wie auf meine Sekretärin. Zwei oder drei gute Freunde sind viel, außerdem meine Familie. Mehr brauche ich nicht. Ich bin ein Mensch, der viel mit sich alleine anfangen und auch alleine zu Hause sein kann. Ich brauche keinen großen Trubel. Ich liebe klassische Musik und gehe gern in Konzerte. Das ist für mich Ausgleich, mehr brauche ich eigentlich nicht – und beim Bibellesen hole ich mir die mentale Entspannung.

Welche Bedeutung haben Auslandsaufenthalte für die Entwicklung von Karrieren in Ihrem Berufsfeld? Machen sie Sinn oder wird ihre Bedeutung überschätzt?
Auslandsaufenthalte schaden sicher nicht. Kriegsentscheidend sind sie meines Erachtens aber nicht. Wichtig ist, ein Ziel vor Augen zu haben und dieses konsequent zu verfolgen. Ein Auslandsaufenthalt allein garantiert keinen Erfolg.

Spielt ein großes und gut gepflegtes Netzwerk wirklich die Rolle, die ihm vielfach zugeschrieben wird?
Wenn man seinen Weg konsequent geht und die Menschen anständig behandelt, baut sich automatisch ein Netzwerk auf. Diese zahlreichen Clubs und Verbindungen sind meiner Meinung nach überflüssig. Ich war Gründungsmitglied des Lions-Club in Ingolstadt, bin aber nach acht Jahren wieder ausgetreten. Meine Intention war, einen Club zu gründen, um Gutes zu tun. Ich war damals davon überzeugt, dass das eine positive Idee sei. Leider musste ich nach acht Jahren feststellen, dass der Großteil der Mitglieder nicht diese Intention teilte, Gutes zu tun. Ihr Interesse war viel mehr, sich darzustellen und ein Netzwerk aufzubauen. Ich aber wollte helfen und Gutes tun. Deshalb war der Club auch nicht der richtige Ort für mich. Ich habe daraus die Konsequenz für mich gezogen und bin ausgetreten. Es liegt in der eigenen Hand, Kontakte zu knüpfen.

Welche Vorteile haben Sie persönlich aus Netzwerken für sich generieren können?
Nein, ich habe keine Vorteile generieren können. Einfach, weil ich das grundsätzlich nicht mache. Ich würde nie einen persönlichen Vorteil aus einer Beziehung herausholen. Wenn ich heute hier zur Tür raus und in Pension gehe, dann bin ich Frau Lydia Nißl und niemand anderes mehr. Dass ich diese Position habe, das ist die Position und da darf ich privat keinen Nutzen draus ziehen. Natürlich ist es in Ordnung, wenn ich eingeladen werde, wo ich sonst normal nicht hinkommen würde. Aber das hängt einfach nur mit meiner Position zusammen, nicht mit mir als Privatperson.

Welche Rückschläge mussten Sie auf Ihrem beruflichen Weg hinnehmen? Wie kam es dazu und wie sind Sie damit umgegangen?
Ich musste viele Rückschläge auf meinem Weg hinnehmen. Ich wurde mit 31 Jahren Prokuristin und Leiterin des Finanz- und Rechnungswesens. Ich war verhältnismäßig jung, musste mich gegen Männer im Unternehmen durchsetzen, die nicht nur älter und erfahrener als ich waren, sondern mir den Erfolg auch nicht gönnten. Das war heftig. Einige haben versucht, mir Prügel zwischen die Beine zu werfen. Ich konnte es damals nicht fassen, dass Kollegen so bösartig sein können. Natürlich war das eine schwere Zeit. Trotzdem dachte ich mir im stillen Kämmerlein: „Ihr schafft es nicht, dass ich scheitere!". Ich verfolgte meinen Weg weiter, ich wusste wer ich bin, was ich kann und ließ mir nichts gefallen. Schon immer sprach ich Dinge an, die mich störten und mir ungerecht vorkamen.

Hatten Sie auf Ihrem beruflichen Weg schon mal das Gefühl der Frustration und/oder der Resignation? Wie sind Sie mit diesem Gefühl umgegangen?
Sicher, das Gefühl gab es. Auch bei uns im Unternehmen hat es Veränderungen gegeben. Ich habe mich diesen Veränderungen gestellt und habe mit meiner Zielstrebigkeit, meinem Können und meiner Ausdauer meinen Weg nie aus den Augen verloren.

Gab es auf Ihrem beruflichen Weg Situationen, wo Sie gegen Widerstände Ihren eigenen Weg gegangen sind und es sich gelohnt hat?
Ich bin mir immer treu geblieben, auch in schweren Zeiten. Meinen Weg zu gehen, mich nicht verbiegen zu lassen und dem Unternehmen gegenüber stets loyal zu sein, bis zum Schluss, ist das Wichtigste für mich. Aber natürlich spielt das Können eine bedeutende Rolle, damit überzeugt man. Aber eben auch durch Ehrlichkeit und Werte.

Welche Ratschläge würden Sie jungen Frauen in der Medienbranche mit auf den Weg geben?
Wenn man weiß, dass man das notwendige Können hat und die Herausforderung annehmen will, dann kann ich jungen Frauen nur auf den Weg geben, dass sie sich trauen sollen. Ich weiß, dass viele Frauen genau daran scheitern, obwohl sie die Fähigkeiten in sich tragen. Sie sollten ihren Standpunkt klar vertreten. Sich trauen, ehrlich und anständig sein, authentisch bleiben und sich nicht verbiegen lassen.

Welches sind die drei wichtigsten Stellschrauben für den Erfolg in Ihrem beruflichen Umfeld?
Ganz wichtig ist, dass ich mich mit meiner Arbeit identifizieren kann. Man muss ehrgeizig sein und Freude an der Arbeit haben.

Was mussten Sie für die Erreichung Ihrer beruflichen Ziele und auf Ihrem beruflichen Weg aufgeben, was ist „auf der Strecke" geblieben?
Freundschaften sind auf der Strecke geblieben. Als ich 30 Jahre alt war, habe ich mir darüber keine Gedanken gemacht. Aber jetzt, mit 55 Jahren, weiß ich, dass wenige gute Freunde sehr wichtig sind. Private Dinge und Träume sind auch zu kurz gekommen. Einen Wunsch werde ich mir erfüllen, wenn ich in fünf Jahren aufgehört habe zu arbeiten. Ich möchte als Gaststudentin an die Universität gehen und Geschichte studieren. Das ist ein lang gehegter Wunsch von mir.

Was hätten Sie rückblickend gern anders gemacht auf Ihrem beruflichen Weg? Gibt es „Weichen", bei denen Sie heute anders abbiegen würden?
Ich sage immer: „In dem Augenblick, in dem ich diesen Schritt gegangen bin, war ich überzeugt davon, dass er richtig ist." Es bringt mir nichts, im Nachhinein zu bereuen und mir zu wünschen, dass ich es anders hätte machen können. Es war alles richtig und in Ordnung so wie es war. Mein Weg war richtig, beruflich, wie privat.

„Man muss auch eine Portion Mut haben"
Silke Hellwig, Chefredakteurin Weser-Kurier

Silke Hellwig, Jahrgang 1963, stammt aus Hessen. Nach der Studienzeit begann sie ein Volontariat bei der Hessisch-Niedersächsischen Allgemeinen (HNA) in Kassel. Für die HNA war sie nach dem Volontariat in Thüringen und Hessen als Redakteurin tätig, bevor sie zum Weser-Kurier wechselte. Sie arbeitete für die Zeit und die Frankfurter Allgemeine Zeitung und war über viele Jahre bei Radio Bremen in unterschiedlichen Positionen tätig. Hierzu gehörte das Regionalmagazin buten un binnen, wo sie erst die Landespolitik betreute und später die Redaktion leitete. 2010 wechselt sie in die Programmdirektion, in der sie als Redakteurin unter anderem mit dem Projekt „Radio Bremen in der Schule" befasst war. Seit September 2011 ist Silke Hellwig Chefredakteurin des Weser-Kurier.

Volontariat
Buten un binnen
Neunzehnhundertdreiundsechzig
FAZ Hessisch-Niedersächsische Allgemeine
Weser-Kurier Redakteurin ZEIT Radio Bremen
Programmdirektion
Chefredakteurin Landespolitik Chefin vom Dienst
Journalistin
Herzblut

Ihr beruflicher Weg hat Sie ganz an die Spitze geführt. Haben Sie von dieser Position schon zu Berufsbeginn geträumt? War es womöglich die Erfüllung eines lang gehegten Wunsches? Skizzieren Sie bitte kurz, wie es zu Ihrer beruflichen Laufbahn kam.
Es war kein lang gehegter Wunsch und ich habe auch nicht gezielt auf diese Karriere hin gearbeitet. Es hat sich alles mehr oder weniger durch Zufall ergeben. Als ich als Journalistin angefangen habe, war ich immer sehr zufrieden im Lokaljournalismus. Als ich in Bremen beim Weser-Kurier eine Stelle für Kommunal- und Landespolitik bekommen habe, war ich davon überzeugt, dass ich damit alle meine beruflichen Träume erfüllt habe. Dann ist es durch verschiedene Zufälle dazu gekommen, dass ich eine erste verantwortungsvolle Position bekommen habe. So hat sich das weiterentwickelt. Wer bewusst und unbedingt Karriere machen will, würde sicher anders vorgehen.

Wie viel Zeit investieren Sie in Ihre berufliche Aufgabe? Sind Sie rund um die Uhr erreichbar und ist das eigentlich erforderlich in Spitzenjobs?
Ich investiere viel Zeit, ich bin so gut wie immer erreichbar. Von Führungsfiguren muss man das auch erwarten können, finde ich. Mit dem Gehalt wird dieser Einsatz ja auch mitvergütet. Ich glaube, wer eine Position ausfüllen will, in der er etwas gestalten kann, in der er Verantwortung trägt und gewisse Entscheidungsbefugnisse hat, muss auch mit den Nachteilen der Position umgehen können. Ich kann das allerdings so einfach sagen, weil ich keine Kinder habe. Ich finde aber auch, dass Familie und Führungsposition vereinbar sein müssen. Ich bin mir sicher, dass man das regeln könnte.

Welches war rückblickend der entscheidende Faktor, der Ihre Karriere befördert hat?
Das kann ich nur schwer sagen, weil ich meinen Weg nicht gezielt ausgesucht habe. Ich glaube, dass es wichtig ist, dass man mit ganzem Herzen bei der Sache ist. Man muss den Beruf schon voller Überzeugung ausüben. Auch Fleiß ist sicher wichtig, Ehrgeiz auch.

Welche Bedeutung hatten auf Ihrem beruflichen Weg die bewusste Karrieregestaltung einerseits und Zufall und Glück andererseits?
Es waren definitiv viel Zufall und Glück, die meine Karriere begleitet haben.

Wie wichtig ist Branchen- und/oder Unternehmenstreue für den beruflichen Aufstieg? Oder braucht gerade Karriere den gezielten, wohldurchdachten Wechsel?
Das kann ich schlecht beurteilen, weil ich meine Laufbahn nicht geplant habe. Ich selbst habe Stellen nie strategisch ausgesucht, um beruflich weiter zu kommen. Ich habe gewechselt, ohne zu überlegen, wo mich der nächste Schritt hinführt. Das kann man sicherlich klüger machen. Wer jetzt Anfang 20 ist, studiert hat und eine Karriere anstrebt, würde sicher überlegen, was er machen muss, um weiter zu kommen oder wo er noch mehr Erfahrungen sammeln kann. Was sicher nicht falsch war: Ich habe immer zugesehen, alles mitzunehmen – also viel zu lernen, beispielsweise durch einen Wechsel zu einem elektronischen Medium.

Gibt es persönliche Schlüsseleigenschaften, die unverzichtbar sind für einen nachhaltigen Erfolg in Ihrem Berufsfeld? Falls ja, auf welche Eigenschaften kommt es dabei ganz besonders an?
Ich glaube, dass Fleiß, Integrität, Energie und Durchhaltevermögen unverzichtbar sind. Ebenfalls wichtig ist es, Ideale zu haben. Vor allem aber muss man – zumindest als Frau

– auch eine Portion Mut haben. Ich denke, dass es weniger Frauen in Führungspositionen gibt, weil sie sich oft nicht trauen, die Gelegenheit beim Schopf zu packen und ihren Hut in den Ring zu werfen. Als Führungskraft muss man auch mal Konflikte aushalten und macht auch Fehler. Wahrscheinlich gäbe es die Quotendiskussion nicht, wenn sich Frauen mehr zutrauten und auch mal ins kalte Wasser sprängen.

Gibt es erworbene Schlüsselkompetenzen, die unverzichtbar sind für einen nachhaltigen Erfolg in Ihrem Berufsfeld? Falls ja, auf welche Kompetenzen kommt es dabei ganz besonders an?
Managementwissen ist für meine jetzige Position ganz sicher von Vorteil. Ich hatte dieses nicht, und das hatte bestimmt auch gewisse Nachteile. Es gibt wahrscheinlich zwei Sorten von Chefredakteuren – die einen sind vor allem Manager und ein bisschen Journalist und die anderen sind Journalist und ein bisschen Manager. Ideal wäre wohl, wenn man beides zu gleichen Teilen ist.

Welche Bedeutung hatten Vorbilder und Mentoren auf Ihrem beruflichen Weg? Waren es eher Frauen oder Männer? Was haben Sie gelernt?
Ich hatte in meinem Volontariat eine Ausbilderin, die sich viel Zeit genommen hat. Von ihr habe ich unglaublich viel gelernt. Außerdem hatte ich immer Chefs, die eine Meinung hatten und auch vertreten haben, selbst wenn sie nicht zeitgemäß zu sein schien. Das ist sicher ermutigend, wenn man sieht, dass es anstrengend sein mag, Rückgrat zu haben, aber dass es keine Karriere verhindert. Sonst habe ich eher Vorbilder, die ich selber nie kennengelernt habe, wie Herbert Riehl-Heyse. Was er von Journalismus und insbesondere von Qualitätsjournalismus gehalten hat, finde ich absolut beispielgebend.

Wie wichtig war und ist der private emotionale Rückhalt für Ihren beruflichen Weg?
Der private Rückhalt ist wichtig. Man muss sich schon einiges von der Seele reden. Auch das ist meiner Meinung nach ein Punkt, warum Frauen in Führungspositionen größere Schwierigkeiten haben. Sie nehmen sich zu viel zu Herzen und können oft nicht zwischen persönlichen und beruflichen Angriffen trennen. Ich vermute, dass bei vielen Frauen Familie und Freunde herhalten, um ihre beruflichen Sorgen abzuladen. Bei Männern aber sicher auch.

Wie schaffen Sie den Spagat zwischen der Freude am Erfolg verbunden mit hoher inhaltlicher und zeitlicher Belastung einerseits und dem Erfordernis mentaler Entspannung und dem Bedürfnis nach der Pflege privater sozialer Kontakte andererseits?
Ich weiß gar nicht, ob ich diesen Spagat schaffe. Mir macht die Arbeit wirklich viel Spaß. Wenn das nicht so ist, hat man sicher große Schwierigkeiten. Ich weiß aber auch, dass man sich immer vor Augen führen muss, dass man beileibe nicht unersetzlich ist und dass es ohne einen auch sehr gut läuft.
Vielleicht sehe ich das in zehn Jahren anders, aber momentan füllt mich die Arbeit aus und ich komme ganz gut damit zurecht, dass mein Privatleben etwas knapper ausfällt.

Welche Bedeutung haben Auslandsaufenthalte für die Entwicklung von Karrieren in Ihrem Berufsfeld? Machen sie Sinn oder wird ihre Bedeutung überschätzt?
Das kann ich nicht wirklich beurteilen. Ich selber war nicht im Ausland, auch nicht während des Studiums. Im Nachhinein betrachtet, trauere ich verpassten Chancen ein bisschen nach. Ich hätte auch ins Ausland gehen sollen, aber ich bin damals überhaupt nicht auf die Idee gekommen. Das liegt vielleicht auch an meiner Generation, da waren Auslandsaufenthalte noch nicht gang und gäbe. Ich denke, es ist für junge Menschen sicher hilfreich, im Ausland gewesen zu sein. Bei Bewerbungen spielt es für mich keine besondere Rolle, das kann bei anderen Medien anders sein.

Spielt ein großes und gut gepflegtes Netzwerk wirklich die Rolle, die ihm vielfach zugeschrieben wird?
Ich glaube, dass es tatsächlich funktioniert, durch Netzwerke im Beruf weiter zu kommen. Ich persönlich bin aber keine Netzwerkerin. Vielleicht ist das sogar ein Makel, den ich habe. Menschen setzen unterschiedliche Prioritäten, mir ist das einfach nicht wichtig genug. Vielleicht ändert sich das noch. Oder rächt sich eines Tages, wer weiß.

Welche Vorteile haben Sie persönlich aus Netzwerken für sich generieren können?
Ich netzwerke nicht und habe daher auch keine Vorteile generieren können.

Welche Rückschläge mussten Sie auf Ihrem beruflichen Weg hinnehmen? Wie kam es dazu und wie sind Sie damit umgegangen?
Es gab Rückschläge, und es ist mir schwergefallen, damit umzugehen. Heute, im Rückblick, würde ich jedem raten, es sich nicht zu sehr zu Herzen zu nehmen. Ich selbst habe das damals nicht hinbekommen. Ich habe mich sehr daran zerfleischt. Heute denke ich: Wenn man eine Führungsposition annimmt, weiß man vorher nicht, ob man in dieser Position gut aufgehoben ist. Man kann es nicht theoretisch im Kopf durchspielen, man muss es versuchen, ohne Angst vor dem Scheitern.

Hatten Sie auf Ihrem beruflichen Weg schon mal das Gefühl der Frustration und/oder der Resignation? Wie sind Sie mit diesem Gefühl umgegangen?
Ich kenne diese Gefühle, selbstverständlich. Aber ich sage mir immer, dass man auf dem Teppich bleiben sollte – vor allem, was die Relation betrifft. Es geht nicht um Leben und Tod. Man macht den Beruf, so gut man kann, und, die mit denen man arbeitet, machen es in der Regel auch so gut, wie sie können. Trotzdem gibt es Konflikte oder Frustrationen, wenn das eine nicht so gelingt, wenn man Fehler macht, wenn Leser unzufrieden sind. Ich finde, dass man sich das durchaus zu Herzen nehmen muss, aber in einem gesunden Verhältnis zu all den Dingen, die gut sind und gut funktionieren. Und das sind bei uns sehr viele.

Gab es auf Ihrem beruflichen Weg Situationen, wo Sie gegen Widerstände Ihren eigenen Weg gegangen sind und es sich gelohnt hat?
Ich habe einmal gekündigt, weil ich mit der Philosophie des Hauses nicht einverstanden war. Das war vielleicht übertrieben, aber ich wollte die Arbeitsweise nicht mehr mit vertreten. Ich glaube, dass der Schritt richtig war, obwohl ich noch keine Ahnung hatte, wie es weitergehen sollte. Ich glaube, es ist gerade im Journalismus wichtig, sich treu zu bleiben. Man muss seine Grenzen ziehen und sie verteidigen. Ich glaube, sonst wird man kreuzun-

glücklich. Aber im Großen und Ganzen habe ich großes Glück gehabt, es wurden mir keine Steine in den Weg gelegt, im Gegenteil, ich bin gefördert worden.

Welche Ratschläge würden Sie jungen Frauen in der Medienbranche mit auf den Weg geben?
Junge Frauen sollten mutig sein. Sie sollten sich ein Herz nehmen und sich in den Beruf stürzen. Sie sollten ihre Meinung vertreten, auch wenn ihre Karriere dann weniger steil ausfallen sollte. Sie sollten sich nicht den Mund verbieten und sich nicht die Butter vom Brot nehmen lassen und auf sich selbst vertrauen. Sie sollten nicht krampfhaft versuchen, Karriere zu machen. Ich glaube, das merkt man und das geht selten gut. Falls es aber eine verantwortliche Position gibt, die sie interessiert, sollten sie den Hut in den Ring werfen, wenn sie die Position reizt. Sie sollten sich sagen: Ich will das, und ich kann das, und was ich nicht kann, das werde ich lernen. Sie sollten nicht denken, sie müssten perfekt sein. Wer ist schon perfekt?

Welches sind die drei wichtigsten Stellschrauben für den Erfolg in Ihrem beruflichen Umfeld?
Prinzipiell gilt meines Erachtens: Je mehr man weiß, je mehr man kann, desto besser ist es. Wenn man schon mal woanders gewesen, andere Unternehmen und Arbeitsweisen kennengelernt hat, dann ist das sicherlich förderlich. Wenn man die ganze Medienvielfalt – Radio, Fernsehen, Online, Schreiben – beherrscht, ist das perfekt. Wer seine Kreativität, seine Recherchestärke und seine Ausdruckskraft in allen Kanälen ausleben kann, müsste eigentlich eine kometenhafte Karriere machen können. Und ganz wichtig ist natürlich die Liebe zum Beruf.

Was mussten Sie für die Erreichung Ihrer beruflichen Ziele und auf Ihrem beruflichen Weg aufgeben, was ist „auf der Strecke" geblieben?
Man gibt es auf, viel Zeit für sich, für die Familie und Freunde zu haben. Ich glaube, wenn ich jeden Tag genau siebeneinhalb Stunden gearbeitet hätte, wäre ich nicht da, wo ich bin. Allerdings ist das nicht darin begründet, dass man 60 Stunden in der Woche voll kriegen muss, sondern in der Leidenschaft, mit der man diesen Beruf ausfüllt. Ich empfinde es nach wie vor als großes Glück, in diesem Beruf arbeiten zu können. Deshalb verbringe ich viel Zeit damit.

Was hätten Sie rückblickend gern anders gemacht auf Ihrem beruflichen Weg? Gibt es „Weichen", bei denen Sie heute anders abbiegen würden?
Ich denke heute manchmal, dass ich mich besser hätte vorbereiten sollen, als ich die erste verantwortungsvolle Position übernommen habe. Ich habe mich fachlich sicher gefühlt, aber ich habe nicht geahnt, wie viel Kenntnisse in Psychologie oder Konfliktmanagement und dergleichen zu solchen Positionen gehört. Vom Kollegen zum Vorgesetzten – das ist ein schwieriger Weg, das war viel schwieriger als ich dachte. Ich habe mir auch nicht genug Zeit genommen, um abzuwägen, ob das Positive, das zwangsläufig mit solchen Positionen einhergeht, das Negative aufwiegt. Es mag sein, dass ich dann nicht Chefredakteurin geworden wäre. Aber ich glaube nicht, dass mich das totunglücklich gemacht hätte. Auch heute denke ich: Ich mache das, was ich mache, sehr gerne. Aber die Welt geht nicht unter, wenn ich es – aus welchen Gründen auch immer – nicht mehr machen kann.

„Mein Job ist nie zu Ende"
Ines Pohl, Chefredakteurin taz, die tageszeitung

© Anja Weber

Ines Pohl wurde 1967 in Mutlangen geboren. Nach dem Abitur studierte sie Germanistik und Skandinavistik an der Georg-August-Universität in Göttingen und schloss mit Magister ab. In den 1990er Jahren folgten Tätigkeiten als freie Journalistin, unter anderem für Radio ffn und verschiedene Regionalzeitungen, und ein Volontariat bei der Hessischen/Niedersächsischen Allgemeinen, wo sie später auch Ressortleiterin Politik wurde. Über ein Stipendium der Nieman Foundation for Journalism verbrachte sie ein Jahr an der Harvard University. Im Jahr 2008 ging Ines Pohl als Korrespondentin für die Mediengruppe Ippen nach Berlin. 2009 wählte eine Jury des Medium Magazins Ines Pohl zur Journalistin des Jahres 2009 in der Kategorie „Newcomer". Seit dem 20. Juli 2009 ist sie Chefredakteurin der taz.

Volontariat
Regionalzeitung Ressortleiterin Politik
Harvard University
taz – die tageszeitung Stipendiatin Freie Journalistin
Frauenbeauftragte Radio ffn Niemann Foundation for Journalism
NeunzehnhundertsiebenundsechzigChefredakteurin
Magister
Studium Germanistik & Skandinavistik
Journalistin des Jahres

Ihr beruflicher Weg hat Sie ganz an die Spitze geführt. Haben Sie von dieser Position schon zu Berufsbeginn geträumt? War es womöglich die Erfüllung eines lang gehegten Wunsches? Skizzieren Sie bitte kurz, wie es zu Ihrer beruflichen Laufbahn kam.
Nein, diese Position war kein Ursprungswunsch von mir, das hat sich erst im Laufe der Jahre entwickelt. Ich denke, der Grundmechanismus, der meiner beruflichen Karriere zugrunde liegt ist der, dass ich zu Chancen, die sich im richtigen Moment geboten haben, immer „ja" gesagt habe. Ich habe während meines Studiums der Geisteswissenschaften angefangen, für ein Radio frei zu arbeiten. Danach war ich für verschiedene Zeitungen und Zeitschriften als freie Journalistin tätig. Nach meinem Studienabschluss habe ich dann ein Volontariat bei der Hessischen/Niedersächsischen Allgemeinen gemacht. Von da an ging es Schritt für Schritt weiter. Ich war zunächst in einer kleinen Lokalredaktion tätig. Dort habe ich sehr viel gelernt, vor allem, was die Verantwortung von Journalistinnen und Journalisten anbelangt, weil man im Lokalen eben auch ganz unmittelbar mit den Auswirkungen seines Schreibens, also mit der Realität, konfrontiert wird. Nach meiner Zeit als Lokaljournalistin war ich Redakteurin in der Politikredaktion einer großen überregionalen Zeitung, wo ich später auch Ressortleiterin wurde. 2004/2005 verbrachte ich ein Jahr an der Harvard University als Stipendiatin der Nieman Foundation for Journalism. Nach dieser Zeit bin ich dann als politische Korrespondentin der Ippen-Gruppe hier nach Berlin gekommen. Seit 2009 bin ich Chefredakteurin bei der taz.

Wie viel Zeit investieren Sie in Ihre berufliche Aufgabe? Sind Sie rund um die Uhr erreichbar und ist das eigentlich erforderlich in Spitzenjobs?
Ich bin sehr erreichbar, allerdings nicht unbedingt rund um die Uhr; manchmal lasse ich mein Handy auch zu Hause. Was wichtig ist, ist da zu sein, wenn wichtige Entscheidungen anstehen. Die Kolleginnen und Kollegen müssen einfach das Gefühl haben können, dass ich verfügbar bin, wenn es darauf ankommt. Hinzu kommt natürlich, dass mein Job, der Journalismus, nie zu Ende ist und immer weiter läuft. Ereignisse passieren permanent und rund um die Uhr und da ist es sehr wichtig, dass ich die Entwicklungen auch immer zeitnah verfolge.

Welches war rückblickend der entscheidende Faktor, der Ihre Karriere befördert hat?
Ich kann das so im Einzelnen gar nicht sagen. Ich denke, dass es das Kontinuum war in meiner Laufbahn. Ich habe zu Chancen, die sich mir geboten haben, immer „ja" gesagt. Wenn ich danach suchen würde, dann gab es sicherlich durchaus eine Initialzündung. Während meines Studiums in Göttingen war ich nämlich sehr aktiv in der Frauen-Lesben-Szene. Damals hatte ich das Gefühl, dass die Regionalpresse mit unserem politischen Anliegen nicht fair umgegangen ist. Wir wurden überhaupt nicht wahrgenommen. Für mich war es immer wichtig, dass es in den Medien Menschen gibt, die Themen auch außerhalb des Mainstream bearbeiten. Ich hätte damals sicher nicht diese Worte gefunden, aber das waren mein Grundgefühl und mein Anliegen.

Welche Bedeutung hatten auf Ihrem beruflichen Weg die bewusste Karrieregestaltung einerseits und Zufall und Glück andererseits?
Meine Karriere habe ich nicht bewusst geplant. Ich habe nie geplant, irgendwann mal Chefredakteurin zu sein. Was ich wollte, war in eine Position zu kommen, in der ich mitbestim-

men kann. Ansonsten gab es viele Zufälle, aber Zufälle muss man auch als Chance erkennen und wahrnehmen. Aus Glück und Zufall muss man auch etwas machen. Nur Glück alleine reicht nicht. Wenn ich an meine Laufbahn denke, dann war mein großes Glück, dass ich das Stipendium in Harvard von der Nieman Foundation for Journalism bekommen habe. Es wird eine Klasse mit 24 Personen ausgewählt, und es gehörte auch Glück dazu, dass mein Profil gerade in diesen Jahrgang hinein passte.

Wie wichtig ist Branchen- und/oder Unternehmenstreue für den beruflichen Aufstieg? Oder braucht gerade Karriere den gezielten, wohl durchdachten Wechsel?
Mein Beispiel zeigt, dass man Unternehmen durchaus verlassen kann. Bei mir war das ja ein großer Bruch: Von der Ippen-Gruppe als traditionell geführtem Verlagshaus hin zur taz. Was immer vorhanden und wichtig war, war eine Branchentreue, das Engagement, journalistisch zu arbeiten. Ich habe nicht Journalismus oder Politik studiert, sondern habe durch ein Volontariat die journalistische Praxis gelernt. Und ich habe auch ganz andere Dinge in meinem Leben getan. Ich finde, es ist durchaus empfehlenswert, immer mal wieder in andere Felder hinein zu schnuppern.

Gibt es persönliche Schlüsseleigenschaften, die unverzichtbar sind für einen nachhaltigen Erfolg in Ihrem Berufsfeld? Falls ja, auf welche Eigenschaften kommt es dabei ganz besonders an?
In meinem Beruf muss man wirklich Stierqualitäten haben und was einstecken können. Außerdem braucht es Lust am Gestalten. Man muss die Fähigkeit haben, sich mit eigenen Schwächen auseinanderzusetzen und mit ihnen umzugehen. Den Kopf in den Sand stecken und seine Schwächen und Fehler ausblenden, ist definitiv nicht der richtige Weg. Wenn man eine Führungsposition ausübt und mehr als 150 Mitarbeiter zu führen hat, ist es ungemein wichtig, dass man sich kontinuierlich in seiner Persönlichkeit weiterentwickelt.

Gibt es erworbene Schlüsselkompetenzen, die unverzichtbar sind für einen nachhaltigen Erfolg in Ihrem Berufsfeld? Falls ja, auf welche Kompetenzen kommt es dabei ganz besonders an?
Was man lernen sollte, ist zu führen. Das kann man auch lernen. Man muss auch lernen, mit Konflikten umzugehen. Man muss lernen, wie man sich selbst organisiert, wie man sein Sekretariat organisiert, wie man Arbeitsabläufe organisiert. Ich selbst habe Weiterbildungsseminare besucht und habe mich auch beraten lassen. Es gehört harte Arbeit dazu, sich gezielt in bestimmten Feldern zu entwickeln jenseits der inhaltlichen Entwicklung. Dennoch ist dies notwendig und sinnvoll, wenn man eine Führungsrolle ausübt.

Welche Bedeutung hatten Vorbilder und Mentoren auf Ihrem beruflichen Weg? Waren es eher Frauen oder Männer? Was haben Sie gelernt?
Ich hatte Vorbilder auf meinem Weg. Allerdings hatte ich – was einfach an der Branche lag – keine einzige Chefredakteurin. An der Universität gab es auch keine einzige C4-Professorin, obwohl ich Geisteswissenschaften studiert habe. Es waren alles Männer. Aber es gab Kollegen, von denen ich viel gelernt habe. Sie haben mir vorgelebt, wie man auch in schwierigen Situationen taktisch klug, aber trotzdem integer seinen eigenen Wertvorstellungen gemäß leben und arbeiten kann. Und es gab einen Chefredakteur, von dem ich viel gehalten und viel gelernt habe. Dort habe ich auch gesehen, wie man es nicht machen sollte. Er war sehr cholerisch, er war sozusagen ein Anti-Held.

Wie wichtig war und ist der private emotionale Rückhalt für Ihren beruflichen Weg?
Der emotionale Rückhalt ist für mich existenziell. Ohne ein Umfeld, welches einen trägt und durch schwierige Zeiten führt, hätte ich es nicht geschafft, so manche Krise zu durchstehen und weiter zu machen. Dieser Rückhalt, das sind Freunde und Familie gleichermaßen.

Wie schaffen Sie den Spagat zwischen der Freude am Erfolg verbunden mit hoher inhaltlicher und zeitlicher Belastung einerseits und dem Erfordernis mentaler Entspannung und dem Bedürfnis nach der Pflege privater sozialer Kontakte andererseits?
Das ist in der Tat eine Schlüsselfrage. Man muss diese Balance irgendwie halten oder man muss Mechanismen entwickeln, mit denen man den Spagat zwischen beiden Welten einigermaßen hinbekommt. Sonst kann man das alles nicht gut durchhalten. Ich mache viel Sport, das hilft mir. Und ich habe Familie, Freunde und eine Partnerin, die mir ganz viel Toleranz entgegenbringen und verstehen, dass ich so viel arbeite und auch immer wieder mal Verabredungen oder Urlaube absage, weil irgendwas los ist. Diese Menschen kenne ich auch schon seit vielen Jahrzehnten, sie leben glücklicherweise auch in Berlin und sie sind es, die mich in den schwierigen Momenten auch auf andere Gedanken bringen. Sie sagen dann auch, „so Ines, jetzt ist Schluss, jetzt gehen wir ins Theater oder wir fahren ein Wochenende an den See." Das ist für mich ganz wichtig, Freundinnen zu haben, die dann im Zweifelsfall auch streng mit mir sind. Was bei mir auch gut klappt, ist der regelmäßige Sport, da ich diesen gut in den Alltag einbinden kann. Das sind dann immer so kleine Fenster, die mich aus dem Stress rausholen.

Welche Bedeutung haben Auslandsaufenthalte für die Entwicklung von Karrieren in Ihrem Berufsfeld? Machen sie Sinn oder wird ihre Bedeutung überschätzt?
Man kann die Bedeutung gar nicht überschätzen, wenn es sinnvolle Auslandsaufenthalte sind. Es kommt immer darauf an, was man macht. Mit Auslandsaufenthalten gewinnt man wertvolle Erfahrungen. Wenn man andere Kulturen kennenlernt, dann erfährt man zum Beispiel, wie es ist, fremd zu sein. Und wenn es gut läuft, gewinnt man auch noch die Fähigkeit, die Probleme, die sich daraus ergeben – und die Menschen haben, die in unserem Land fremd sind – journalistisch wahrzunehmen und aufzubereiten. Außerdem ist es natürlich eine unglaubliche kulturelle Bereicherung. Ich für mein Teil kann sagen, dass ich viel im Ausland war. Es hat mich auf eine Art auch unabhängiger werden lassen. Einfach zu wissen, dass es immer auch noch etwas gibt, was größer ist, als dieser eine, kleine Moment hier in Deutschland.

Spielt ein großes und gut gepflegtes Netzwerk wirklich die Rolle, die ihm vielfach zugeschrieben wird?
Ja, das tut es. Wenn es ein gutes Netzwerk ist, kann man sich Rat und Unterstützung holen. Unterstützung in inhaltlichen Fragen oder in strategischen Themen. Oder man kann sich austauschen über Konflikte, mit denen man noch nicht richtig umgehen kann, oder man kann sich Ideen holen für die Rekrutierung für Kolleginnen und Kollegen. Man kann andere vertrauenswürdige Personen finden oder sich jemanden empfehlen lassen. Netzwerken ist sicherlich auch interessant, wenn es um die eigene Karriereplanung und Karrieregestaltung geht. Dann kann man sich über bestimmte Netzwerke ins Gespräch bringen oder man kann sich empfehlen lassen.

Welche Vorteile haben Sie persönlich aus Netzwerken für sich generieren können?
Ich habe für mich in Netzwerken Ansprechpartnerinnen gefunden, denen ich vertrauen kann, die mich beraten und unterstützen. Weiter habe ich viel Solidarität und Fachkunde in Netzwerken finden können.

Welche Rückschläge mussten Sie auf Ihrem beruflichen Weg hinnehmen? Wie kam es dazu und wie sind Sie damit umgegangen?
Ich hatte bisher das große Glück, dass es auf meinem beruflichen Weg immer vorwärts und auf der Karriereleiter immer aufwärts ging. Ich hatte punktuell Konflikte, mit denen ich nicht umgehen konnte, wo ich einzelne Dinge durchsetzen wollte und nicht hinbekommen habe. Da ist es so, wie im Reitsport. Vom Pferd fallen ist nicht so schlimm, aber das liegen bleiben. Man muss sich immer wieder berappeln, weitermachen und versuchen, aus den Rückschlägen zu lernen und Erkenntnisse zu ziehen, wie man beim nächsten Mal die Dinge so macht, dass sie besser funktionieren.

Hatten Sie auf Ihrem beruflichen Weg schon mal das Gefühl der Frustration und/oder der Resignation? Wie sind Sie mit diesem Gefühl umgegangen?
Ich hatte immer mal wieder das Gefühl von Frustration. Ich bin von Hause aus ein sehr ungeduldiger Mensch, mir gehen die Dinge manchmal viel zu langsam. Und manchmal gehen Dinge auch gar nicht so, wie ich es mir vorgestellt habe. Die hohe Kunst ist dann zu lernen, wann man einfach sagt, „okay, das geht jetzt nicht" und zu wissen, wann sich das Weiterkämpfen lohnt. Dabei ist es elementar, dass man immer das große Ziel im Auge hat und daran glaubt. Es ist eine Kunst, den Moment zu erkennen, wo man sich verkämpft und dann auch aufhört zu kämpfen. Aber es ist genauso eine Kunst, genau dann weiter zu machen, wenn es erfolgversprechend ist.

Gab es auf Ihrem beruflichen Weg Situationen, wo Sie gegen Widerstände Ihren eigenen Weg gegangen sind und es sich gelohnt hat?
In meinem Fall war es so, dass ich deswegen zur taz gegangen bin. Dort haben sich für mich Möglichkeiten geboten, die ich bei meinem alten Arbeitgeber nicht hatte. Dieser Schritt hat sich für mich gelohnt.

Welche Ratschläge würden Sie jungen Frauen in der Medienbranche mit auf den Weg geben?
„Sucht euch einen anderen Job!" Nein, natürlich nicht! Aber ein Stückchen Wahrheit steckt da schon drin. Wenn man einfach „irgendwas mit Medien" machen möchte, muss man sich in dieser Zeit des großen Medienwandels ganz genau überlegen, warum man diesen Job machen möchte. Man muss sich aufrichtig hinterfragen, welche Motivation dahinter steht. Die Herausforderungen in der Branche sind hart, die wirtschaftliche Situation ist prekär, nicht nur bei Zeitungen, auch bei Magazinen und beim Fernsehen. Es ist ein wunderbarer Beruf, keine Frage, aber man muss ihn wirklich machen wollen. Und auch die Verdienstaussichten werden nie wieder so sein und werden, wie sie es noch bis vor fünf oder sechs Jahren waren. Wenn man einfach mal gerne an hippen Leuten dran sein und mitmischen möchte, dann sollte man sich wirklich überlegen, ob es tatsächlich das richtige Berufsfeld ist.
Besonders für Frauen ist es wichtig, sich früh um Mentoringprogramme zu kümmern. Man muss Ansprechpartner im Unternehmen finden und mit ihnen ganz gezielt vereinbaren, wie

man sich gegenseitig unterstützt. Außerdem ist es wichtig, ganz früh Netzwerke zu suchen und zu bilden, sowohl in der eigenen, aber auch in anderen Alterskohorten. Darüber hinaus sollte man versuchen, mit Frauen in Verbindung zu kommen, die schon eine höhere Karrierestufe erreicht haben und die dann auch tatsächlich bei der eigenen Karriereentwicklung hilfreich sein können.

Welches sind die drei wichtigsten Stellschrauben für den Erfolg in Ihrem beruflichen Umfeld?
Die Fähigkeit, Fragen zu stellen, die Fähigkeit, zuzuhören und die Fähigkeit, integer zu sein.

Was mussten Sie für die Erreichung Ihrer beruflichen Ziele und auf Ihrem beruflichen Weg aufgeben, was ist „auf der Strecke" geblieben?
Wenn ich zurückblicke, dann habe ich den Job schon immer an die erste Stelle gestellt. Dabei sind sicher einige Dinge, wie die Ausübung von Hobbys, auf der Strecke geblieben. Ich singe sehr gerne und mache gerne selbst Musik. Leider habe ich überhaupt keine Möglichkeit mehr, dies regelmäßig zu machen. Auch im privaten Bereich ist es schon so, dass ich einen sehr reduzierten Freundinnenkreis habe. Dieser ist jedoch sehr intensiv und absolut verlässlich. Leider ist aber durch die wenige Zeit, die neben meinem Job übrig bleibt, auch schon mal eine Freundin oder ein Freund gegangen, weil ich die Freundschaft einfach nicht mehr so pflegen konnte, wie es hätte sein müssen. Einfach, weil ich meinem Beruf eine höhere Priorität gegeben habe als der Freundschaft.

Was hätten Sie rückblickend gern anders gemacht auf Ihrem beruflichen Weg? Gibt es „Weichen", bei denen Sie heute anders abbiegen würden?
Ich hätte nichts anders gemacht. Ich bin froh, dass ich im Lokaljournalismus angefangen habe, dort mit der Realität konfrontiert wurde und mich mein Weg dann schlussendlich hier zur taz geführt hat. Ich bin sehr zufrieden mit meiner Position.

II. Medienteilmarkt Zeitschrift

„Die Schnittstelle zwischen inhaltlichem Arbeiten und unternehmerischem Handeln hat mich immer fasziniert"

Julia Jäkel, Vorstandsvorsitzende Gruner + Jahr AG und Co. KG

Julia Jäkel, geboren 1971, studierte Geschichte, Politikwissenschaften und Volkswirtschaft an der Universität Heidelberg und an der Harvard University und erwarb einen Masterabschluss an der University of Cambridge. Beruflich stieg sie bei Bertelsmann über das Zentrale Nachwuchsprogramm ein, das sie schließlich zu Gruner + Jahr führte. Danach wurde sie geschäftsführende Redakteurin bei GALA und gehörte von 1999 an zum Gründungsteam der Financial Times Deutschland (FTD), zunächst als stellvertretende Geschäftsführende Redakteurin, später als Verlagsleiterin Edition der FTD. 2004 wurde sie zur Verlagsleiterin der BRIGITTE-Gruppe ernannt, übernahm 2008 die Verlagsgeschäftsführung von G+J Exclusive & Living und vier Jahre später die neu geschaffene Verlagsgruppe G+J LIFE. Im Herbst 2012 wurde Jäkel in den Vorstand von Gruner + Jahr berufen, ein weiteres halbes Jahr später übernahm sie den Vorsitz des Gremiums.

Financial Times Deutschland
BertelsmannHarvard University
Gruner + JahrVorstandsvorsitzende
Studium Geschichte & Politikwissenschaften
Trainee Group Management Committee
Verlagsgeschäftsführung   Neunzehnhunderteinundsiebzig
Vorstand G+J Deutschland
Zwei Kinder   Geschäftsführende Redakteurin
Medien   G+J Exclusive & Living

Ihr beruflicher Weg hat Sie ganz an die Spitze geführt. Haben Sie von dieser Position schon zu Berufsbeginn geträumt? War es womöglich die Erfüllung eines lang gehegten Wunsches? Skizzieren Sie bitte kurz, wie es zu Ihrer beruflichen Laufbahn kam.

Nein, davon geträumt habe ich nicht und ich hatte auch nie einen konkreten Karriereplan. Meine berufliche Vita ist eher ein Lebenslauf, der geprägt ist von Entscheidungen nach Lust beziehungsweise Interesse und nicht bewussten Karriereschritten folgt. Ich wollte unbedingt im Bereich des Inhaltlichen arbeiten. Gerade die Schnittstelle zwischen inhaltlichem Arbeiten und unternehmerischem Handeln hat mich immer fasziniert. Daher finde ich es natürlich wunderbar, jetzt an der Spitze von Gruner + Jahr zu stehen und dafür Verantwortung zu übernehmen.

Wie viel Zeit investieren Sie in Ihre berufliche Aufgabe? Sind Sie rund um die Uhr erreichbar und ist das eigentlich erforderlich in Spitzenjobs?

Es erwartet keiner von mir, dass ich rund um die Uhr erreichbar bin. Ich bin es trotzdem. Meine berufliche Position ist eine Aufgabe, die so groß ist, so faszinierend und – in einer Situation des beschleunigten Medienwandels – zugleich auch fordernd ist, dass es für mich mit zu der Aufgabe gehört, sehr engagiert zu sein. Und das heißt auch, viel Zeit zu investieren.

Welches war rückblickend der entscheidende Faktor, der Ihre Karriere befördert hat?

Ich würde sagen, das war zum einen die Tatsache, dass ich einen recht guten Sinn für unsere Produkte und Inhalte habe und mir hier ein Urteilsvermögen zutraue. Und zum anderen Lust an Führung.

Welche Bedeutung hatten auf Ihrem beruflichen Weg die bewusste Karrieregestaltung einerseits und Zufall und Glück andererseits?

Ich glaube, das ist eine Mischung aus beidem. Eine bewusste Karrieregestaltung war es bei mir ja nie. Mein beruflicher Weg hatte sicher einiges mit Zufall und Glück zu tun, aber es hatte auch ganz viel zu tun mit Wollen und der Bereitschaft, das Glück in die Hand zu nehmen. Da fällt mir ein schönes Zitat von Joachim Gauck ein: „Glück kommt nicht, Glück wird." Er hat dies im Kontext des Mauerfalls gesagt, als er Staatsbürger der Bundesrepublik Deutschland wurde. Für ihn bedeutete Glück, an einer demokratischen Gesellschaft aktiv teilzunehmen und sich zu beteiligen. Glück fällt nicht über einen herein. Ich hatte in vielen Berufssituationen Glück, habe es dann aber auch beherzt in die Hand genommen.

Wie wichtig ist Branchen- und/oder Unternehmenstreue für den beruflichen Aufstieg? Oder braucht gerade Karriere den gezielten, wohl durchdachten Wechsel?

Wenn man meinen Lebensweg annimmt, dann bewegt sich der berufliche Werdegang in einem Unternehmenskontext. Wenn man in einem richtig guten Unternehmen ist, dann ist es sinnvoll, da zu bleiben. Ich persönlich glaube nicht, dass immer gewechselt werden muss, um seine Karriere zu befördern. Wenn man gut ist, dann sieht das Unternehmen es auch und man muss sich nicht attraktiv machen, indem man wechselt. Ein gutes Unternehmen erkennt das Potential. Wir wünschen uns das auch hier bei Gruner + Jahr und wir merken dies an der extrem geringen Fluktuation in unserem Unternehmen. Gleichzeitig müssen wir aber dafür sorgen, dass wir innerhalb unseres Hauses Karrieremöglichkeiten und -optionen aufmachen und auch eine gewisse Durchlässigkeit innerhalb unserer Bereiche haben.

Gibt es persönliche Schlüsseleigenschaften, die unverzichtbar sind für einen nachhaltigen Erfolg in Ihrem Berufsfeld? Falls ja, auf welche Eigenschaften kommt es dabei ganz besonders an?
Ich glaube, unverzichtbar ist ein Verständnis für die Themen, mit denen wir und unsere Medien sich beschäftigen. Eine Grundneugier und ein Grundinteresse sind ebenfalls ganz wichtig. Eine gewisse Zähigkeit – das hat aber nichts mit unserer Branche zu tun, sondern gilt für alle Menschen, die im Leben etwas erreichen wollen –, gehört ebenfalls dazu. Weiterhin sind es Ausdauer und Durchhaltevermögen. Das richtet sich insbesondere an Frauen. Man muss ein bisschen streng mit sich selbst sein wollen.

Gibt es erworbene Schlüsselkompetenzen, die unverzichtbar sind für einen nachhaltigen Erfolg in Ihrem Berufsfeld? Falls ja, auf welche Kompetenzen kommt es dabei ganz besonders an?
Ich denke, dass ein kaufmännisches Grundverständnis, ein strategischer Blick und ein strategisches Verständnis essentiell sind. Ich hatte das nicht, bevor ich im Unternehmen war, sondern habe das sozusagen „on the job" mitbekommen und zum Teil auch durch die Harvard Business School, also die Bertelsmann University, gelernt.

Welche Bedeutung hatten Vorbilder und Mentoren auf Ihrem beruflichen Weg? Waren es eher Frauen oder Männer? Was haben Sie gelernt?
Ich hatte weder männliche noch weibliche Vorbilder, denen ich nachgeeifert habe. Es gibt aber viele Menschen, die mich anregen und inspirieren. Nicht in dem Sinne, dass ich sie kopieren möchte, aber die ich spannend finde.

Wie wichtig war und ist der private emotionale Rückhalt für Ihren beruflichen Weg?
Der private Rückhalt ist total wichtig. Das, was ich im letzten dreiviertel Jahr, seitdem ich im Vorstand von Gruner + Jahr bin, und jetzt als Vorstandsvorsitzende erlebt habe, ist enorm. Die damit einhergehende physische und emotionale Belastung, beispielsweise, dass wir die Wirtschaftsmedien geschlossen haben, muss man erst einmal verarbeiten. Da hilft es extrem, wenn man einen Partner hat, der einen unterstützt, der Geborgenheit gibt und das Gefühl, dass er hinter einem steht und hinter dem, was ich tue.

Wie schaffen Sie den Spagat zwischen der Freude am Erfolg verbunden mit hoher inhaltlicher und zeitlicher Belastung einerseits und dem Erfordernis mentaler Entspannung und dem Bedürfnis nach der Pflege privater sozialer Kontakte andererseits?
Die ehrliche Antwort: Gerade gar nicht. Also klar, Zeit für meine Kinder und meine Familie bleibt. Aber im Moment komme ich selbst schlichtweg zu kurz. Ich denke, das hat auch etwas mit Phasen im Leben zu tun. Die momentane Situation ist definitiv eine Ausnahmephase. Die neue berufliche Herausforderung und zwei kleine Kinder zu haben – das war in der Form nicht geplant. Aber beides bedeutet großes Glücksgefühl und Erfülltsein.

Welche Bedeutung haben Auslandsaufenthalte für die Entwicklung von Karrieren in Ihrem Berufsfeld? Machen sie Sinn oder wird ihre Bedeutung überschätzt?
Auslandsaufenthalte sind sehr wichtig, sowohl für das berufliche als auch für das private Leben. Man lernt dadurch einfach so viel Neues: Sich in einer neuen Kultur zurecht zu finden, einen anderen Blick auf die eigene Heimat zu bekommen und natürlich, ganz banal, eine andere Sprache zu sprechen.

Spielt ein großes und gut gepflegtes Netzwerk wirklich die Rolle, die ihm vielfach zugeschrieben wird?
Ich halte nicht sehr viel von diesen Ratgebern, die einem sagen: „Vernetzt Euch, macht es genau wie die Männer!" Ich habe das nie gemacht. Ich glaube, dass ich vom Naturell her ein Mensch bin, der gerne mit Menschen zu tun hat. Ich bin neugierig, knüpfe gerne Kontakte und pflege diese auch. Ich bin aber keine große Netzwerkerin und arbeite auch keine Liste ab. Ich glaube, dieser Angang funktioniert nicht, weil Menschen es merken, wenn sie aus reinen Netzwerkgründen angesprochen werden. Trotzdem ist es hilfreich, dass man auch außerhalb des eigenen Unternehmens Menschen hat, denen man vertraut, mit denen man Dinge diskutieren kann, die man fragen kann und mit denen man sich austauschen kann. Das ist wichtig und solche Kontakte sollten auch gepflegt werden.

Welche Vorteile haben Sie persönlich aus Netzwerken für sich generieren können?
Aus Netzwerken Vorteile zu generieren – dieser Gedanke ist mir nicht sympathisch. Es ist immer hilfreich, an vielen Stellen Menschen zu haben, die man mag, die einen kennen und die einem hier und da mal etwas Gutes tun. Das ist mir schon häufig wiederfahren.

Welche Rückschläge mussten Sie auf Ihrem beruflichen Weg hinnehmen? Wie kam es dazu und wie sind Sie damit umgegangen?
Die ehrliche Antwort: Bei mir gab es keine größeren Rückschläge. Ich befürchte, dass es wohl irgendwann nochmal dazu kommt, aber bisher habe ich das noch nicht erlebt.

Hatten Sie auf Ihrem beruflichen Weg schon mal das Gefühl der Frustration und/oder der Resignation? Wie sind Sie mit diesem Gefühl umgegangen?
Ich hatte in meinem Leben sicherlich Zeiten der Langeweile und des Unterfordert-Seins. Manchmal habe ich mir gedacht: „Warum sieht das denn keiner, was ich eigentlich kann?" Das Gefühl habe ich oft und intensiv gehabt. Mein Tutor hier bei Gruner + Jahr, Jürgen Althans, hat dann immer gesagt: „Ruhig Jäkel, entspannen Sie sich, ganz langsam!". Oder auch mein Mann. Er hat dann gesagt: „Kommt schon alles!". Für mich war das immer der richtige Rat. Ich will damit nicht sagen, dass es immer richtig ist, abzuwarten und Tee zu trinken. Aber für mich, in den Situationen damals, war eine gewisse Ruhe und Gelassenheit immer ein hilfreicher Tipp.

Gab es auf Ihrem beruflichen Weg Situationen, wo Sie gegen Widerstände Ihren eigenen Weg gegangen sind und es sich gelohnt hat?
So etwas kommt dauernd vor, das gehört zum Alltag mit dazu. Man darf es nie persönlich nehmen, wenn man für das, was man tut, kritisiert wird. Das musste ich auch erst lernen.

Wenn man für ein Unternehmen Verantwortung übernimmt, ist man in der Öffentlichkeit und man muss irgendwann für sich verstehen, dass man nicht persönlich kritisiert wird, sondern vielmehr die Funktion, die man in dem Moment innehat.
Man muss lernen, nicht alles an sich ranzulassen.

Welche Ratschläge würden Sie jungen Frauen in der Medienbranche mit auf den Weg geben?
Zunächst einmal ist die Medienbranche eine spannende Branche. Insbesondere für junge Frauen, weil Frauen tendenziell eine gute Empathie für Inhalte besitzen. Das ist eine wichtige Eigenschaft, um in einem Medienunternehmen Erfolg zu haben. Insofern kann ich alle nur ermuntern. Gleichzeitig müssen es die Frauen aber auch wollen, sie müssen mutig sein und sich immer daran erinnern, dass ein Chef immer jemanden haben möchte, der Probleme löst und nicht jemand, der Probleme macht. Machen, zupacken und zeigen, dass man Hürden weghauen kann. Das ist wohl ein guter Ratschlag.

Welches sind die drei wichtigsten Stellschrauben für den Erfolg in Ihrem beruflichen Umfeld?
Fortwährende Neugier und Entschlossenheit.

Was mussten Sie für die Erreichung Ihrer beruflichen Ziele und auf Ihrem beruflichen Weg aufgeben, was ist „auf der Strecke" geblieben?
Ich hoffe nichts. Natürlich hat man weniger Zeit, Freundschaften zu pflegen. Aktuell gilt das bei mir ganz besonders. Man braucht einen Freundeskreis, der es einem nicht übel nimmt, wenn man nicht so viel Zeit hat.

Was hätten Sie rückblickend gern anders gemacht auf Ihrem beruflichen Weg? Gibt es „Weichen", bei denen Sie heute anders abbiegen würden?
Bisher würde ich alles genauso machen. Vielleicht sieht es anders aus, wenn Sie mir die Frage in zehn Jahren nochmal stellen. Ich habe in meinem Leben durchaus Weichen stellende Entscheidungen getroffen, aber bereue diese nicht. Ich hatte ein sehr gutes Abitur von 1,1 und hätte vieles studieren können. Ich habe mich trotzdem dazu entschlossen, Geschichte und Politik zu studieren und nicht BWL. Ich wollte die Dinge studieren, die mir Spaß machen. Einfach mit der Grundüberzeugung, dass wenn man es macht, es dann schon etwas werden wird. Man kann das Naivität nennen, aber auch Vertrauen. Vielleicht ist es eine Mischung aus beidem und ich bereue es nicht.

„Wer in der Aufgabe aufgeht, kommt auch voran"

Waltraut von Mengden, Consultant Bauer Media Group und erste Vorsitzende
Verband der Zeitschriftenverlage in Bayern (VZB)

*Waltraut von Mengden hat eine betriebswirtschaftliche Ausbildung und ist ausgebildeter Business Coach.
Nach ihren ersten Einstiegspositionen bei RJReynolds Tobacco und BMW begann ihre Karriere bei
Clinique als Marketingdirektorin im Kosmetikkonzern Estée Lauder. Nach mehr als sechs erfolgreichen
Jahren bei Clinique wechselte sie in den Medienbereich, wo sie zunächst bei Gruner + Jahr als Außen-
dienstrepräsentantin für Brigitte arbeitete, dann als Anzeigenleiterin für Bunte zu Burda wechselte und
schließlich – als Anzeigendirektorin und später (ab 1999) als Geschäftsführerin – bei der MVG Medien
Verlagsgesellschaft mbH & Co. tätig war. Als Geschäftsführerin war sie verantwortlich für die Medienmarken Cosmopolitan, Joy, Shape und celebrity.de in Deutschland, Österreich und der Schweiz. Nach der
Übernahme der MVG Medien Verlagsgesellschaft mbH & Co. durch die Bauer Media Group nahm
Waltraut von Mengden zusätzlich zu ihrer MVG-Geschäftsführung auch die Funktion einer Geschäftsleiterin der Bauer Advertising KG wahr. Seit April 2012 ist Waltraut von Mengden erste Vorsitzende des
Verbands der Zeitschriftenverlage in Bayern und seit April 2013 ist sie – nach Aufgabe ihrer Ge-
schäftsführungstätigkeit – auch als Consultant für die Bauer Media Group tätig.*

Geschäftsführerin
Anzeigenleiterin Bunte/Burda Familie Clinique/Estée Lauder Group
Cosmopolitan, Joy & Shape   Außendienstrepräsentantin Gruner+Jahr/Brigitte
Geschäftsleiterin Bauer Advertising KG BWL Ausbildung
Vision/Ziel Erste Vorsitzende Verband der Zeitschriftenverlage in Bayern Ausdauer
Identifikation
Product Manager RJReynolds Tobacco   MVG Medien Verlagsgesellschaft
Consultant/Business Coach
Group Productmanager BMW
Leidenschaft/Ehrgeiz   Marketingdirektor

Ihr beruflicher Weg hat Sie ganz an die Spitze geführt. Haben Sie von dieser Position schon zu Berufsbeginn geträumt? War es womöglich die Erfüllung eines lang gehegten Wunsches? Skizzieren Sie bitte kurz, wie es zu Ihrer beruflichen Laufbahn kam.

Ich glaube, es liegt in meiner DNA, eine leitende Rolle zu spielen. Ich habe bereits als Kind Gruppen angeführt, war Klassensprecher etc. Deshalb hatte ich schon zu Beginn meiner beruflichen Laufbahn den Wunsch und die Vision, an der Spitze eines Unternehmens zu stehen.

Nach meinem Betriebswirtschaftsstudium führte mich mein Weg nach Köln zu Reynolds Tobacco. Ich war sehr glücklich, einen hoch begehrten Job im Zigarettenmarketing bekommen zu haben, denn Zigarettenmarketing galt damals als „der Mercedes" im Marketing. Hier durfte ich hochprofessionelles Marketing lernen, was durch sehr intensive Fortbildungsmaßnahmen (wie USW – Universitätsseminar der Wirtschaft und vieles mehr) komplettiert wurde. Als fertiger Produktmanager ereilte mich dann der Ruf von BMW als Group Product Manager und ich kehrte nach München zurück, um den BMW Accessoires-Bereich erfolgreich auszubauen. Dieser Lifestyle-Bereich hat mich sehr fasziniert und begeistert, allerdings hat sich meine Leidenschaft dann sehr auf die Kosmetikbranche fokussiert und ich bekam das Traumangebot, als Marketingdirektor in der Estée-Lauder-Gruppe für die Marke Clinique tätig werden zu dürfen. Es war für mich ein großes Glück, in diesem hochprofessionellen, international agierenden Konzern mit einer sehr dynamischen erfolgsorientierten Chefin auf einer hoch erfolgreichen, modernen Marke, Clinique, alle Marketingtools kreativ inszenieren zu dürfen und gleichzeitig international erfolgreiche, stringente Marken- und Unternehmensführung in allen Facetten erleben und betreuen zu dürfen. Diese drei Stationen in der Luxusgüterindustrie haben mir die professionelle Basis meiner weiteren Karrierelaufbahn gegeben, denn nach sechs Jahren im Estée-Lauder-Konzern bin ich von der Verlagswelt entdeckt worden. Aus Sicht der Verlagswelt war ich als „Branchenfremdling" ein Experiment. Es war äußerst ungewöhnlich, von Kunden- auf Verlagsseite zu wechseln. Aber Gruner + Jahr und ich wurden uns „handelseinig" und ich ging in den Außendienst. Hier hatte ich nun die Möglichkeit, meine bisherigen Learnings durch die Erfahrungen im Verkauf zu komplettieren und auch die „Dienstleisterseite" kennen zu lernen. Ich war offensichtlich ein geglücktes Experiment, denn der Burda-Verlag holte mich bereits nach einem Jahr als Anzeigenleiterin zur Zeitschrift Bunte, damals einer der Top-Jobs in der Branche. Es war eine fantastische und aufregende Zeit – und drei Jahre, in denen wir den Lifestyle-Bereich für Bunte weiter ausgebaut haben. Und dann bekam ich die Traum-Chance meines Lebens: Ich wurde Anzeigendirektorin bei der Medienverlagsgesellschaft für Cosmopolitan und die Jugend- und Musiktitel. Hier konnte ich alles, was ich gelernt habe, und alle meine Erfahrungen einbringen und realisieren. Ich war sehr erfolgreich als Anzeigendirektor, sodass ich von meinem Verleger Jürg Marquard als eine der ersten Frauen in der Verlagswelt zur Geschäftsführerin der Medienverlagsgesellschaft für DACH berufen wurde. In dieser Position konnte ich alle meine Talente nutzen und habe somit als Geschäftsführerin die Medienverlagsgesellschaft 14 Jahre lang sehr erfolgreich geführt.

Wie viel Zeit investieren Sie in Ihre berufliche Aufgabe? Sind Sie rund um die Uhr erreichbar und ist das eigentlich erforderlich in Spitzenjobs?

Eigentlich ist so ein Job eine 24-Stunden-Aufgabe. Denn selbst wenn man nicht aktiv arbeitet – zum Beispiel am Wochenende – arbeiten das Gehirn und das Unterbewusstsein weiter und man denkt „eigentlich" permanent über weitere Aktivitäten, Personal und über Strategien für weitere Erfolge, und auch manchmal über Probleme, nach. Deshalb muss man sich gerade heutzutage mit der permanenten Erreichbarkeit durch die multimediale Welt manchmal zwingen und organisieren, sich abzugrenzen und Erholungsphasen zu schaffen. Solange der Beruf aber Spaß macht und die positive Leidenschaft und der Erfolg überwiegen, trägt einen diese positive Dynamik und die „Arbeit" geht einem leicht von der Hand.

Welches war rückblickend der entscheidende Faktor, der Ihre Karriere befördert hat?
Meine Erfahrungen haben mir immer gezeigt, dass alle Menschen, die mit Lust und Leidenschaft einen Beruf ausüben, auch interessanterweise immer ein Ziel und eine Vision vor Augen haben, die sie realisieren möchten. Daraus scheint eine positive Beharrlichkeit zu entstehen, die den Erfolg bringt. Das trifft auch auf mich zu. Ich arbeite mit Freude und Spaß und mit viel sportlichem Ehrgeiz und verfolge dann auch ein bestimmtes Ziel. Und wenn ich mein Ziel dann erreicht habe, freue ich mich so sehr, als ob ich eine Medaille gewonnen hätte. Und dieser Wille und dieser Ehrgeiz, diese Vision zu realisieren und dieses Ziel zu erreichen, das war der entscheidende Faktor für meine Karriere.

Welche Bedeutung hatten auf Ihrem beruflichen Weg die bewusste Karrieregestaltung einerseits und Zufall und Glück andererseits?
Am Anfang meiner Karriere standen meine Visionen und meine Wünsche. Mein erklärtes Ziel war es durchaus, eines Tages Geschäftsführerin zu sein. Ich hatte eine gute Ausbildung – und dann bekam ich schöne Chancen. Aber man muss natürlich diese Chancen auch erkennen, annehmen und sich dann beweisen. Auch wenn man noch so schöne Chancen hat, muss man dann hart arbeiten und Erfolge vorweisen. Es wird einem nichts geschenkt. Ich habe also immer mit großer Leidenschaft und Freude meine Chancen ergriffen und genutzt. Ich habe mich in meinen Jobs bewiesen, habe meine Kompetenz weiterentwickelt und habe schöne Erfolge erzielt. Mit diesem Profil hatte ich immer wieder das Glück, weitere wunderbare Jobs angeboten zu bekommen und die Karriereleiter weiter erklimmen zu können. Ich denke also, eine Karriere ist immer eine Mischung aus guten Chancen und harter, erfolgreicher Arbeit.

Wie wichtig ist Branchen- und/oder Unternehmenstreue für den beruflichen Aufstieg? Oder braucht gerade Karriere den gezielten, wohl durchdachten Wechsel?
Auch hier ist eine gute Mischung ausschlaggebend. Zu viel Wechsel ist nicht gut, weil man dann merkt, dass es diesen Menschen nicht wirklich um die Sache oder die Philosophie dieses Unternehmens/des Produktes/der Marke geht, sondern sie wirklich nur an ihre Karriere denken. Wichtig ist eine gewisse Kontinuität, die eine Basis schafft. Aber auch da zählen die Kompetenz und der Erfolg. Ein Ausreißer ist okay, aber ansonsten sind drei Jahre in einem Unternehmen ein guter Richtwert.
Am allerwichtigsten ist aber, dass man sich wohlfühlt in einem Unternehmen. Dann merkt man oftmals gar nicht, dass man schon fünf Jahre da ist. Ich habe einige Mitarbeiter bei der Medienverlagsgesellschaft gehabt, die direkt nach dem Studium gekommen und heute zehn Jahre dabei sind. Wenn man Mitarbeiter fordert und aufpasst, dass sie nicht unterfordert sind, dann ist es – natürlich in Abhängigkeit von der individuellen Kompetenz – fast ein Automatismus, dass diejenigen auch im gleichen Unternehmen vorankommen. In letzter Konsequenz liegt es an einem selber, dass man auch in schwierigen Zeiten nicht davonrennt. Denn das ist verkehrt. Man muss auch Täler durchlaufen, um Neues dazuzulernen.

Das Leben ist kein Wunschkonzert, sondern manchmal richtige Knochenarbeit. Aber die gehört zur inneren Reife dazu, um den nächsten Schritt machen zu können. Letztlich ist es wichtig, dass man sich in eine Sache hineinarbeitet und für die Sache arbeitet und nicht für den Vorgesetzten. Man muss immer mit sich selbst zufrieden sein und sich selbst gut einschätzen können. Dann macht man entweder in einem Unternehmen Karriere oder man wird draußen von einem Headhunter angesprochen.

Gibt es persönliche Schlüsseleigenschaften, die unverzichtbar sind für einen nachhaltigen Erfolg in Ihrem Berufsfeld? Falls ja, auf welche Eigenschaften kommt es dabei ganz besonders an?
Ich halte die Liebe und die Leidenschaft zu der Sache, an der ich arbeite, für unerlässlich. Denn so bin ich bereit, mich überproportional zu engagieren, hart zu arbeiten – und ich verfolge mein Ziel mit positiver Beharrlichkeit und erreiche es dann auch. Voraussetzung dafür ist auch, dass ich mich wohlfühle im Unternehmen, dass ich auch eine gute Akzeptanz und Wertschätzung im Unternehmen spüre und dass ich aber auch neben aller Leidenschaft zur Individualität ein guter Teamplayer bin. Heutzutage tun sich Einzelkämpfer zunehmend schwer. Ich habe die Erfahrung über all meine beruflichen Stationen gemacht, dass nur ein sehr gut funktionierendes Team mit vielen unterschiedlichen Charakteren langfristig erfolgreich sein kann. Ein wichtiger Aspekt für den persönlichen Erfolg ist noch die Authentizität. Wenn sie authentisch sind, spürt das Gegenüber, dass das, was sie machen und sagen, auch eine hohe Kompetenz und Glaubwürdigkeit ausstrahlt. Die perfekte Basis für Erfolg.

Gibt es erworbene Schlüsselkompetenzen, die unverzichtbar sind für einen nachhaltigen Erfolg in Ihrem Berufsfeld? Falls ja, auf welche Kompetenzen kommt es dabei ganz besonders an?
Man muss ständig lernen und hinterfragen. Man muss flexibel und offen bleiben und sich auf die verändernden Märkte einstellen. Man muss auch zulassen, gute Leute neben sich zu haben, und diese fördern und motivieren, um ein erfolgreiches Unternehmen zu führen.

Welche Bedeutung hatten Vorbilder und Mentoren auf Ihrem beruflichen Weg? Waren es eher Frauen oder Männer? Was haben Sie gelernt?
Ich hatte das großartige Glück, meistens gute und sehr gute Chefs – Männer und Frauen – zu haben, die für mich auch als Mentoren fungierten. Sie haben mich wertgeschätzt, unterstützt und gefördert, aber auch zur rechten Zeit kritisiert und gefordert. Ein bisschen „Zuckerbrot und Peitsche". Aber das gehört dazu, um wirklich Karriere zu machen. Und man muss auch von sich selber Höchstleistungen fordern, denn nur so entwickelt man sich weiter. Da halte ich es wie Goethe, der sich immer, wenn er etwas besonders gut beherrschte, einer neuen Herausforderung stellte und verschiedene Berufe ausübte. So gesehen habe ich auch immer Vorbilder in der Kunst, in der Literatur, im Showbiz und im eigenen Job gefunden, von deren Philosophie ich mir das „rauspicke" – und tue dies immer noch –, was mich nach meinem Gefühl bereichert und weiterbringt.

Wie wichtig war und ist der private emotionale Rückhalt für Ihren beruflichen Weg?
Der private emotionale Rückhalt ist für mich die Basis in meinem Leben. Von meinem Mann und meiner Familie und von wirklich guten Freunden werde ich so „geliebt" und angenommen, wie ich bin.
Das gibt mir Kraft und Geborgenheit. Mit dieser inneren Stabilität kann ich Berge versetzen.

Wie schaffen Sie den Spagat zwischen der Freude am Erfolg verbunden mit hoher inhaltlicher und zeitlicher Belastung einerseits und dem Erfordernis mentaler Entspannung und dem Bedürfnis nach der Pflege privater sozialer Kontakte andererseits?

Leider gibt es kein Patentrezept für die optimale Balance. Mein Mann und ich pflegen unsere familiären Kontakte relativ intensiv. Die Beziehungen zu unseren Freunden versuche ich auch ein bisschen in unser „Alltagsleben" zu integrieren, das heißt ich gehe auch manchmal mit einer Freundin zum Mittagessen, um mich auch tagesaktuell auszutauschen. Andererseits erfreue ich mich auch im Berufsleben vieler sehr anregender Gespräche und Inspirationen, die mir dann im Privatleben neue Perspektiven eröffnen. Ich finde, dass alles seine Zeit hat und es liegt wie immer in einer guten Mischung.

Welche Bedeutung haben Auslandsaufenthalte für die Entwicklung von Karrieren in Ihrem Berufsfeld? Machen sie Sinn oder wird ihre Bedeutung überschätzt?

Ich weiß nicht, ob das ganze Auslandsthema nicht ein bisschen überbewertet wird. Einerseits würde ich sagen, wenn junge Leute die Chance und die Lust haben, ins Ausland zu gehen, dann sollten sie es tun. Ein Auslandsaufenthalt bringt ja immer neue Skills und Fremdsprachen sind ja heutzutage auch ein wichtiger Aspekt für die Karriere. Aber ob es jetzt immer ausschlaggebend für die Karriere ist, da bin ich mir nicht so sicher. Ich kenne so viele Leute, die keinen Auslandsaufenthalt hatten und trotzdem eine beachtliche Karriere gemacht haben. Ich glaube, wenn man sehr gut ist, eine hohe Kompetenz hat und ein gutes Sozialverhalten, dann kommt man immer, und auch sehr gut, voran.

Spielt ein großes und gut gepflegtes Netzwerk wirklich die Rolle, die ihm vielfach zugeschrieben wird?

Männliche Netzwerke funktionieren prächtig, weil Männer mehr teamorientiert (zum Beispiel Mannschaftssportarten) aufwachsen und diese Mechanismen beherrschen. Wir Frauen sind auf diesem Gebiet noch nicht so gut, weil wir uns manchmal auch nicht „das Schwarze unter dem Nagel" gönnen. Wir haben hier also noch Nachholbedarf. In meinem Leben habe ich die Bekanntschaften und Freundschaften und beruflichen Kontakte, mit denen ich einen guten Austausch habe und mit denen mich eine harmonische emotionale Beziehung verbindet, immer gepflegt. Und interessanterweise habe ich zur richtigen Zeit auch immer die richtigen Menschen getroffen. Es ist immer zielführend, sich mit unterschiedlichen Personen auszutauschen, neue Perspektiven kennen zu lernen und sich inspirieren zu lassen. So kann man sich sehr gut weiterentwickeln.

Welche Vorteile haben Sie persönlich aus Netzwerken für sich generieren können?

Mich bereichern Netzwerke durch die persönlichen Gespräche und die Inspiration durch andere Menschen, das sind meine ganz persönlichen „Vorteile" aus Netzwerken. Und sollte sich daraus eine schöne geschäftliche Idee ergeben, freue ich mich.

Welche Rückschläge mussten Sie auf Ihrem beruflichen Weg hinnehmen? Wie kam es dazu und wie sind Sie damit umgegangen?

Die Frage ist hier: Was ist ein Rückschlag? Aus allem, was ich in meinem Berufsleben erlebt habe – auch wenn es schwierige Herausforderungen oder Situationen waren –, habe ich doch jedes Mal etwas gelernt, was mich und meinen Erfahrungsschatz bereichert und meine Kompetenz optimiert hat. Diese Erfahrungen habe ich nie als Rückschlag, sondern als Herausforderung empfunden.

Hatten Sie auf Ihrem beruflichen Weg schon mal das Gefühl der Frustration und/oder der Resignation? Wie sind Sie mit diesem Gefühl umgegangen?
Ich habe jede, auch schwierige, Situation positiv bewertet und in ihr eine Chance gesehen. Es ist entscheidend, dass man auch den Kummer oder die negativen Gefühle zulässt und nichts verdrängt. Man muss sich selber anschauen und fragen: „Warum ist das jetzt so, warum löst diese Situation so negative Gefühle aus?". Nur wenn man hinterfragt – „Was hat das Ganze jetzt mit mir zu tun?" – kann man mit solchen Situationen souverän umgehen.

Gab es auf Ihrem beruflichen Weg Situationen, wo Sie gegen Widerstände Ihren eigenen Weg gegangen sind und es sich gelohnt hat?
Ja, das ist genau meine aktuelle Situation. Mein bisheriges Unternehmen, die Medienverlagsgesellschaft, ist letztes Jahr verkauft worden und ich hatte die wirklich großartige Möglichkeit, in dem neuen Verlag in einer sehr anspruchsvollen Position weiterzuarbeiten. Doch mein „Innen-Mensch" hat mir nachdrücklich signalisiert, dass ich unbedingt etwas Neues, etwas anderes machen muss. Es hat mich viel Kraft gekostet, diese Entscheidung zu treffen, denn ich gebe eine sehr gute Position auf und gehe quasi in eine ungewisse Zukunft. Aber ich weiß, es ist der richtige Weg und ich freue mich auf meine neue Zukunft.

Welche Ratschläge würden Sie jungen Frauen in der Medienbranche mit auf den Weg geben?
Ich möchte nicht nur die Frauen in der Medienbranche, sondern alle jungen Frauen ermutigen und motivieren, ihre eigenen Vorstellungen zu leben und ihren Visionen zu folgen. Nur so ist man bereit, große Leistungen zu vollbringen und kann mit großer Freude und großer Leidenschaft Berge versetzen. Diese Kompromisslosigkeit ist notwendig, auch schwere Zeiten gut zu überstehen, nicht zu verzagen, sondern mit großer Freude und großer Unerschrockenheit die nächste Hürde zu erklimmen und von sich selbst Höchstleistungen zu verlangen und letztendlich so das gesteckte Ziel zu erreichen.

Welches sind die drei wichtigsten Stellschrauben für den Erfolg in Ihrem beruflichen Umfeld?
Es fokussiert sich auf die Liebe zu dem, was man tut. Dann die Authentizität, denn nur so ist man glaubwürdig. Und die Kompetenz. Wenn ich weiß, wovon ich spreche, dann ist das die halbe Miete. Und diese Faktoren gelten für alle Branchen gleichermaßen, nicht nur für die Medienbranche.

Was mussten Sie für die Erreichung Ihrer beruflichen Ziele und auf Ihrem beruflichen Weg aufgeben, was ist „auf der Strecke" geblieben?
Ich liebe das, was ich tue, und zwar vollumfänglich. Es gibt immer Phasen, die gut, und Phasen, die weniger gut sind, egal ob im Privatleben oder im Beruf. Das Schöne ist, dass das Leben so viele Facetten hat.

Was hätten Sie rückblickend gern anders gemacht auf Ihrem beruflichen Weg? Gibt es „Weichen", bei denen Sie heute anders abbiegen würden?
Mit all meiner heutigen Erfahrung glaube ich, etwas klüger geworden zu sein. Deshalb würde ich rückblickend vielleicht manche Entscheidungen anders treffen. Aber generell bin ich mit dem bisherigen Verlauf meiner Karriere recht zufrieden.

„Immer die besten Geschichten erzählen"

Sandra Immoor, Chefredakteurin Bild der Frau

Sandra Immoor, geboren 1968, ist seit 1991 bei der Axel Springer SE tätig. Sie war unter anderem Reporterin bei „Bild Dresden" und „Bild Leipzig", arbeitete konzeptionell mit an der Entwicklung von „B.Z. am Sonntag" und „TV Neu". 1994 wechselte sie in die Redaktion von „Bild der Frau" und wurde dort 2001 stellvertretende Chefredakteurin. Seit 2006 ist sie Chefredakteurin der größten deutschen Frauenzeitschrift. Im April 2009 übernahm Sandra Immoor außerdem die Leitung der wöchentlichen Zeitschrift „Frau von Heute".

Hartnäckigkeit
Herzen gewinnen Axel Springer SE
Traumjob 5,5 Millionen Frauen
Liebe zur Sprache Entwicklungsredaktion
Volontariat Neugier Chefredakteurin
BILD der FRAU
GOLDENE BILD der FRAU
Chefreporterin Tiefseetauchen
Nordsee-Zeitung

Ihr beruflicher Weg hat Sie ganz an die Spitze geführt. Haben Sie von dieser Position schon zu Berufsbeginn geträumt? War es womöglich die Erfüllung eines lang gehegten Wunsches? Skizzieren Sie bitte kurz, wie es zu Ihrer beruflichen Laufbahn kam.

Ich habe mich durch die Praxis gekämpft und keine akademische Ausbildung absolviert. Angefangen habe ich mit 15 Jahren als freie Mitarbeiterin bei der Nordsee-Zeitung in Bremerhaven. Das heißt: Bis zum Abitur neben der Schule beispielsweise über Schützenfeste und Gemeinderatssitzungen im Landkreis Cuxhaven berichtet. Motivation war immer meine absolute Liebe zur Sprache und der Wunsch, Menschen mit Geschichten zu bewegen – ich habe schon immer furchtbar gern geschrieben. Direkt nach dem Abitur startete ich ins Volontariat, danach bekam ich einen Vertrag als Jungredakteurin im Nachrichten-Ressort der Nordsee-Zeitung. Ich bin dann aber sehr bald zum Burda Verlag nach Offenburg gewechselt und kurz darauf zu Axel Springer in meine Wunschstadt Hamburg. Dort habe ich zunächst in einer Entwicklungsredaktion an neuen Projekten gearbeitet, später bei BILD, bei den Programmzeitschriften und seit 1995 bei Bild der Frau. 1997 wurde ich dort Chefreporterin, 2001 Stellvertretende Chefredakteurin, 2002 Stellvertreterin der Chefredakteurin und seit 2006 bin ich selbst die Chefredakteurin von Deutschlands größter Frauenzeitschrift.

Ich wollte nie etwas anderes als Journalistin sein. Für den Fall, dass es mit dem Volontariat nicht geklappt hätte, hätte ich wohl ein Jahr im Bremerhavener Fischereihafen gejobbt und mich im Jahr darauf erneut beworben. Und auch, wenn es ein bisschen „möchtegernbescheiden" klingt: Es ging mir nie um eine Chefrolle, ich habe mich auch nie offiziell um eine höhere Position beworben, ich wollte immer die besten Geschichten erzählen – bis heute. Meine Zeit als Chefreporterin ist für mich daher immer noch eine der schönsten Erinnerungen. Aber natürlich macht es auch Riesenspaß und sogar ein bisschen süchtig, ein ganzes Blatt zu gestalten und jede Woche fünfeinhalb Millionen Frauen damit zu erreichen.

Wie viel Zeit investieren Sie in Ihre berufliche Aufgabe? Sind Sie rund um die Uhr erreichbar und ist das eigentlich erforderlich in Spitzenjobs?

Ganz ehrlich: Ich investiere sehr viel Zeit, manchmal an der Grenze zur Selbstausbeutung. Das liegt aber vor allem an meinem Charakter: Ich bin Perfektionistin und es fällt mir schwer, mich mit etwas zufrieden zu geben. An komplett arbeitsfreie Wochenenden kann ich mich kaum erinnern, auch im Urlaub fällt es mir schwer abzuschalten. Ob das erforderlich ist? Nein, ich denke, in dem Maße nicht. Im Gegenteil: In kreativen Jobs ist es wichtig, den Kopf frei zu kriegen, offen und wach für neue Impulse und Ideen zu bleiben. Aber wenn man seinen Job liebt, dann kann man schwer loslassen.

Welches war rückblickend der entscheidende Faktor, der Ihre Karriere befördert hat?

Vermutlich die Liebe zum Schreiben. Kombiniert mit Fleiß und Hartnäckigkeit. Ich kann eine kurze Meldung mit der gleichen Leidenschaft verfassen wie eine lustige Tiergeschichte, einen politischen Kommentar oder eine bewegende Reportage. Als Redakteurin war ich immer sehr breit einsetzbar, im Stil variabel und auch bei konzeptionellen Aufgaben gerne dabei. Aber: Sicher war ich auch zum richtigen Zeitpunkt am richtigen Ort und meine Talente wurden von den richtigen Leuten erkannt und gefördert.

Welche Bedeutung hatten auf Ihrem beruflichen Weg die bewusste Karrieregestaltung einerseits und Zufall und Glück andererseits?
Eine bewusste Karrieregestaltung in Form von „Ich will in diese oder jene Position" hab ich nie betrieben. Aber ich war immer ehrgeizig in der Sache. Glück oder Zufall kamen dann dazu und machten Beförderungen möglich.

Wie wichtig ist die Branchen- und/oder Unternehmenstreue für den beruflichen Aufstieg? Oder braucht gerade Karriere den gezielten, wohl durchdachten Wechsel?
Es bringt meiner Ansicht nach nichts, bei den ersten Problemen von einem Job in den nächsten zu springen. Loyalität, Biss und Durchsetzungsvermögen kann man nur beweisen, wenn man länger bleibt. Wenn man allerdings das Gefühl hat „festzusitzen", sich nicht weiterentwickeln zu können, sollte man Mut zum Wechsel haben. Grundsätzlich glaube ich aber nicht, dass man eine Medien-Karriere auf dem Reißbrett planen kann. Es ist nicht dieses immer richtig und jenes stets falsch.

Gibt es persönliche Schlüsseleigenschaften, die unverzichtbar sind für einen nachhaltigen Erfolg in Ihrem Berufsfeld? Falls ja, auf welche Eigenschaften kommt es dabei ganz besonders an?
Persönliche Integrität. Neugier, Belastbarkeit, schnelles Denken, Offenheit. Die Bereitschaft, sich und seine Arbeit immer wieder in Frage zu stellen.

Gibt es erworbene Schlüsselkompetenzen, die unverzichtbar sind für einen nachhaltigen Erfolg in Ihrem Berufsfeld? Falls ja, auf welche Kompetenzen kommt es dabei ganz besonders an?
Teamfähigkeit und Teamführung. Überblick. Starke Nerven. Umgang mit Verantwortung. Flexibilität, ohne dabei an Integrität zu verlieren.

Welche Bedeutung hatten Vorbilder und Mentoren auf Ihrem beruflichen Weg? Waren es eher Frauen oder Männer? Was haben Sie gelernt?
Klassische Vorbilder gab es auf meinem beruflichen Weg nicht. Aber immer wieder Kollegen und Vorgesetzte, männlich wie weiblich, von denen ich viel gelernt habe – mal Handwerkliches, mal Persönliches. Vorneweg ist da sicher Andrea Zangemeister zu nennen: Sie ist die Gründungschefredakteurin von Bild der Frau, hat die Zeitschrift 23 Jahre lang geleitet – eine unglaubliche Leistung.

Wie wichtig war und ist der private emotionale Rückhalt für Ihren beruflichen Weg?
Sehr wichtig.

Wie schaffen Sie den Spagat zwischen der Freude am Erfolg verbunden mit hoher inhaltlicher und zeitlicher Belastung einerseits und dem Erfordernis mentaler Entspannung und dem Bedürfnis nach der Pflege privater sozialer Kontakte andererseits?
Diesen Spagat schaffe ich oftmals gar nicht. Das ist aber okay, weil mir die Arbeit wirklich Spaß macht – ich habe im Job kein Fluchtbedürfnis. Mein Lebensgefährte kommt ebenfalls aus der Branche, viele meiner Freundinnen auch. Dass das nicht ungefährlich ist, ist mir völlig klar. Der Beruf gibt mir aber mehr Kraft als er mir raubt. Auftanken kann ich beim Sport und bei Aufenthalten am Meer.

Welche Bedeutung haben Auslandsaufenthalte für die Entwicklung von Karrieren in Ihrem Berufsfeld? Machen sie Sinn oder wird ihre Bedeutung überschätzt?
In meinem Lebenslauf gibt es keinen längeren Auslandsaufenthalt – und das hat mir bisher nicht geschadet. Persönlich allerdings vermisse ich solche Erfahrungen. Ich bin überzeugt, dass sie den Erfahrungsschatz erweitern und heute immer wichtiger werden.

Spielt ein großes und gut gepflegtes Netzwerk wirklich die Rolle, die ihm vielfach zugeschrieben wird?
Ein Netzwerk minimiert gewissermaßen den Einfluss von Glück und Zufall auf dem Weg „nach oben". Aber gute Kontakte sind am Ende kein Ersatz für Leistung.

Welche Vorteile haben Sie persönlich aus Netzwerken für sich generieren können?
Ich bin keine große Netzwerkerin, habe aber einige sehr gute Kontakte, mit denen ich Erfahrungen und Einschätzungen austausche. Karrieresprünge konnte ich so allerdings noch nicht generieren.

Welche Rückschläge mussten Sie auf Ihrem beruflichen Weg hinnehmen? Wie kam es dazu und wie sind Sie damit umgegangen?
Glücklicherweise bisher keine Nennenswerten…

Hatten Sie auf Ihrem beruflichen Weg schon mal das Gefühl der Frustration und/oder Resignation? Wie sind Sie mit diesem Gefühl umgegangen?
Frust ja, Resignation nein. Bei kleinen Ärgernissen heißt es: Zähne zusammenbeißen und durch. Bei echten Frusterlebnissen hilft es mir, Distanz aufzubauen: Mich innerlich ein paar Meter vor die Situation zu stellen, sie möglichst neutral zu betrachten, auch mal die Perspektive zu wechseln – das relativiert dann schon viel. Und ich versuche, niemals den Humor zu verlieren. Ich kann auch ganz gut über mich selbst lachen.

Gab es auf Ihrem beruflichen Weg Situationen, wo Sie gegen Widerstände Ihren eigenen Weg gegangen sind und es sich gelohnt hat?
Nicht in Bezug auf große „berufs-existentielle" Fragen. Aber in der täglichen Arbeit als Journalistin und Blattmacherin ist es völlig normal, dass man für Dinge kämpft, an die man fest glaubt, und sich auch durchsetzt. Ebenso ist es normal, sich auch selbst von besseren Argumenten überzeugen zu lassen. Journalismus ist Teamwork und Entscheidungen müssen für alle möglichst transparent und nachvollziehbar sein. Widerstände gehören zum kreativen Prozess.

Welche Ratschläge würden Sie jungen Frauen in der Medienbranche mit auf den Weg geben?
Dieselben wie jungen Leuten in jedem anderen Beruf: Lerne das Handwerk, sei mit Leidenschaft dabei und bleibe offen für Veränderungen.

Welches sind die drei wichtigsten Stellschrauben für den Erfolg in Ihrem beruflichen Umfeld?
Da kann ich mich nur wiederholen: Handwerk, Leidenschaft, Veränderungsbereitschaft.

Was mussten Sie für die Erreichung Ihrer beruflichen Ziele und auf Ihrem beruflichen Weg aufgeben, was ist „auf der Strecke" geblieben?
Ich persönlich würde nie von „aufgeben" oder von „Opfern" sprechen. Manche Sachen haben sich auf meinem Lebensweg einfach nicht ergeben – ohne, dass das immer eine bewusste Entscheidung gewesen wäre. Ich bin in einem Alter Chefredakteurin geworden, in dem andere Frauen sich der Familienplanung widmen. In meinem Leben fehlen eigene Kinder ebenso wie Phasen, in denen ich einfach in den Tag gelebt und die Welt entdeckt hätte.

Was hätten Sie rückblickend gern anders gemacht auf Ihrem beruflichen Weg? Gibt es „Weichen", bei denen Sie heute anders abbiegen würden?
Ich habe einen sehr geradlinigen Berufsweg, bin sehr glücklich und bedauere nichts. Rückblickend würde ich aber ein paar Umwege einbauen: Vielleicht einen Aufenthalt im Ausland, ein Studium oder einen zusätzlichen Jobwechsel.

„Bedingungsloser Wille zu grenzenlosem Einsatz"
Beate Wedekind, Journalistin und Unternehmerin

© Rodrigo Monreal

Beate Wedekind wurde 1951 in Duisburg geboren; kurz vor dem Abitur brach sie die Schule ab und machte eine Banklehre. Es folgten zwölf Jahre der beruflichen Orientierung in unterschiedlichen Jobs, Branchen und Ländern, u. a. in Äthiopien. Mit 29 sattelte Beate Wedekind um und volontierte bei der Berliner Tageszeitung „Der Abend". Ihre Stationen als Journalistin: Lokalredaktion bei Bild-Berlin, 1982 Wechsel zum Burda Verlag. Zunächst Redakteurin im Unterhaltungsressort der Zeitschrift Bunte und Reporterin der für sie gegründeten wöchentlichen Society-Kolumne „Mein Rendezvous". Außerdem: Ressortleiterin Unterhaltung und schließlich Geschäftsführende Redakteurin von Bunte. 1988 übernahm sie die Chefredaktion der deutschen Ausgabe des französischen Frauenmagazins Elle, 1989 auch von Elle Decoration und 1990 auch die des Design und Architektur-Magazins Ambiente. 1991 wurde Beate Wedekind zusätzlich Chefredakteurin von Bunte. Nach einem Jahr gab sie den Job wegen Überarbeitung auf. Nach ihrem Ausstieg bei Burda entwickelte sie 1993 bei Gruner + Jahr die Zeitschrift Gala zur Marktreife und baute sich parallel ein Standbein im deutschen Fernsehen auf, beispielsweise als Produzentin der Bambi-Verleihung, als Moderatorin von verschiedenen TV-Talks. Seit 1994 arbeitet Beate Wedekind als Freelancer. 1997 gründete sie in Berlin ihr eigenes Unternehmen, die Beate Wedekind GmbH, mit der sie Medienevents (z. B. Sony Grandopening) und TV-Shows (z. B. Goldene Kamera, Ein Leben für Afrika, ZDF) konzipiert und produziert. Seit 1998 hat sie acht Bücher veröffentlicht, darunter die Bestseller New York Interiors und „In guten wie in schlechten Tagen". Aktuell schreibt Beate Wedekind ihre Autobiographie und widmet sich ihrem Startup TheNewAfrica, einem Online- und Print-Journal über die Zukunft Afrikas (http://www.thenewafrica.info). Sie lebt in Berlin, Addis Ababa und auf Reisen.

Erfolg
Mentorin Freunde
Journalistin Zeit Unabhängigkeit
Moderatorin
Unternehmerin Bankkauffrau
Herausforderung Gesundheit
Chefredakteurin Neue Projekte
Afrika Karriere

Ihr beruflicher Weg hat Sie ganz an die Spitze geführt. Haben Sie von dieser Position schon zu Berufsbeginn geträumt? War es womöglich die Erfüllung eines lang gehegten Wunsches? Skizzieren Sie bitte kurz, wie es zu Ihrer beruflichen Laufbahn kam.

Als ich mit 17 ohne Abitur das Gymnasium verließ, wurde ich erst einmal – wie mein Vater es nannte – etwas Ordentliches und machte eine Lehre bei der Deutschen Bank Duisburg. Eine Pflichtübung, denn ich dachte damals überhaupt nicht an eine Karriere, sondern nur ans Heiraten und Familie gründen. Ich war mit einem jungen Mann zusammen, meiner ersten Liebe, der Zahnarzt werden wollte. Ich sah mich als seine Frau und die Mutter unserer gemeinsamen Kinder. Mein Vater starb, als ich 21 war, die Liebe zu dem jungen Mann erlosch und ich fing an, mein Leben selbst in die Hand zu nehmen.

Wie viel Zeit investieren Sie in Ihre berufliche Aufgabe? Sind Sie rund um die Uhr erreichbar und ist das eigentlich erforderlich in Spitzenjobs?

Seit ich selbstständig bin, versuche ich maximal zehn Stunden zu arbeiten, online bin ich aber weit darüber hinaus. Ich liebe die frühen Morgenstunden, wenn das Telefon noch nicht klingelt. Allerdings schreibe und beantworte ich keine beruflichen E-Mails vor 8 und nach 20 Uhr. Wenn große Projekte in der heißen Phase sind, wird es selbstverständlich mehr, hin und wieder arbeite ich auch schon mal eine Nacht durch – das tue ich gelegentlich sogar gern.

Während meiner Karriere als Chefredakteurin (von mehreren Titeln gleichzeitig ...) waren es in der Regel 12 bis 14 Stunden, die ich täglich in der Redaktion verbrachte, auch samstags, nur der Sonntag war mir heilig. Außerdem kamen oft noch auswärtige Termine dazu, sodass ich nicht selten auf 16 bis 18 Stunden Arbeitszeit kam. In den 1980er und 1990er Jahren galt es geradezu als Erfolgsparameter, wenn man nie Feierabend machte; das hat sich Gott sei Dank ja geändert.

Gerade in Spitzenjobs – die ja in der Regel eine gute Organisation des Arbeitsplatzes beinhalten (sollten) – ist eine persönliche 24/7-Erreichbarkeit nicht erforderlich, außer in Ausnahmefällen, aber für die setzt man auf dieser Karrierestufe ja die Standards selbst.

Welches war rückblickend der entscheidende Faktor, der Ihre Karriere befördert hat?

Begeisterungsfähigkeit, Verfügbarkeit, mein bedingungsloser Wille zu grenzenlosem persönlichen Einsatz (meine fachliche Eignung einmal vorausgesetzt). Ich wollte und konnte mich der jeweiligen Aufgabe voll und ganz widmen, ohne Rücksicht auf Privatleben oder außerberufliche Interessen, leider auch ohne Rücksicht auf meine Gesundheit.

Welche Bedeutung hatten auf Ihrem beruflichen Weg die bewusste Karrieregestaltung einerseits und Zufall und Glück andererseits?

Zufall! Glück! Mein Instinkt. Mein Erfolg war maßgeblich geprägt von anderen – durch die Bank Männer – die meine Fähigkeiten erkannten, mir Chancen gaben und mich machen ließen. So hat sich ergeben, dass ich mich – außer auf Ausbildungsstellen – nie auf eine Position beworben habe. Eine bewusste Karrieregestaltung habe ich nicht betrieben, manchmal wäre es vielleicht ratsam gewesen ... zum Beispiel für vier Blätter auf einmal verantwortlich zu sein, war total unvernünftig.

Wie wichtig ist Branchen- und/oder Unternehmenstreue für den beruflichen Aufstieg? Oder braucht gerade Karriere den gezielten, wohl durchdachten Wechsel?
Branchentreue: Am Anfang einer Laufbahn finde ich es wichtig, die Branche zu wechseln. Nur so kann man seinen professionellen Horizont erweitern und auch herausfinden, in welcher Branche man wirklich gut ist oder gar seine Passion findet. Für meine Karriere in den Medien waren meine Kenntnisse und Erfahrung in anderen Branchen (Wirtschaft, Politik, Werbung, Touristik) eindeutig förderlich.
Unternehmenstreue: Man muss das Unternehmen und seine Struktur und die entscheidenden Führungspersönlichkeiten sorgfältig studieren. Wenn man sich in einem Unternehmen nicht gut aufgehoben fühlt, wenn man sich nicht einbringen kann, sofort wechseln.
Einem gesunden Unternehmen, in dem man sich entfalten kann, kann man allerdings getrost über lange Karrierestrecken treu bleiben.

Gibt es persönliche Schlüsseleigenschaften, die unverzichtbar sind für einen nachhaltigen Erfolg in Ihrem Berufsfeld? Falls ja, auf welche Eigenschaften kommt es dabei ganz besonders an?
Meine angeborene Neugier und der Drang, mich mitteilen zu wollen. Schon als kleines Kind galt ich als unverbesserliche Quasselstrippe. Nach einigen Umwegen habe ich dann ja auch aus meinem Kommunikationstalent meinen Beruf gemacht. Auch eine gewisse Extrovertiertheit hat nicht geschadet. Und natürlich das Talent, sich ausdrücken zu können, schriftlich und mündlich. Als ich entdeckte, dass Journalismus mein Ding ist, stellte sich unverzüglich Ehrgeiz und auch Erfolg ein.

Gibt es erworbene Schlüsselkompetenzen, die unverzichtbar sind für einen nachhaltigen Erfolg in Ihrem Berufsfeld? Falls ja, auf welche Kompetenzen kommt es dabei ganz besonders an?
Wie in allen Führungspositionen: Management/Teamwork. Disziplin. Diplomatie.

Welche Bedeutung hatten Vorbilder und Mentoren auf Ihrem beruflichen Weg? Waren es eher Frauen oder Männer? Was haben Sie gelernt?
Mein erstes Vorbild war mein Vater, Betriebsleiter in einem großen Duisburger Industrieunternehmen, von ihm lernte ich, dass der Beruf eine wichtige Stellung im Leben einnimmt. Dann der ein oder andere Chef: Professor Dr. Helmut Coper von der Freien Universität Berlin, dessen Sekretärin ich war, von dem ich lernte, dass ein Beruf auch gesellschaftliche Verantwortung bedeutet. Mein erster Verleger Hossein Sabet, bei dessen Berliner Tageszeitung „Der Abend" ich volontierte, von dem ich lernte, dass unternehmerischer Mut eine Tugend ist. Verleger Hubert Burda, der mir alle Karrierechancen eröffnete. Von ihm lernte ich das vernetzte Denken und dass man sich gar nicht genug zutrauen kann. Gerd Schulte-Hillen, der Vorstandsvorsitzende von Gruner + Jahr. Von ihm lernte ich, dass man bei allen Anforderungen durch den Job auch Verantwortung für sich selbst hat.
Im Privaten: Der Politiker Prof. Dr. Peter Glotz, mit dem ich lange Jahre befreundet war. Von ihm lernte ich Disziplin, politisches Denken, Kompromisslosigkeit. Rodrigo Gomez Monreal, mein bester Freund, ein Freigeist, ein Künstler. Von ihm lernte ich eine gesunde Skepsis allen Autoritäten gegenüber.
Mentoren waren/sind sie alle nicht, aber Wegbereiter und Begleiter.

Außerdem: Aenne Burda, die Verlegerin, und Angela Merkel, die Politikerin. Von beiden habe ich gelernt, dass neben Kompetenz auch Durchsetzungsvermögen und Ausstrahlung zählen.

Wie wichtig war und ist der private emotionale Rückhalt für Ihren beruflichen Weg?
Das kann ich schwer beurteilen, denn in vielen Jahren meiner Karriere habe ich auf private Bindungen fast vollständig verzichtet, verzichten wollen, verzichten müssen, bis hin zur Aufgabe von familiären Bindungen und Freundschaften. Das betrachte ich im Nachhinein als eine der großen Mangelerscheinungen meiner Karriere.
Heute ist mir der private emotionale Rückhalt enorm wichtig. Ohne mein Netz von wenigen guten und zuverlässigen Freunden, ohne das Vertrauen, das sie mir schenken, wäre ich nicht so zufrieden, wie ich das heute bin.

Wie schaffen Sie den Spagat zwischen der Freude am Erfolg verbunden mit hoher inhaltlicher und zeitlicher Belastung einerseits und dem Erfordernis mentaler Entspannung und dem Bedürfnis nach der Pflege privater sozialer Kontakte andererseits?
Ich schaffe den Spagat nicht! Überhaupt nicht. Trotz aller Einsicht, aller Bemühungen: In meiner DNA fehlt das Gen für Balance zwischen Beruf und Privatleben.

Welche Bedeutung haben Auslandsaufenthalte für die Entwicklung von Karrieren in Ihrem Berufsfeld? Machen sie Sinn oder wird ihre Bedeutung überschätzt?
Sich immer wieder neu, so oft es nur irgend geht, den Wind um die Nase wehen lassen, privat und beruflich, ist besonders wichtig für eine Laufbahn in den Medien.
Wer sich ein eigenes Bild von anderen Gesellschaften und Lebensumständen macht, der kann Zusammenhänge anders einordnen, der sieht andere Storys.
Das Tüpfelchen auf dem i ist eine solide Auslandserfahrung. Sich in einem anderen kulturellen und sprachlichen Umfeld bewährt zu haben, ist eine Auszeichnung an sich.
Ich arbeite nun schon seit fast 20 Jahren überall dort, wo sich ein interessantes Projekt auftut, ich lebe und reise in Afrika, ich habe mein Refugium in Spanien und mein Apartment mitten im multikulturellen Zentrum von Berlin, auf der Schnittstelle von Kreuzberg und Neukölln. Die Entscheidung, ohne räumliches Korsett zu arbeiten, war eine der Sternstunden meiner Laufbahn. Das geht natürlich nur in wenigen Berufen.

Spielt ein großes und gut gepflegtes Netzwerk wirklich die Rolle, die ihm vielfach zugeschrieben wird?
Ja. Aber nicht die Größe, ausschließlich die Qualität des Netzwerks spielte und spielt in meinem beruflichen Leben eine nicht zu unterschätzende Rolle. Ich habe mir im Laufe der Jahrzehnte ein eigenes Netzwerk aufgebaut, pflege es sorgfältig und nutze es auch gern und oft. Ich bin aber auch eine große Anhängerin von Social Media-Networks wie Facebook. Hier habe ich schon etliche „alte" Bekanntschaften wieder aufleben lassen können und wertvolle neue Verbindungen geknüpft.

Welche Vorteile haben Sie persönlich aus Netzwerken für sich generieren können?
Meinem Netzwerk verdanke ich in erster Linie manchen entscheidenden Rat. Aber auch das ein oder andere Projekt kam durch Empfehlungen aus meinem Netzwerk zustande. Oft geht es „nur" um die (gegenseitige) Vermittlung eines Kontakts. Gerade wieder habe ich

mein Netzwerk aktiv eingesetzt, als es um die Sicherstellung der Anschubfinanzierung meines Start-ups TheNewAfrica, eine Plattform über Zukunftschancen in Afrika, ging.

Welche Rückschläge mussten Sie auf Ihrem beruflichen Weg hinnehmen? Wie kam es dazu und wie sind Sie damit umgegangen?
Darüber könnte ich ein Buch schreiben/schreibe ich ein ausführliches Kapitel in meiner Autobiographie, die 2014 erscheint. Ich war ein Mobbingopfer, als von Mobbing nicht einmal hinter vorgehaltener Hand gesprochen wurde. Neid, Missgunst, Abstrafung für Erfolg, für unkonventionelles Handeln etc. Es war so heftig, dass sich ein ausgewachsenes Burn-out-Syndrom entwickelte. Aber auch das kannte man damals, es war Anfang der 1990er Jahre, noch nicht. Die Wedekind ist überfordert, hieß es und da war natürlich auch was dran. Denn neben dem beruflichen Druck auch noch permanentem emotionalen Stress ausgesetzt zu sein, das hält der stärkste Typ nicht aus.
Unterm Strich und mit dem Abstand von mehr als 20 Jahren bin ich im Nachhinein regelrecht froh, dass es so gekommen ist! Wahrscheinlich wäre ich, wenn ich weiter einen derart leichtsinnigen Raubbau mit meinen Ressourcen getrieben hätte wie damals auf dem Höhepunkt meiner Karriere, längst an einem Herzinfarkt gestorben. So wurde ich quasi „gezwungen", mich selbstständig zu machen, und das war ein Glück.
Wie ich mit Rückschlägen umgehe? Das Mobbing von damals steckt mir noch immer in den Knochen. Wenn ich die Person im Fernsehen sehe, schalte ich um. Alle anderen Krisen habe ich immer als eine Herausforderung angenommen, weiter zu machen, es besser zu machen.

Hatten Sie auf Ihrem beruflichen Weg schon mal das Gefühl der Frustration und/oder der Resignation? Wie sind Sie mit diesem Gefühl umgegangen?
Nein, hatte ich noch nie. Oder doch? Einmal ist aus einem ganz tollen internationalen Filmprojekt nichts geworden, obwohl wir alle total davon überzeugt waren und bereits mehrere Monate Herzblut, Energie, Zeit, Geld, Kontakte hineingegeben hatten. Es gab dann überraschend rechtliche Probleme und das Projekt war für uns gestorben. Das war sehr frustrierend. Ich habe mich nur deshalb relativ schnell davon erholt, weil ein neues vergleichbar spannendes Projekt in der Pipeline war, wenn auch kein Film.

Gab es auf Ihrem beruflichen Weg Situationen, wo Sie gegen Widerstände Ihren eigenen Weg gegangen sind und es sich gelohnt hat?
Ich versuche immer, meinen eigenen Weg zu finden und zu gehen. Widerstände nehme ich oft lange nicht wahr und wenn ich dann auf sie stoße, versuche ich, sie zu analysieren und aus dem Weg zu räumen oder sie zu umgehen. Es gibt sie nicht, diese Widerstände, die man nicht aus dem Weg räumen kann. Manchmal ist man doch selbst der Widerstand.

Welche Ratschläge würden Sie jungen Frauen in der Medienbranche mit auf den Weg geben?
Sei sichtbar. Sei eine Geschichte.
Such Dir einen thematischen Schwerpunkt. Sei darin besser als andere. Trau Dir alles zu.

Welches sind die drei wichtigsten Stellschrauben für den Erfolg in Ihrem beruflichen Umfeld?
Auf sich aufmerksam machen. Sich auf dem Laufenden halten. Selbstbewusst sein, aber nicht anstrengend.

Was mussten Sie für die Erreichung Ihrer beruflichen Ziele und auf Ihrem beruflichen Weg aufgeben, was ist „auf der Strecke" geblieben?
Leider habe ich keine Familie gegründet. Fürs Kinderkriegen ist es lange zu spät ...

Was hätten Sie rückblickend gern anders gemacht auf Ihrem beruflichen Weg? Gibt es „Weichen", bei denen Sie heute anders abbiegen würden?
Ich habe unüberlegt reagiert, als ich 1994 von der Chefredaktion von Bunte entbunden wurde. Zu spontan. Aus Enttäuschung, aus gekränkter Eitelkeit, aus Frust. Ich hätte die Situation selbstkritisch analysieren und die Zeit nutzen sollen, um mich – eventuell auch innerhalb des Verlages – neu zu orientieren, anstatt bei Burda zu kündigen – und so auch auf eine Abfindung zu verzichten ... Die Chance wäre gewesen, mit meiner Erfahrung und meinem Know-how und ohne Druck ein neues Magazin-Konzept für Print und TV zu entwickeln. Stattdessen wollte ich es „denen" zeigen und habe mich als Gründungs-Chefredakteurin von Gala, eines direkten Konkurrenzproduktes von Bunte, verpflichten lassen. Das konnte nicht gut gehen, Rache ist eine denkbar schlechte Motivation.

III. Medienteilmarkt Hörfunk

„Eine der großen Hürden für Frauen ist fehlendes Selbstbewusstsein"

Dagmar Reim, Intendantin Rundfunk Berlin-Brandenburg (rbb)

Dagmar Reim, Jahrgang 1951, studierte Geschichte, Germanistik und Publizistik in Mainz und in München. Ihr beruflicher Weg begann als Redakteurin, Reporterin und Moderatorin beim Bayerischen Rundfunk. 1979 wechselte sie zum Westdeutschen Rundfunk und 1986 zum Norddeutschen Rundfunk, wo sie von 1992 an die Pressestelle leitete und zwei Jahre auch ARD-Sprecherin war. 1995 wurde sie Chefredakteurin des NDR-Hörfunks und Programmbereichsleiterin von NDR 4 (heute: NDR Info), später dann Direktorin des NDR-Landesfunkhauses Hamburg. Seit 2003 ist Dagmar Reim Intendantin des Rundfunks Berlin-Brandenburg (rbb) und war damit die erste Frau an der Spitze einer öffentlich-rechtlichen Rundfunkanstalt in Deutschland.

Magistra Artium
NDR
Intendantin
ChefredakteurinBR ARD-Sprecherin
Rundfunk Berlin-Brandenburg (rbb) WDR   Journalistin
Erste Frau an der Spitze einer öffentlich-rechtlichen Rundfunkanstalt
Studium der Geschichte, Germanistik & Publizistik
Multimediales Arbeiten   Radio

Direktorin NDR-Landesfunkhaus Hamburg
Neunzehnhunderteinundfünfzig

Ihr beruflicher Weg hat Sie ganz an die Spitze geführt. Haben Sie von dieser Position schon zu Berufsbeginn geträumt? War es womöglich die Erfüllung eines lang gehegten Wunsches? Skizzieren Sie bitte kurz, wie es zu Ihrer beruflichen Laufbahn kam.

Nein, geträumt habe ich davon nicht. Aber ich wollte schon in meiner Jugend Journalistin werden. Das hat auch geklappt, und ich war dies mit Leib und Seele. In der Kleinkindphase meiner Kinder habe ich dann – wie viele Frauen – meine volle Stelle auf eine halbe reduziert. Als ich wieder ganztags arbeitete, stellte ich fest: Plötzlich gab es zahlreiche Männer Ende zwanzig, die mir erklären wollten, wie mein Beruf geht, weil sie dachten, die Mutti ist ja doch nicht immer da. Da war ich Ende 30. Ich machte die Erfahrung, dass es nicht so einfach ist, wenn man Teilzeit arbeitet. Aber ich hatte das Glück, mit einem Mann verheiratet zu sein, der mir einen Tausch anbot: Er werde auf eine halbe Stelle reduzieren, ich könne ganztags arbeiten. Das habe ich sehr gern angenommen.

Dann bekam ich das Angebot, Pressesprecherin der ARD zu werden. Das habe ich gemacht und mein Chef, der damalige Intendant des NDR, Jobst Plog, hat mich intensiv gefördert. Er hat mich ermuntert, eine Führungsaufgabe zu übernehmen. Die lag bis dato außerhalb meiner Vorstellung: ich war ja Journalistin. Dann hat es mir gefallen, und es ergaben sich neue Möglichkeiten.

Wie viel Zeit investieren Sie in Ihre berufliche Aufgabe? Sind Sie rund um die Uhr erreichbar und ist das eigentlich erforderlich in Spitzenjobs?

Ich habe für dieses Gespräch versucht, nachzurechnen, wie viel Zeit ich in meinen Beruf investiere. Allein, dass ich die Zeit messen muss, um die Frage beantworten zu können, zeigt schon, dass mir die Arbeit Spaß macht. Dennoch bin ich nicht rund um die Uhr erreichbar. Ich weiß aber, dass meine Kolleginnen und Kollegen mich finden würden, wenn es etwas Entscheidendes gäbe. Sie wissen, dass ich ein Privatleben habe und darauf auch Wert lege; umgekehrt achte ich auch ihr Privatleben.

Welches war rückblickend der entscheidende Faktor, der Ihre Karriere befördert hat?

Das waren zum einen mein Mann, der mich grundlegend unterstützt hat, zum anderen mein Chef, der mich intensiv gefördert hat. Eine der großen Hürden für Frauen auf dem Weg nach oben ist fehlendes Selbstbewusstsein. Ich kann das gut einschätzen, weil es mir früher ebenso erging. Nur ein Beispiel: Mal angenommen, ich habe hier im Sender eine wirklich interessante Stelle zu besetzen, und ich frage einen jungen Mann, ob er das übernehmen möchte, sagt er, ohne zu zögern: „Sehr gerne, wann soll ich anfangen?" Frage ich eine junge Frau, sagt sie: „Wie kommen Sie denn gerade auf mich? Ich bin mit dem, was ich augenblicklich mache, sehr zufrieden, mein Team schätzt mich, ich schätze mein Team, und auch mit der Familie kann ich meine Arbeit sehr gut vereinbaren."

Ich habe vor vielen Jahren genau so reagiert. Mein Chef bot mir an, Chefredakteurin zu werden, und am nächsten Tag brachte ich ihm einen Zettel mit, auf dem ich siebzehn Gründe notiert hatte, die dagegen sprachen, und nur drei dafür. Er sah diesen Zettel und sagte: „Ihr Frauen seid merkwürdig. Ihr wollt immer etwas machen, und wenn sich die Möglichkeit ergibt, schreckt Ihr zurück. Hier, nimm Deinen Zettel, geh nach Hause und sag mir morgen, ob Du es machst oder nicht." Das war für mich so ein Punkt, an dem es „klick" gemacht hat. Am nächsten Tag habe ich ihm gesagt: „Ich mache es."

Welche Bedeutung hatten auf Ihrem beruflichen Weg die bewusste Karrierege-staltung einerseits und Zufall und Glück andererseits?
Wenn ich die bewusste Gestaltung einerseits und Zufall und Glück andererseits auf eine Waage legen würde, dann waren Zufall und Glück entscheidend für mich.

Wie wichtig ist Branchen- und/oder Unternehmenstreue für den beruflichen Auf-stieg? Oder braucht gerade Karriere den gezielten, wohl durchdachten Wechsel?
Ich habe mehrfach innerhalb der ARD gewechselt – vom BR zum WDR, schließlich zum NDR, bevor ich 2003 Gründungsintendantin des rbb wurde. Für mich waren die verschie-denen beruflichen Stationen förderlich, strategisch geplant habe ich sie jedoch nicht.

Gibt es persönliche Schlüsseleigenschaften, die unverzichtbar sind für einen nach-haltigen Erfolg in Ihrem Berufsfeld? Falls ja, auf welche Eigenschaften kommt es dabei ganz besonders an?
Aus meiner Sicht sind das Unerschrockenheit, Durchhaltevermögen sowie Selbstvertrauen und Humor.

Gibt es erworbene Schlüsselkompetenzen, die unverzichtbar sind für einen nachhal-tigen Erfolg in Ihrem Berufsfeld? Falls ja, auf welche Kompetenzen kommt es dabei ganz besonders an?
Man muss sich ein „dickes Fell" aneignen können. Auch die Qualifikation „Studium" war wichtig. Ich habe dort vor allem Denken in Zusammenhängen und Arbeiten gelernt. Die nachwirkende Bedeutung der akademischen Ausbildung verliert sich jedoch im Laufe der Berufspraxis.

Welche Bedeutung hatten Vorbilder und Mentoren auf Ihrem beruflichen Weg? Waren es eher Frauen oder Männer? Was haben Sie gelernt?
Vorbilder und Mentoren hatten eine große Bedeutung auf meinem beruflichen Weg. Es waren sowohl Frauen als auch Männer. Besonders wichtig war für mich Carola Stern, die mit dafür gesorgt hat, dass ich nach meinem Erziehungsurlaub 1981 als erste Frau im WDR auf einer halben Stelle als Redakteurin arbeiten konnte. Bei meinen männlichen Vorgesetz-ten stieß ich zunächst auf versammelte Verständnislosigkeit. Carola Stern hat uns Berufsan-fängerinnen gesagt: „Wir haben uns damals nicht getraut, als junge Journalistinnen Kinder zu bekommen. Wenn ihr Kinder wollt, dann müsst ihr euch trauen!". Daran habe ich mich Wort für Wort gehalten. Daneben gab es aber auch Männer, die meinen Zugang zum Jour-nalismus und mein Verständnis vom Journalismus geprägt haben. Herbert Riehl-Heyse und Jürgen Kellermeier gehören dazu.

Wie wichtig war und ist der private emotionale Rückhalt für Ihren beruflichen Weg?
Der private emotionale Rückhalt ist unverzichtbar!

Wie schaffen Sie den Spagat zwischen der Freude am Erfolg verbunden mit hoher inhaltlicher und zeitlicher Belastung einerseits und der Erfordernis mentaler Ent-spannung und dem Bedürfnis nach der Pflege privater sozialer Kontakte anderer-seits?
Bei mir klappt dieser Spagat ganz gut, denke ich. Uns Frauen wird ja eine grundlegende Multitasking-Fähigkeit nachgesagt. In der Wirklichkeit ist sie zwar nicht grenzenlos, gleich-

wohl stelle ich fest: Im Vergleich mit männlichen Kollegen fällt es Frauen leichter, mehrere Leben parallel zu leben – das Leben der Frau, der Mutter, der Freundin, der Chefin. Vor allem in meiner Generation kenne ich dagegen viele Männer, die völlig eindimensional berufsorientiert sind.

Welche Bedeutung haben Auslandsaufenthalte für die Entwicklung von Karrieren in Ihrem Berufsfeld? Machen sie Sinn oder wird ihre Bedeutung überschätzt?
Im Berufsfeld des Journalismus, das ja mein Berufsfeld war, sind Auslandsaufenthalte wichtig.

Spielt ein großes und gut gepflegtes Netzwerk wirklich die Rolle, die ihm vielfach zugeschrieben wird?
Ich bin Netzwerkerin aus Überzeugung, denke aber: Kein noch so gutes Netzwerk ersetzt die oben umschriebenen „Schlüsseleigenschaften und -kompetenzen".

Welche Vorteile haben Sie persönlich aus Netzwerken für sich generieren können?
Das ist schwer zu beantworten, da das gezielte Netzwerken bei mir relativ spät begann. Ich fing erst damit an, als ich beruflich schon ziemlich weit gekommen war. Jungen Frauen rate ich aber, von Anfang an Netzwerke zu pflegen.

Welche Rückschläge mussten Sie auf Ihrem beruflichen Weg hinnehmen? Wie kam es dazu und wie sind Sie damit umgegangen?
Ich habe einmal für das Amt der ZDF-Intendantin kandidiert. Da wusste ich aber schon vorher, dass es überhaupt keinen Weg dorthin gibt. Ich wäre von selbst nicht auf die Idee gekommen, mich zu bewerben. Mein damaliger Chef hat strategisch gedacht und meinen Namen ins Gespräch gebracht. Er sagte: „Wenn Du etwas bewegen willst, müssen Leute auf Dich aufmerksam werden. Es muss bundesweit Dein Name fallen." Insofern war ich nicht wirklich enttäuscht als es nicht klappte, sondern bin mit einem fröhlichen „Mainz bleibt Mainz" auf den Lippen wieder nach Hause gefahren. Wirkliche Rückschläge gab es also bei mir nicht.

Hatten Sie auf Ihrem beruflichen Weg schon mal das Gefühl der Frustration und/oder der Resignation? Wie sind Sie mit diesem Gefühl umgegangen?
Es gibt wohl keinen Beruf auf Erden, der nicht auch Frustration mit sich bringt. Es hat mir immer sehr geholfen, dies als ganz normal, geradezu selbstverständlich zu erachten. Auch Schornsteinfeger, Börsenmakler und Topmodels haben „schwarze Tage". Die gibt es in jedem Beruf. Ich habe mir allerdings als Maßstab gesetzt: Wenn die Zahl der Tage, an denen ich frustriert bin, jene übersteigt, an denen ich sehr gerne arbeite, höre ich auf.

Gab es auf Ihrem beruflichen Weg Situationen, wo Sie gegen Widerstände Ihren eigenen Weg gegangen sind und es sich gelohnt hat?
Da gab es viele Situationen. Dann braucht es Entschlossenheit und Treue, zu der gefassten Überzeugung zu stehen.

Welche Ratschläge würden Sie jungen Frauen in der Medienbranche mit auf den Weg geben?
Der erste Ratschlag klingt völlig banal, ist aber umso wichtiger: „Schauen sie sich genau an, mit wem Sie Kinder bekommen!" Die jungen Frauen, die hier bei uns im rbb anfangen, sind

perfekt ausgebildet und haben exzellente Abschlüsse. Sie verbinden sich – ehelich oder nicht ehelich – mit Partnern, die auf Augenhöhe sind. Es erstaunt mich immer wieder, dass es dann die Frauen sind, die ihren Beruf aufgeben. Ich finde das sehr bedauerlich. Deswegen muss der private „contrat social" stimmen.

Der zweite Ratschlag ist, sich die Frage „was will ich eigentlich?" zu stellen und zu versuchen, dort hinzukommen. Im Gegensatz zu meinem beruflichen Weg ist eine Karriereplanung sehr wünschenswert und anzuraten.

Als Drittes möchte ich jungen Frauen mit auf den Weg geben, sich nicht von Schwierigkeiten entmutigen zu lassen. Wenn man eigentlich weiß, dass man es kann, dann wird man es auch schaffen. Für Männer ist das Wort Selbstzweifel in der Regel ein Fremdwort. Frauen lassen sich von Selbstzweifeln noch an zu vielen Sachen hindern.

Welches sind die drei wichtigsten Stellschrauben für den Erfolg in Ihrem beruflichen Umfeld?

Wichtig sind eine fachgerechte Ausbildung, Authentizität, Durchsetzungskraft, Hartnäckigkeit und Selbstbewusstsein.

Was mussten Sie für die Erreichung Ihrer beruflichen Ziele und auf Ihrem beruflichen Weg aufgeben, was ist „auf der Strecke" geblieben?

Da fällt mir nichts ein. Ich habe eine wunderbare Familie und ich habe meine Freunde, so wie ich sie vor 30 Jahren schon hatte. Wenn ich mehr Zeit hätte, würde ich vielleicht mehr lesen oder noch mehr ins Theater gehen. Aber das ist ein Luxusproblem, denn ich mache immer noch das, was ich gerne tue.

Was hätten Sie rückblickend gern anders gemacht auf Ihrem beruflichen Weg? Gibt es „Weichen", bei denen Sie heute anders abbiegen würden?

Nein. Ich sage es mit Edith Piaf: „Non, je ne regrette rien."

„Mit Herz und Leidenschaft und Spaß an der Sache"
Sabine Rossbach, Direktorin NDR Landesfunkhaus Hamburg

© NDR

Sabine Rossbach, geboren 1959, begann ihren beruflichen Weg nach dem Abitur mit einem Volontariat bei den Kieler Nachrichten. Hier arbeitete sie zunächst auch als Redakteurin bevor sie 1981 als freie Mitarbeiterin zu NDR 2 kam und dort später auch als Moderatorin, Autorin und Reporterin tätig war. 1994 übernahm Sabine Rossbach als Leiterin die neue Abteilung Wort/Unterhaltung und kurz darauf auch die Leitung der Abteilung NDR 2 Pool Wort. Im Jahr 1998 folgte der Wechsel nach Mecklenburg-Vorpommern als stellvertretende Direktorin und Leiterin des Programmbereichs Fernsehen im dortigen NDR Landesfunkhaus. Seit Oktober 2010 ist Sabine Rossbach Direktorin des NDR Landesfunkhauses Hamburg und seit dem 1. Januar 2012 auch Programmchefin von NDR 90,3.

Redakteurin
Hörfunk ReporterinKieler Nachrichten
NDR2 ProgrammchefinNeunzehnhundertneunundfünfzig
Volontariat NDR Landesfunkhaus Mecklenburg-Vorpommern
Direktorin NDR Landesfunkhaus Hamburg
Zwei erwachsene Töchter NDR 90.3
Fernsehen
Moderatorin

Ihr beruflicher Weg hat Sie ganz an die Spitze geführt. Haben Sie von dieser Position schon zu Berufsbeginn geträumt? War es womöglich die Erfüllung eines lang gehegten Wunsches? Skizzieren Sie bitte kurz, wie es zu Ihrer beruflichen Laufbahn kam.
Nein, so war es nicht. Ich wollte Journalistin werden – das war mir schon relativ früh klar. Dass ich mal in einer leitenden Position sein werde, hatte ich nicht als Ziel. Mir schwebte eher der Beruf einer Auslandskorrespondentin vor oder ähnliches.

Wie viel Zeit investieren Sie in Ihre berufliche Aufgabe? Sind Sie rund um die Uhr erreichbar und ist das eigentlich erforderlich in Spitzenjobs?
Ich bin meistens ab 8 Uhr im Büro, da die Primetime im Hörfunk in der Frühe ist. Ich verlasse das Büro so gegen 19 Uhr. Natürlich habe ich danach immer noch die eine oder andere Sache in Hamburg zu erledigen, zum Beispiel Gespräche führen oder Veranstaltungstermine wahrnehmen. Es ist schon ein hoher Zeitaufwand. Auch am Wochenende sind oft Termine und ich bin natürlich immer erreichbar, wenn es ein Problem gibt. Ich glaube aber nicht, dass diese hohe Zeitinvestition in allen Spitzenjobs erforderlich ist. Bei uns ist es besonders: Wir sind ein Medienunternehmen, das 24 Stunden am Tag sendet. Wenn man hier arbeitet, ist es insofern etwas Spezielles. Das Radio beginnt morgens um fünf und das Fernsehen sendet auch bis spät in die Nacht. Dennoch glaube ich, dass man mit einem guten Team auch in Spitzenpositionen mal loslassen kann. Gerade das zeichnet gute Arbeit einer Führungsperson aus.

Welches war rückblickend der entscheidende Faktor, der Ihre Karriere befördert hat?
Ich würde von mir behaupten, dass ich überdurchschnittlich fleißig bin – einfach, weil ich Spaß an der Sache habe. Ich habe mich nicht von dem Ziel treiben lassen, irgendwann Chef zu werden, sondern mir hat das, was ich gemacht habe und mache einfach Spaß gemacht. Ich glaube, dass man sehr flexibel sein muss. Selbst wenn man lange plant, sollte man, wenn sich ein Weg rechts oder links ergibt, auch mal springen und sich selber fragen, ist das gut für mich, macht mir das Spaß. Wenn das so ist, dann übernimmt man auch gerne die Verantwortung. Das ist ganz wichtig: Man muss bereit sein, Verantwortung zu übernehmen.

Welche Bedeutung hatten auf Ihrem beruflichen Weg die bewusste Karrieregestaltung einerseits und Zufall und Glück andererseits?
Das, was ich tue, mache ich mit sehr viel Herz und Leidenschaft. So habe ich es immer gemacht. Angefangen habe ich bei der Zeitung, dann war ich beim Hörfunk und danach beim Fernsehen. Wenn es auf einen zukommt, muss man in sich gehen und entscheiden, ob man für Neues bereit ist. Wenn man das nicht ist, dann hilft einem weder Glück noch Zufall und auch keine Frauenquote. Egal, wie man irgendwo hingekommen ist – wenn man dort ist, muss man beweisen, dass man es kann.

Wie wichtig ist Branchen- und/oder Unternehmenstreue für den beruflichen Aufstieg? Oder braucht gerade Karriere den gezielten, wohl durchdachten Wechsel?
In meinem Fall war ich nahezu immer in ein und demselben Unternehmen. Bis auf die Kieler Nachrichten, wo ich angefangen habe, und eine Zeit als freie Mitarbeiterin. Der NDR hat mir sozusagen den Wechsel immer wieder angeboten. Der NDR hat als großes Medienunternehmen den Vorteil, dass es viele unterschiedliche Positionen und Arbeitsfelder gibt.

Dennoch glaube ich, dass es eher von Nachteil ist, wenn man auf einer Position anfängt und sich im Hause langsam die Karriereleiter hocharbeitet. Einfach, weil es immer auch mal den Blick von außen braucht. Wenn man nicht im eigenen Team aufsteigt, sondern außerhalb, kann man sich nochmal ganz neu erfinden und beweisen. Deshalb glaube ich, dass es ganz wichtig ist, auch mal zu wechseln.

Gibt es persönliche Schlüsseleigenschaften, die unverzichtbar sind für einen nachhaltigen Erfolg in Ihrem Berufsfeld? Falls ja, auf welche Eigenschaften kommt es dabei ganz besonders an?
Hartnäckigkeit ist wichtig und eine gewisse Gelassenheit, mit Niederlagen umzugehen. In Führungspositionen ist es außerdem wichtig, sich auf Menschen einlassen zu können. Man darf nicht wie ein Feldwebel auftreten, sondern man muss eine Atmosphäre schaffen, in der ein Team aufgehoben arbeiten und sich Kreativität entwickeln kann.

Gibt es erworbene Schlüsselkompetenzen, die unverzichtbar sind für einen nachhaltigen Erfolg in Ihrem Berufsfeld? Falls ja, auf welche Kompetenzen kommt es dabei ganz besonders an?
Wichtig ist, dass man schreiben kann. Und man muss sich in meinem Beruf natürlich auch politisch interessieren und sich kontinuierlich weiterbilden. Journalismus von der Pike auf gelernt zu haben, ist in meinem Beruf nicht von Nachteil.

Welche Bedeutung hatten Vorbilder und Mentoren auf Ihrem beruflichen Weg? Waren es eher Frauen oder Männer? Was haben Sie gelernt?
Meine Vorbilder und Mentoren waren sowohl Frauen als auch Männer. Es waren vor allem Menschen, die ein Beispiel gegeben haben, wie man etwas besonders gut macht und die zugleich die Fähigkeit hatten, andere Menschen neben sich sein zu lassen und zu fördern. Darunter waren auch einige weibliche Vorbilder; Dagmar Reim aus Berlin fällt mir da ein. An ihr kann man sehen, dass man Familie und Karriere unter einen Hut bringen kann.

Wie wichtig war und ist der private emotionale Rückhalt für Ihren beruflichen Weg?
Ich glaube, man könnte so einen Job wie ich ihn habe, nicht machen, wenn man zu Hause auch noch permanent mit Vorwürfen konfrontiert würde. Wenn man zu hören bekäme „das hast du nicht getan, hier bist du nicht da, du bist eine Rabenmutter" oder sonst was. Ich glaube, dass der berufliche Erfolg auch immer etwas mit der privaten Zufriedenheit zu tun hat. Ob man sich schlecht fühlt, weil man viel arbeitet oder ob man ein fröhliches Familienumfeld geschaffen hat. Dazu gehört auch ein Partner, der das Ganze unterstützt. Dem es neben seiner eigenen Karriere auch wichtig ist, dass man zusammen Freizeit hat und Dinge diskutiert, die außerhalb des Berufes sind. Außerdem nenne ich zwei Töchter mein Eigen, die ganz gut gelungen sind.

Wie schaffen Sie den Spagat zwischen der Freude am Erfolg verbunden mit hoher inhaltlicher und zeitlicher Belastung einerseits und dem Erfordernis mentaler Entspannung und dem Bedürfnis nach der Pflege privater sozialer Kontakte andererseits?
Bei mir ist es so, dass Vieles an meinem zeitaufwändigen Beruf viel Spaß macht. Insofern bedeutet mein Beruf für mich nicht eine so wahnsinnige Anstrengung. Aber manchmal sagt man das so leicht und gerade die, die denken, sie arbeiten so wahnsinnig gerne, geraten dann

in einen Burn-Out. Deshalb muss man sich immer auch mal die Zeit nehmen, auf dem Balkon zu sitzen und in den Himmel zu schauen, einfach mal gar nichts tun. Wenn man viel belastet ist, dann neigt man oft auch noch dazu, auch seine Freizeit wie einen Termin zu verplanen. Also muss man sehen, dass man mal entspannen muss, etwas lesen, verreisen, schwimmen gehen. Ich rudere zum Beispiel am Wochenende.

Welche Bedeutung haben Auslandsaufenthalte für die Entwicklung von Karrieren in Ihrem Berufsfeld? Machen sie Sinn oder wird ihre Bedeutung überschätzt?
Es macht schon Sinn, wenn man gerade in meinem Beruf schon mal ein bisschen von der Welt gesehen hat. Ich sehe viele Volontäre, die zu uns kommen – Vollakademiker –, die alle schon 27 Auslandsjahre haben. Das ist beinahe eine Mode. Aber es hilft nicht jedem weiter. Auslandserfahrungen sind nicht in jedem Fall ein Garant dafür, dass man etwas besser kann oder besser weiß als die anderen. Ich glaube, dass jeder Journalist, jede Journalistin neugierig auf das Neue sein sollte. Schon allein deshalb wird man sich auch mal im Ausland umgucken. Ich glaube aber nicht, dass es ein Punkt ist, den man unbedingt abgehakt haben muss. Dass es wichtig ist, ein Jahr in Sierra Leone gelebt zu haben oder dass man Au-pair in Frankreich war oder was sonst auch immer. Es kann nicht schaden, aber es ist nicht unbedingt etwas, was man unbedingt haben muss.

Spielt ein großes und gut gepflegtes Netzwerk wirklich die Rolle, die ihm vielfach zugeschrieben wird?
Dieser Punkt ist, glaube ich, bei Frauen anders ist als bei Männern. Bei Männern werden Netzwerke sehr schnell gebaut und auch sehr schnell genutzt, um ein persönliches Fortkommen zu ermöglichen. Die Netzwerke, die ich bei Frauen kennengelernt habe, sind anders. Sie dienen dem Erfahrungsaustausch, der gegenseitigen Unterstützung. Sie helfen, um sich mal zu vergewissern, um mal jemanden anzurufen und zu sagen: „Ich habe das jetzt so und so entschieden, du bist ja ziemlich in meinem Lager, was würdest du machen?". Es geht darum, ein vertrauensvolles Netzwerk aufzubauen, in dem man sich rückversichern kann. Das ist ganz anders als bei männlichen Netzwerken. Ich finde Netzwerke wichtig. Aber dieses Networking um eine Stufe höher oder woanders hin zu kommen, das ist eine typisch männliche Sicht der Dinge.

Welche Vorteile haben Sie persönlich aus Netzwerken für sich generieren können?
Ich habe ein paar Netzwerke aus ganz alter Zeit und auch viele Kolleginnen, mit denen man hin und wieder telefoniert. Dort fühle ich mich aufgehoben; außerdem hört man immer wieder mal was Neues, was in der Branche los ist. Das ist für mich wichtig – als Information und als Feedback.

Welche Rückschläge mussten Sie auf Ihrem beruflichen Weg hinnehmen? Wie kam es dazu und wie sind Sie damit umgegangen?
Aus meiner Sicht sind es die zentralen Rückschläge, wenn man unterschätzt wird. Wenn man eben kein Mann mittleren Alters ist, sondern eine junge Frau mit zwei kleinen Kindern. Und wenn man dann sagt: „Ich würde gerne, ich will!". Und als Antwort kommt: „Wie wollen Sie das denn schaffen?". Diese Frage hat mich in jeder Bewerbungssituation bis zur Weißglut geärgert: „Sie haben doch zwei kleine Kinder, wie wollen Sie das denn machen?". Ich bin mir hundertprozentig sicher, wenn ein Mann da gesessen hätte, hätte man gleich gedacht, der hat bestimmt eine Frau, die sich kümmert und man hätte ihm die Frage auch

erst gar nicht gestellt. Ich glaube, dass man dort unterschätzt wird. Vielleicht auch, weil man sich ein bisschen kleiner macht als der Mann, der neben einem steht. Das ist schon etwas, was einen persönlich verletzt. Da muss man durchatmen und sagen: „Auf ein Neues!". Ich glaube, das hat auch ein Stückchen mit Flexibilität zu tun. Frauen neigen dazu, sich selbst zu unterschätzen und immer einmal mehr zu fragen: „Kann ich das, will ich das, was tue ich anderen damit an, was ist, wenn es nicht funktioniert?". Männer sagen dagegen schneller „Ja, das mache ich!". Und wenn man sich dann schon dazu durchgerungen hat, zu sagen, „Ja, ich mache es", und einem dann der Zweifel selbst noch einmal entgegenschlägt, das macht einen dann schon traurig. Und wenn das passiert, tja dann heult man eine halbe Stunde vor Wut und dann überlegt man sich, woran es gelegen hat. Frauen suchen ja die Schuld immer bei sich; und es gibt dann einen Punkt, wo man sagt „Naja wer weiß, wozu es gut war." Man lernt ja auch durch diese Erfahrungen. Und den Job, den man nicht gekriegt hat, den vermisst man danach auch gar nicht. In solchen Momenten muss man sich einfach sagen „wir haken das jetzt hier ab. Ich habe auch bei dem, was ich jetzt tue, nicht wirklich zu leiden. Das macht auch Spaß und ich gucke mich einfach nochmal um".

Hatten Sie auf Ihrem beruflichen Weg schon mal das Gefühl der Frustration und/oder der Resignation? Wie sind Sie mit diesem Gefühl umgegangen?
Das hat man ja immer mal – dass man resigniert, dass man denkt: „Ich habe da eine super Idee, warum sehen das die anderen nicht, warum machen die da nicht mit, sondern sind bockig? Warum schaffe ich das nicht? Jetzt habe ich so einen guten Artikel geschrieben und wieso findet der Chefredakteur das jetzt doof oder warum hört man meine Sendung nicht?". Solche Momente gibt es immer wieder. Damit umzugehen, glaube ich, da gibt es kein Rezept. Man muss sich immer wieder nochmal selbst versichern, wie viel Vertrauen man in sich hat und sich auch eingestehen, dass andere auch mal Recht haben, andere auch anders urteilen als man selbst. Man muss sich damit beschäftigen und sich selber fragen „wie kann ich das besser machen?", ohne gleich wahnsinnig sauer zu werden. Aber man muss sich auch die Zeit geben, mal wahnsinnig sauer zu sein und mal traurig und verzweifelt. Das ist nicht schlimm. Man muss dann aber eben auch wieder da herausfinden, indem man sich eine neue Herausforderung sucht. Das ist wichtig.

Gab es auf Ihrem beruflichen Weg Situationen, wo Sie gegen Widerstände Ihren eigenen Weg gegangen sind und es sich gelohnt hat?
Ja, das gab es. Nehmen Sie beispielsweise meine jetzige Position. Wenn man wie ich hier in ein ganz neues Team kommt, hat man eine Außensicht, wie etwas gehen muss und wie eine Struktur zu verändern ist. Genau das habe ich gegen große Widerstände getan, es kommunikativ durchgesetzt. Das war anstrengend, aber hat sich sehr gelohnt und das finden jetzt auch die meisten, die mit dieser Struktur arbeiten.

Welche Ratschläge würden Sie jungen Frauen in der Medienbranche mit auf den Weg geben?
Ich würde Ihnen sagen, dass sie sich nicht zwischen Familie und Beruf entscheiden müssen. Und ich würde ihnen auch sagen, dass nicht die Karriereplanung die wichtige ist, sondern die Familienplanung. Man muss das einfach mit dem Partner besprechen, wie man sich Kind und Familie aufteilt. Ich würde jungen Frauen raten, nicht sofort zu sagen „ich nehme ein Jahr Baby-Pause und arbeite nur 50 Prozent". Das muss man mit dem Partner verabreden. Ein guter Ratschlag ist es auch, flexibel zu bleiben, also auch mal rechts und links zu

gucken, was es gibt. Aber man darf sich nicht verunsichern lassen. Außerdem ist es gut, manchmal auch ein bisschen mutiger zu sein, als man sich das selbst zugesteht. Auch mal sagen: „Ja, das kann ich!", auch wenn man sich selbst noch nicht ganz sicher ist. Frauen neigen leider oft dazu, mehr Zweifel an sich zu haben als alle anderen.

Welches sind die drei wichtigsten Stellschrauben für den Erfolg in Ihrem beruflichen Umfeld?
Erstens muss man handwerklich gut in seinem Beruf sein. In meinem Berufsfeld muss man also eine gute Fernsehfrau sein, das journalistische Knowhow beherrschen.

Zweitens sollte man sich für Management und Menschen interessieren. Man sollte nicht nur an seinem Fachgebiet festhalten, sondern offen sein für Dinge, die in diesem Beruf noch wichtig sind, wie Führung und vor allem Kommunikation.

Drittens sollte man Mensch bleiben, sich selbst treu bleiben und sich nicht allzu sehr von gesellschaftlichen Dingen einfangen lassen. In Hamburg ist das ja ganz groß, immer schick zu sein. Man darf nicht anfangen zu denken, dass man die wichtigste Person der Welt ist, sondern man muss auch einen Rückzugsort haben und zu sich sagen, das habe ich heute falsch und das richtig gemacht.

Was mussten Sie für die Erreichung Ihrer beruflichen Ziele und auf Ihrem beruflichen Weg aufgeben, was ist „auf der Strecke" geblieben?
Ich hätte gern ein bisschen mehr Freizeit gehabt und wäre gerne mehr gereist. Bei mir stand auch immer irgendetwas anderes an: „wenn das Volontariat zu Ende ist, wenn ich erst dies, wenn ich erst das". Da ist viel auf der Strecke geblieben, weil es leider immer von dem einen zum anderen ging.

Was hätten Sie rückblickend gern anders gemacht auf Ihrem beruflichen Weg? Gibt es „Weichen", bei denen Sie heute anders abbiegen würden?
Wenn ich jetzt so zurückblicke: Nein, das gab es nicht.

„Hinfallen, aufstehen, Krone richten, weiter gehen"

Dr. Claudia Nothelle, Programmdirektorin Rundfunk Berlin-Brandenburg (rbb)

Dr. Claudia Nothelle, Jahrgang 1964, hat katholische Theologie und Germanistik studiert. 1993 folgte die Promotion. 1984 bis 1986 war sie Stipendiatin des Instituts zur Förderung publizistischen Nachwuchses in München und tätig für eine Vielzahl von regionalen Zeitungen, so in Köln, Dortmund und Frankfurt. Hinzu kamen Aufgaben für das Studio Konstanz des damaligen Südwestfunks und für die Viola Film in Ottobrunn bei München. Anfang der 1990er Jahre ging Claudia Nothelle zum neu gegründeten Mitteldeutschen Rundfunk. 1998 bis 2002 arbeitete sie in der ARD-aktuell-Redaktion in Dresden und Leipzig, war regelmäßig im ARD Studio Neu-Delhi sowie als Reisekorrespondentin in Pakistan und Afghanistan tätig und von 2003 bis 2006 Korrespondentin des MDR im ARD-Hauptstadtstudio in Berlin. Seit 2006 ist Claudia Nothelle beim rbb, zunächst als Chefredakteurin und Fernsehdirektorin, heute als multimediale Programmdirektorin des rbb.

MDR   Promotion
Köln Pasta Chefredakteurin   Fotografieren
rbb Studienbegleitende Journalistenausbildung ifp
Neunzehnhundertvierundsechzig Programmdirektorin
Studium Katholische Theologie und Germanistik
ARD Hauptstadtstudio Berlin   11. September-Pakistan/Afghanistan
Tagesschau/Tagesthemen

Ihr beruflicher Weg hat Sie ganz an die Spitze geführt. Haben Sie von dieser Position schon zu Berufsbeginn geträumt? War es womöglich die Erfüllung eines lang gehegten Wunsches? Skizzieren Sie bitte kurz, wie es zu Ihrer beruflichen Laufbahn kam.

In der Vergangenheit hatte ich nie im Sinn, Chefredakteurin oder Programmdirektorin zu werden. Ich wollte immer als Reporterin arbeiten, vor Ort sein, Menschen begegnen, Beiträge machen – das war mein ursprüngliches Ziel und das habe ich auch viele Jahre lang begeistert getan.

Wie viel Zeit investieren Sie in Ihre berufliche Aufgabe? Sind Sie rund um die Uhr erreichbar und ist das eigentlich erforderlich in Spitzenjobs?

Ich investiere schon sehr viel Zeit in meinen Beruf. Klar: Weder zum Journalismus noch zu Spitzenjobs passt meiner Meinung nach eine nine-to-five-Mentalität. Trotzdem: Auch in Spitzenjobs sind wirkliche Auszeiten nötig, in denen man nicht an den Beruf denkt, sich mit Beruflichem beschäftigt, sondern in denen man den Kopf wirklich frei bekommt. – Dass ich genau hier noch Lernbedarf habe, ist eine andere Sache.

Welches war rückblickend der entscheidende Faktor, der Ihre Karriere befördert hat?

Wenn ich das wüsste! Für mich war entscheidend, dass ich mit Herzblut dabei bin und mich intensiv für eine Sache engagiere. Es ging mir immer darum, ein Produkt oder ein Programm besser zu machen. Alles Weitere hat sich in meinem Fall meist ergeben. Deshalb kann ich auch nur schwer andere Erfolgsfaktoren benennen als die Faktoren Leidenschaft, Engagement und Interesse.

Welche Bedeutung hatten auf Ihrem beruflichen Weg die bewusste Karrieregestaltung einerseits und Zufall und Glück andererseits?

Zufall und Glück haben auf meinem beruflichen Weg eine entscheidende Rolle gespielt. Ich habe nie bewusst den nächsten Karriereschritt geplant. Für mich war es immer wichtig, dort wo ich war, gerne und ganz zu sein. Es gibt diese alte Geschichte, in der ein Mann nach seinem Erfolgsgeheimnis gefragt wird: „Wenn ich stehe, dann stehe ich, wenn ich gehe, dann gehe ich, wenn ich sitze, dann sitze ich, …" Das galt so ähnlich auch für mich in meinem Beruf. Wenn ich Reporterin für ARD aktuell in Leipzig bin oder in Indien und Pakistan als Korrespondentin, dann bin ich das voll und ganz, ohne mit einem Gedanken schon wieder bei der nächsten Tätigkeit zu sein. Ich habe das, was ich gemacht habe, immer richtig und mit vollem Einsatz getan – ohne schon mit einem Auge auf die nächste Station zu schielen.

Wie wichtig ist Branchen- und/oder Unternehmenstreue für den beruflichen Aufstieg? Oder braucht gerade Karriere den gezielten, wohl durchdachten Wechsel?

Prinzipiell halte ich in meinen Berufsfeld Branchentreue für sehr sinnvoll. Einfach deshalb, weil ich mir in meinem beruflichen Umfeld ein Netzwerk aufgebaut habe, das wichtig ist genau für den Bereich, in dem ich arbeite. Es hilft, die Menschen und die Abläufe gründlich zu kennen. Natürlich ist es gut, die Position dann auch mal zu wechseln, also zu einem Nachbarsender oder in eine Nachbarredaktion zu gehen, um einen anderen Blick, eine andere Perspektive zu erhalten.

Gibt es persönliche Schlüsseleigenschaften, die unverzichtbar sind für einen nachhaltigen Erfolg in Ihrem Berufsfeld? Falls ja, auf welche Eigenschaften kommt es dabei ganz besonders an?
Solche Eigenschaften gibt es mit Sicherheit. Durchhaltevermögen ist nötig, die Bereitschaft, auch unangenehme Dinge zu Ende zu bringen und – ganz klar – Frustrationstoleranz. Nicht immer läuft alles nach Plan und davon darf man sich nicht gleich zurückwerfen lassen, sondern muss es weiter versuchen. Diese Fähigkeit habe ich immer als sehr wichtig erlebt.

Gibt es erworbene Schlüsselkompetenzen, die unverzichtbar sind für einen nachhaltigen Erfolg in Ihrem Berufsfeld? Falls ja, auf welche Kompetenzen kommt es dabei ganz besonders an?
Bei den Kompetenzen ist die Grundlage natürlich das ganz klassische, journalistische Know-how. Natürlich zählt auch Talent in unserem Beruf, aber es gibt Dinge wie Recherche, Schreiben oder den Umgang mit Themen – die muss man, die kann man lernen. Außerdem sind wichtig: Neugierde, Interesse und die Fähigkeit, mit Menschen umzugehen. Geht es um Führungsaufgaben, dann gilt es, das grundlegende Handwerkszeug des Managements zu beherrschen, also betriebswirtschaftliche Kenntnisse, Personalführung etc. Das sind Dinge, die Journalistinnen in ihren ersten Berufsjahren nicht brauchen und deshalb auch nicht unbedingt lernen. Aber: Sie sind hilfreich. Andere Fähigkeiten kann man nicht lernen, die gehören zur Persönlichkeit: Dazu gehört vor allem eine gewisse Sozialkompetenz.

Welche Bedeutung hatten Vorbilder und Mentoren auf Ihrem beruflichen Weg? Waren es eher Frauen oder Männer? Was haben Sie gelernt?
Auf meinem beruflichen Weg waren sowohl Frauen als auch Männer Vorbilder. Es waren Vorgesetzte und Kollegen, die vorgemacht haben, wie aus ihrer Sicht dieser Beruf zu füllen ist; die mir gezeigt haben, wie man unter verschiedenen Bedingungen journalistisch professionell arbeiten kann. Die mir übrigens auch deutlich gemacht haben, dass es ein guter Schritt ist, Führungsverantwortung zu übernehmen. Für meine berufliche Entwicklung war es sehr wichtig zu sehen – und davon zu lernen –, wie andere mit bestimmten Situationen umgehen.

Wie wichtig war und ist der private emotionale Rückhalt für Ihren beruflichen Weg?
Der private Rückhalt ist wichtig. Eine Basis jenseits des Berufslebens ist notwendig, dort tanke ich auf, dort habe ich einen Gegenpol und finde auch so manche Idee.

Wie schaffen Sie den Spagat zwischen der Freude am Erfolg verbunden mit hoher inhaltlicher und zeitlicher Belastung einerseits und dem Erfordernis mentaler Entspannung und dem Bedürfnis nach der Pflege privater sozialer Kontakte andererseits?
Der Spagat gelingt mir nicht immer optimal. Mal besser, mal schlechter – je nachdem, wie groß gerade die Belastung ist. Damit meine ich nicht den Arbeitsanfall in Stunden, sondern vor allem, um welche Themen es gerade geht. Es gibt Ereignisse, die mich sehr lange beschäftigen, bei denen es schwer ist, abends oder am Wochenende voll und ganz loszulassen. In solchen Zeiten ist es sehr wichtig, Menschen zu haben, die mich auf andere Gedanken bringen. Das ist ein wichtiger Faktor, um danach ausgeruhter – auch mental ausgeruhter – zu sein und sich wieder mit neuer Energie den Themen widmen zu können.

Welche Bedeutung haben Auslandsaufenthalte für die Entwicklung von Karrieren in Ihrem Berufsfeld? Machen sie Sinn oder wird ihre Bedeutung überschätzt?

In einem anderen Land gelebt zu haben, andere Kulturkreise zu erfahren, erweitert den Horizont und tut der persönlichen und beruflichen Entwicklung gut. Ich persönlich möchte die Erfahrung nicht missen: Mich in anderen Kontexten zu bewegen, zu sehen wie in anderen Ländern und Gesellschaften Medien funktionieren und wie dort die Arbeitsabläufe sind. Auslandserfahrungen können helfen, die eigene Situation und das eigene Land aus einem anderen Blickwinkel zu sehen.

Dennoch denke ich, meine derzeitige Position könnte ich auch ohne Auslandsaufenthalt ausfüllen. Bei aller Bedeutung und positiven Erfahrung – spielentscheidend sind Auslandsaufenthalte nicht.

Spielt ein großes und gut gepflegtes Netzwerk wirklich die Rolle, die ihm vielfach zugeschrieben wird?

Ein Netzwerk ist vor allem ein wichtiger „Background". Netzwerk verstehe ich dabei nicht als Karriereförderung, sondern als ein Umfeld aus Kolleginnen und Kollegen, mit denen ich mich austauschen kann. Feedback, Ideen austauschen und testen und Informationen quer durch die Branche erfahren ist sehr wichtig.

Welche Vorteile haben Sie persönlich aus Netzwerken für sich generieren können?

Von Vorteil ist, frühzeitig an Informationen zu kommen und auf bestimmte Ereignisse ein Feedback zu erhalten. Außerdem liefert ein Netzwerk auch Rückmeldung dazu, wie das, was wir beim rbb machen, wahrgenommen wird – zum Beispiel von anderen ARD-Rundfunkanstalten. Und schließlich gibt es auch persönliche Bekanntschaften bis hin zu Freundschaften, die aus Netzwerken heraus entstehen.

Welche Rückschläge mussten Sie auf Ihrem beruflichen Weg hinnehmen? Wie kam es dazu und wie sind Sie damit umgegangen?

Rückschläge gibt es immer auf dem beruflichen Weg. Ein Redaktionsleiter hat mir einmal vorgeworfen, dass ich zu integer sei für die Aufgabe, die er mir gegeben hatte. Im Nachhinein habe ich das als Kompliment aufgefasst; im ersten Moment hat es mich aber getroffen und mich an meiner Berufswahl zweifeln lassen. Für mich war diese Situation ein Punkt in meinem Leben, da habe ich die Reißleine gezogen und gedacht, ich muss etwas anderes machen.

Es gibt auch Situationen, die klingen aus heutiger Sicht amüsant, aber zum damaligen Zeitpunkt waren es schwierige Punkte. Wenn ich mich zum Beispiel an meine erste missglückte Liveschaltung erinnere – das war gewissermaßen ein öffentliches Scheitern. So eine Situation war für mich als Reporterin in der Startzeit nicht leicht. Einfach zu sagen: „Komm, versuch das nochmal, das wird nächstes Mal besser, du wirst zufriedener!" – das fiel mir sehr schwer. Rückschläge hinnehmen können und Kollegen zu haben, die einen wieder aufbauen und gute Ratschläge geben, ist in diesen Momenten sehr wichtig.

Auch im Management gibt es solche Erfahrungen. Da gibt es dann Situationen, wo Dinge nicht funktionieren, wo man scheitert. Wenn das passiert, ist es wichtig, Rückschläge oder schwierige Situationen als solche auch zu erkennen, aus ihnen Schlüsse zu ziehen und es weiter zu versuchen.

Hatten Sie auf Ihrem beruflichen Weg schon mal das Gefühl der Frustration und/oder der Resignation? Wie sind Sie mit diesem Gefühl umgegangen?

Journalismus ist mein Traumberuf und trotzdem erlebe ich es ab und zu, dass die „Mühen der Ebenen" sehr lang und sehr stark sein können. In solchen Momenten hilft es mir, daran zu denken, warum ich diesen Beruf ergriffen habe, was mein Ziel war und ist. Und dann hilft es, manche Dinge einfach „on the long run" zu sehen – sich klar machen, wo es langfristig hingehen soll und was ich insgesamt bewirken möchte. Es gibt eine schöne Facebook-Seite mit der Überschrift „Hinfallen, aufstehen, Krone richten, weiter gehen". Das ist ein Satz, der auch für das Berufsleben passt: Nicht unterkriegen lassen und sich nicht klein machen lassen, sondern immer wieder geradeaus gucken.

Gab es auf Ihrem beruflichen Weg Situationen, wo Sie gegen Widerstände Ihren eigenen Weg gegangen sind und es sich gelohnt hat?

Ja, es gab Situationen, da bin ich meinen Weg gegen alle Widerstände weiter gegangen. Zwar bin ich ein bisschen schräg angeguckt worden, aber es ist sonst nichts weiter passiert. Es gab aber auch Situationen, da habe ich für meine Haltung großen Respekt bekommen. Und es gab Situationen, in denen erst lange Zeit später die Anerkennung kam.

Heute würde ich allen Kolleginnen empfehlen, sich nicht verbiegen zu lassen, sondern das zu tun, was man mit seinen Vorstellungen vereinbaren kann. Das muss natürlich in den Gesamtkontext des Unternehmens, des Senders, des Programms oder der Redaktion passen. Doch aus meiner Sicht lohnt es sich nicht, sich nur für die Karriere von dem abbringen zu lassen, was einem wichtig ist. Sicherlich geht es nie ganz ohne Kompromisse – das wäre blauäugig. Aber gerade Journalistinnen sollten immer dem, was ihnen grundlegend wichtig ist, treu bleiben.

Welche Ratschläge würden Sie jungen Frauen in der Medienbranche mit auf den Weg geben?

Junge Frauen – und Männer – sollten eine Mischung mitbringen aus Kreativität, Ideen und Gestaltungswillen. Und sie sollten Interesse haben, sich in den Strukturen zu engagieren, Strukturen zu gestalten und nicht allein nur die eigene Kreativität auszuleben. Der Spielraum in den Redaktionen ist irgendwann begrenzt und ich würde den jungen Kolleginnen raten, Beides zu machen und auch Beides auszuprobieren.

Welches sind die drei wichtigsten Stellschrauben für den Erfolg in Ihrem beruflichen Umfeld?

Erstens Ideenreichtum, zweitens Gestaltungswillen und drittens Durchhaltevermögen.

Was mussten Sie für die Erreichung Ihrer beruflichen Ziele und auf Ihrem beruflichen Weg aufgeben, was ist „auf der Strecke" geblieben?

Auf dem beruflichen Weg geht sicherlich immer ein Stück Privatleben verloren. In den Beruf geht viel Zeit hinein; gerade im Journalismus sind die Grenzen zwischen Privat- und Berufsleben fließend.

Außerdem musste ich für mich ein, zwei Jahre nach dem Studium feststellen, dass ich mich davon verabschieden muss, in der Wissenschaft und in meinen Themen „up to date" zu bleiben – was ich eigentlich gern getan hätte. Da gab es irgendwann einen Punkt, an dem das nicht mehr ging.

Journalismus ist einfach ein anderer Umgang mit Themen als in der Wissenschaft; es ist oberflächlicher, aber dafür breiter mit mehr Themen. Das ist auf der Strecke geblieben.

Was hätten Sie rückblickend gern anders gemacht auf Ihrem beruflichen Weg? Gibt es „Weichen", bei denen Sie heute anders abbiegen würden?
Man weiß ja nie, wohin ein anderes „Abbiegen" geführt hätte. Aber eigentlich gab es keine grundlegende Entscheidung, von der ich heute sagen würde, hätte ich das bloß anders gemacht.

„Kommunikationsfähigkeit, Sensibilität und eine lebendige Radio-Sprache"

Claudia Spiewak, Chefredakteurin NDR Hörfunk und
Programmchefin von NDR Info

© Markus Krüger/NDR

Claudia Spiewak wurde 1954 in Hamburg geboren. Nach Abitur, Studium der Germanistik, Soziologie und Pädagogik absolvierte sie ein Volontariat bei den Harburger Anzeigen und Nachrichten und beim NDR. Hier wurde sie 1983 Redakteurin für Landespolitik beim Hörfunklandesprogramm NDR 90,3. Fünf Jahre später wechselte sie zu NDR 2. Es folgten Aufgaben als Skandinavien-Korrespondentin für die Hörfunksender der ARD, als Redakteurin in der Auslandsberichterstattung und als Leiterin der Programmgruppe Politik und Aktuelles. 2004 wurde Claudia Spiewak Programmleiterin von NDR 90,3 und später auch bei NDR Info. Seit Januar 2008 ist Claudia Spiewak Programmchefin von NDR Info und gleichzeitig Chefredakteurin des NDR Hörfunks.

Traumberuf NDR 2 Lesen Radio NDR Info Chefredakteurin
Laufen Öffentlich-rechtlicher Rundfunk
Breites Kreuz Schreiben
Skandinavien-Korrespondentin Humor Volontariat Zutrauen
Rathausreporterin

Ihr beruflicher Weg hat Sie ganz an die Spitze geführt. Haben Sie von dieser Position schon zu Berufsbeginn geträumt? War es womöglich die Erfüllung eines lang gehegten Wunsches? Skizzieren Sie bitte kurz, wie es zu Ihrer beruflichen Laufbahn kam.

Nein, davon habe ich nicht geträumt, diese Aufgabe kam in meiner Traumwelt nicht vor. Ich habe davon geträumt, eine sehr gute Journalistin zu werden. Als Studentin wollte ich Theaterkritikerin werden, später dann Auslandskorrespondentin in Moskau. Aus beidem ist nichts geworden.

Wie viel Zeit investieren Sie in Ihre berufliche Aufgabe? Sind Sie rund um die Uhr erreichbar und ist das eigentlich erforderlich in Spitzenjobs?

Ja, das bin ich und das muss ich auch sein. Ich glaube zwar nicht, dass alle, die sich in Spitzenpositionen befinden, rund um die Uhr erreichbar sein müssen. Aber wenn man wie ich, Chefin eines Info-Programmes ist, dann kann man den Laden nicht zu machen und sagen: „Zwischen 24 und 6 Uhr kann in der Welt passieren, was will, meldet euch morgen früh!". Das geht nicht. Tatsächlich ruft aber am Abend oder nachts selten jemand an. Und wenn jemand anruft, dann muss es auch sein. Alle, die mit mir arbeiten und mit denen ich arbeite, wissen: Bitte keine unnötigen Gespräche abends, nachts, am Wochenende, die man auch während der normalen Arbeitszeit führen kann. Ich habe die Latte hoch gelegt.

Welches war rückblickend der entscheidende Faktor, der Ihre Karriere befördert hat?

Ich glaube, der entscheidende Punkt auf meinem beruflichen Lebensweg war – und das sind weniger Eigenschaften oder Faktoren im eigentlichen Sinne –, als ich das Redaktionsteam von NDR 2, wo ich Redakteurin und Moderatorin war, verlassen habe und als Auslandskorrespondentin nach Stockholm gegangen bin. Damals habe ich mich aus einem Team von Gleichen gelöst und bin gewechselt in eine besondere Aufgabe und Position. Dort hatte ich die Chance, vor einem bundesweiten Publikum und natürlich auch im NDR zu zeigen, was ich kann. Stockholm war eine Wegmarke.

Welche Bedeutung hatten auf Ihrem beruflichen Weg die bewusste Karrieregestaltung einerseits und Zufall und Glück andererseits?

Wie schon gesagt, eine bewusste Karriereplanung mit dem Ziel Chefredaktion gab es nicht. Mein Ziel war es, eine möglichst gute Journalistin zu werden und spannende Aufgaben zu übernehmen. Ich habe mir Gedanken gemacht über die jeweils nächste, denkbare Station. Ich bin im NDR viel unterwegs gewesen, und wenn ich zurück gucke, dann sehe ich, dass es meist so drei bis fünf Jahre waren auf einer Position. Das erste Jahr habe ich jeweils gebraucht, um überhaupt Fuß zu fassen und die Aufgabe kennenzulernen und in Teilen zu meistern und im zweiten und dritten Jahr kamen dann zunehmende Sicherheit und der Ausbau der Fähigkeiten. Und dann habe ich meist irgendwie, so ums dritte Jahr herum, gedacht: „Das kannst du jetzt! Was könntest du Neues tun?". Mich hat dann einfach der Wunsch, neue Aufgaben zu übernehmen, mich auszuprobieren, neue Felder zu erschließen nach vorne getrieben. Aber nicht die bewusste Karriereplanung.

Glück und Zufall haben dann bei der Realisierung dieser Wünsche eine wichtige Rolle gespielt. Irgendwo war dann etwas frei und einer hat mich gesehen und mir eine Chance gegeben. Andere, die ähnliche Fähigkeiten haben und hatten, bei denen hat das Glück, der Zufall, das Timing dann einfach nicht so gepasst.

Wie wichtig ist Branchen- und/oder Unternehmenstreue für den beruflichen Aufstieg? Oder braucht gerade Karriere den gezielten, wohl durchdachten Wechsel?
Das lässt sich nicht allgemeingültig beantworten. Ich glaube, es kommt sehr darauf an, wo man arbeitet. Ich habe meine Ausbildung bei einer Regionalzeitung im Süden Hamburgs gemacht. Mir war von vornherein klar, dass meine Entwicklungsmöglichkeiten in dieser kleinen Zeitung sehr überschaubar sein würden. Deshalb habe ich dort nach dem Volontariat noch eine kurze Zeit als Redakteurin gearbeitet und mich dann nach was Neuem umgesehen. Der Norddeutsche Rundfunk dagegen ist ein großes Medienunternehmen, das als Haus viele Möglichkeiten für die berufliche Entwicklung bietet. Wäre der NDR kleiner und die Möglichkeiten begrenzter, so hätte ich das Unternehmen irgendwann verlassen. Aber hier bieten sich so viele Möglichkeiten und das gilt analog auch für andere große Medienunternehmen. Was Hörfunk und Fernsehen angeht, erwirbt man natürlich, wenn man unternehmenstreu ist, spezifische Fähigkeiten, die man auch braucht, um in den audiovisuellen Medien zu reüssieren. Dennoch haben wir heute eine ganz andere Situation. Heute spielen die Cross-Over-Erfahrungen eine große Rolle. Die Medien wachsen zusammen und es kann von großem Wert sein, wenn man nicht nur in einem Unternehmen gewesen ist, sondern Erfahrungen aus anderen Bereichen mitbringt. Also: Mit Blick nach vorn glaube ich, dass der gezielte Wechsel viele Wettbewerbsvorteile bietet.

Gibt es persönliche Schlüsseleigenschaften, die unverzichtbar sind für einen nachhaltigen Erfolg in Ihrem Berufsfeld? Falls ja, auf welche Eigenschaften kommt es dabei ganz besonders an?
Wir reden jetzt über die besonderen Anforderungen, die das Radio stellt: Eine ausgeprägte Kommunikationsfähigkeit würde ich als Erstes nennen. Das gilt zwar für alle Journalistinnen und Journalisten, aber im Radio spielt das eine herausragende Rolle. Als Reporterin – und so fangen die meisten ja glücklicherweise in diesem Beruf an – ist man mit dem Mikrofon unterwegs. Es geht darum, Fakten und Zusammenhänge zu recherchieren, aber das Radio lebt ganz stark vom guten, aussagekräftigen Originalton. Menschen dazu zu bewegen, gute O-Töne abzugeben, das ist schon eine Kunst. Dazu muss man Menschen in besonderer Weise „aufschließen" können, erreichen, dass sie sich persönlich, in der ihnen eigenen Art ausdrücken, sagen, was sie bewegt, was sie denken. Das setzt Sensibilität und Empathie voraus. Diese Fähigkeiten braucht man in besonderer Weise. Hilfreich ist auch eine gute, markante Stimme. Denn die Erfahrung zeigt, dass trotz aller technischer Möglichkeiten, Stimmen „schön" zu machen, die gute, authentische, aussagekräftige, sympathische, markante Stimme nichts ersetzen kann. Eine starke Stimme bleibt haften. So ist das Medium. Das ist genauso wie mit Bildern. Jemand, der optisch gut rüberkommt, kann manche andere Schwäche damit kaschieren. Teamfähig sein, das ist wichtig, Radioarbeit in Redaktionen ist hoch arbeitsteilig. Wir arbeiten in einem Großraum und ein Programm wie NDR Info kann nur gelingen, wenn ganz viele Menschen mit sehr verschiedenen Charakteren, verschiedenen Stärken und Schwächen Hand in Hand arbeiten. Schließlich braucht man ein gutes Ohr und eine lebendige Sprache. Die Königsdisziplin im Radio ist das Live-Reportieren. Die Sportreporter sind da die Meister. Diese Spontanität, die Virtuosität der Formulierung in der Situation, die Emotionalität, die rüber kommt – das alles ist großartig. Das ist eine Kunstform, die man auch pflegen muss, weil sie sonst droht auszusterben. Das Radio ist ein emotionales Medium, dass mehr transportiert als Fakten und Zusammenhänge. Die eigene Emotionalität in einem professionellen Rahmen mit einzubringen – das ist eine Bereitschaft und Fähigkeit, die man haben sollte.

Gibt es erworbene Schlüsselkompetenzen, die unverzichtbar sind für einen nachhaltigen Erfolg in Ihrem Berufsfeld? Falls ja, auf welche Kompetenzen kommt es dabei ganz besonders an?
Ich bin hier im Norddeutschen Rundfunk mit einer Fernsehkollegin zusammen Vorsitzende der Volontärsauswahlkommission. Unsere Auswahlkriterien für junge Leute, die sich um ein Volontariat bewerben, beinhalten auch einen Studienabschluss. Dabei suchen wir nicht unbedingt nur nach Bewerberinnen und Bewerbern, die Medienwissenschaften und Kulturwissenschaften studiert haben. Uns interessieren auch gerade diejenigen, die eine mehr fachliche Studienausbildung gemacht haben: Wirtschaftswissenschaften, Jura auch Naturwissenschaften sind sehr gefragt.
Im Studium kann man einiges von dem lernen, was man dann auch im journalistischen Alltag braucht: Sich neue Themen systematisch erschließen, Wichtiges von Unwichtigem trennen, Zusammenhänge erkennen und in kurzer Zeit komplizierte Sachverhalte leicht verständlich beschreiben.
Wer in einem aktuellen Radioprogramm arbeitet, sollte sehr belastbar sein, unter hohem Zeitdruck mit Sorgfalt recherchieren, schnell entscheiden und nicht den Überblick verlieren. Das liegt nicht jedem oder jeder. Am besten man prüft vorher, ob man dafür wirklich geeignet ist.
Und dann braucht man in den audiovisuellen Medien die Fähigkeit, vor Publikum aufzutreten: Ob live im Studio oder als Reporterin oder Reporter vor Ort. Wenn man eine grundsätzliche Bereitschaft dazu hat, lässt sich das auch trainieren. Unser Beruf braucht keine Selbstdarsteller, aber Menschen, die gern unter Menschen sind.

Welche Bedeutung hatten Vorbilder und Mentoren auf Ihrem beruflichen Weg? Waren es eher Frauen oder Männer? Was haben Sie gelernt?
Wenn ich zurückblicke, fallen mir da – leider – nur Männer ein. Vor dreißig Jahren gab es eben kaum Frauen, die als Vorbild hätten dienen können. Vor allem große Journalisten waren mir ein Vorbild. Karl-Heinz Wocker war zum Beispiel ein von mir sehr bewunderter Auslandskorrespondent in London. Und Hanns-Joachim Friedrichs natürlich – alles große, souveräne, kluge und dazu noch sprühende Persönlichkeiten. Aber die waren natürlich weit weg.
Mentoren haben für meine berufliche Entwicklung eine wichtige Rolle gespielt. Auch das waren Männer im Norddeutschen Rundfunk. Der langjährige Programmdirektor Hörfunk, Gernot Romann, war einer meiner Mentoren und der frühere NDR-Intendant Jobst Plog. Mein Volontärs-Vater war der langjähriger Fernsehdirektor Jürgen Kellermeier. Ohne diese Mentoren, die meine Talente und Fähigkeiten früh gesehen und sich entschlossen haben, diese zu fördern, säße ich hier nicht.

Wie wichtig war und ist der private emotionale Rückhalt für Ihren beruflichen Weg?
Er ist wichtig. Ich bin mir nicht sicher, ob ich diesen Weg gegangen wäre, wenn ich nicht getragen würde von einer starken Unterstützung durch meinen Mann, meine Familie und Freunde. Glücklicherweise habe ich das so erlebt.

Wie schaffen Sie den Spagat zwischen der Freude am Erfolg verbunden mit hoher inhaltlicher und zeitlicher Belastung einerseits und dem Erfordernis mentaler Entspannung und dem Bedürfnis nach der Pflege privater sozialer Kontakte andererseits?
Mal besser, mal schlechter. In meinem idealen Leben habe ich viel mehr Zeit. Für mich, für meine Familie, für Freunde und Bekannte, für andere Dinge im Leben als den Beruf. Im wirklichen Leben bekomme ich es mal schlechter, mal besser hin. Natürlich bleiben Defizite. Dieser Spagat ist aber einer, der mich nicht zerreißt. Ich glaube, ich habe zwei Stärken, die mir helfen: Ich kann gut delegieren und ich kann mich abgrenzen. Ich traue anderen etwas zu und ich kann gut abgeben. Ich gehöre nicht zu denjenigen, die es ja angeblich gerade in höheren Führungspositionen gibt, die von Misstrauen geprägt sind. Das ist eine unglaubliche Erleichterung, wenn man nicht getragen ist von Skepsis und Misstrauen. Ich bin auch nicht der Meinung, dass ich alles am besten kann. Ich sehe, dass es viele Teilaspekte meiner Arbeit gibt, wo es Fachleute besser können als ich. Ich kann auch gut nein sagen und mich gut abgrenzen. So schaffe ich mir Freiräume. Das ist zwar immer noch ein ganzes Stück vom idealen Leben entfernt, aber alles kann man nicht haben.

Welche Bedeutung haben Auslandsaufenthalte für die Entwicklung von Karrieren in Ihrem Berufsfeld? Machen sie Sinn oder wird ihre Bedeutung überschätzt?
Ich glaube, dass Erfahrungen im Ausland sowohl persönlich als auch beruflich sehr, sehr wertvoll sein können. Wenn ich mit meinen Kolleginnen und Kollegen in der Volontärsauswahlkommission des NDR auf Lebensläufe gucke, dann achte ich schon darauf, ob jemand aus dem eigenen Städtchen rausgekommen ist. Ich schaue, ob jemand mobil ist, Erfahrungen gemacht hat in anderen Teilen Deutschlands und auch im Ausland. Ich vermerke es positiv, wenn jemand mal draußen gewesen ist. Ich sehe aber auch – was übrigens alle sehen, die sich mit solchen Auswahlprozessen beschäftigen –, dass die Aneinanderreihung von Praktika alleine noch kein Ausweis ist für irgendetwas. Also lieber einmal ins Ausland mit der Chance, auch wirklich vertiefte Erfahrungen zu sammeln. Was mich selbst angeht, war meine Auslandserfahrung – drei Jahre als Skandinavien-Korrespondentin – persönlich und beruflich sehr prägend.

Spielt ein großes und gut gepflegtes Netzwerk wirklich die Rolle, die ihm vielfach zugeschrieben wird?
Journalistinnen und Journalisten müssen vernetzt sein. Das ist Teil des Berufes. Ein Journalist als Einzelkämpfer, der sich als Eremit zurückzieht – das ist überhaupt nicht denkbar. Ein gut gepflegtes Netzwerk ist hilfreich. Besonders wichtig ist es, wenn man sich verändern will. Wenn man im Hier und Jetzt ganz zufrieden ist, braucht man es natürlich weniger.

Welche Vorteile haben Sie persönlich aus Netzwerken für sich generieren können?
Ich habe die letzten dreißig Jahre im Norddeutschen Rundfunk gearbeitet und bin hier in unserem Unternehmen gut vernetzt. Ich kenne viele Kollegen aus jahrzehntelanger Zusammenarbeit und glaube, dass das sehr hilfreich ist. Man kann Situationen besser einschätzen, man kann Informationen unterhalb und neben den üblichen Informationssträngen besorgen. Wenn es Konflikte gibt, kann man Manches auf direktem Wege ansprechen und Manches vielleicht auch lösen. Insoweit ist das Netzwerk von großem Wert.

Aber ich bin auch skeptisch, wenn Menschen in unserem Beruf über die Maßen viel Zeit damit verbringen, in die branchenüblichen Veranstaltungen zu gehen. Ich glaube, Einsatz und Ertrag stehen dort häufig in keinem sinnvollen Verhältnis.

Welche Rückschläge mussten Sie auf Ihrem beruflichen Weg hinnehmen? Wie kam es dazu und wie sind Sie damit umgegangen?
Rückschlag ist ein zu großes Wort, aber natürlich habe ich auch die Erfahrung gemacht, dass nicht alle Wünsche immer gleich wahr werden. Ich hatte zum Beispiel einen schwierigen Start in den Beruf. Ich habe schon nach dem Abitur versucht, ein Volontariat zu bekommen und habe mich bei 20 bis 30 Zeitungen in Norddeutschland beworben und überall nur Absagen oder überhaupt keine Antwort bekommen. Das war eine große Enttäuschung. Da habe ich mich schon gefragt, ob ich überhaupt Chancen habe. Diejenigen, die auf meine Bewerbung geantwortet haben, gaben mir oft den Ratschlag, erst etwas zu studieren.
Das habe ich dann auch gemacht, doch das war schon eine erhebliche Frustration am Anfang. Am Studium hatte ich eigentlich gar kein Interesse, ich wollte sofort rein in den Beruf. Studieren schien mir ein Umweg. Diesen Umweg bin ich gegangen und im Nachhinein hat sich gezeigt, dass das ein guter Umweg war, ja sogar ein glücklicher.
Später dann, nach dem Volontariat hier im Norddeutschen Rundfunk, wollte ich unbedingt in die Hauptabteilung Politik. Politik war einfach das, was mich begeisterte. Auch da bekam ich einen abschlägigen Bescheid, weil diese Abteilung seinerzeit keine Berufsanfängerinnen nahm. Man musste schon viele Berufsjahre auf dem Buckel haben und die brachte ich einfach nicht mit. Also fing ich, etwas enttäuscht, im damaligen Landesfunkhaus Hamburg an, und zwar bei der damaligen Hamburg Welle, dem Hamburger Regionalsender. Und auch da ist meine Erfahrung im Rückblick: Ein Glück, dass ich nicht gleich am Schreibtisch gelandet bin, sondern erst mal mit dem Mikrofon raus konnte. Auch das erwies sich viele Jahre später als glücklicher Umweg.
Beharrlichkeit, das Ziel nicht aus den Augen verlieren und dennoch bereit sein, Umwege zu gehen, von denen man nicht von vorneherein weiß, ob sie auch zum Ziel führen – das ist wichtig.

Hatten Sie auf Ihrem beruflichen Weg schon mal das Gefühl der Frustration und/oder der Resignation? Wie sind Sie mit diesem Gefühl umgegangen?
Resignation nein, Frustration ja – das gehört einfach auch zum Berufsleben. Bei den kleinen Frustrationen hilft mir, dass ich Kolleginnen und Kollegen habe, mit denen ich darüber reden kann. Einfach reden und mal Dampf ablassen. Das tut gut. Bei den großen Frustrationen hilft mir das Gespräch mit meinem Mann und mit ausgesuchten Weggefährten zum Entwickeln von Strategien.

Gab es auf Ihrem beruflichen Weg Situationen, wo Sie gegen Widerstände Ihren eigenen Weg gegangen sind und es sich gelohnt hat?
Ja, das gab es und es hat sich auf jeden Fall gelohnt. Es lohnt sich immer, bei sich zu bleiben, authentisch zu sein. Für mich sind meine Grundüberzeugungen immer wichtig gewesen. Von denen rücke ich nicht ab. Diese Grundhaltung hat mich immer begleitet und auch frei gemacht. Ich habe mir ohnehin immer vorstellen können, auch etwas Anderes zu machen. Ich muss nicht Chefredakteurin sein. Ich mache das gern. Aber ich habe, auch schon um mir innere Spielräume zu erhalten, immer andere Optionen gedanklich durchgespielt. Einfach um die innere Freiheit zu haben, zu sagen, gut, hier gibt es einen Konflikt bei einer

mir wichtigen Frage. Und diese Frage ist mir so wichtig, dass ich im Zweifelsfall auch sagen würde, wenn dieser Kurs nicht mehrheitsfähig ist, dann bin ich bereit, die Konsequenzen zu tragen. Das schafft Klarheit – für mich und andere.

Welche Ratschläge würden Sie jungen Frauen in der Medienbranche mit auf den Weg geben?
Ich glaube, dass es klug ist, angesichts vieler, junger Menschen – Männer wie Frauen –, die in den Beruf wollen, die eigenen Stärken zu stärken. Ergänzend zu einer Grundbildung sollte man sich möglichst breite Kenntnisse in einem Spezialgebiet aneignen. Wenn man seine Stärken entdeckt und ausbaut, wird man schlicht und einfach besser wahrgenommen. Das ist besser, als wenn man sich diffus aufstellt.
Und hilfreich ist auch gerade für junge Journalistinnen, selbstbewusster aufzutreten. Ich erlebe immer noch, dass gerade junge Frauen im Vergleich zu gleich ausgebildeten jungen Männern zu zurückhaltend und zu selbstkritisch sind. Sie sind weniger selbstbewusst, sie fordern weniger und sie trauen sich weniger zu. Das ist nach wie vor ein Handicap.

Welches sind die drei wichtigsten Stellschrauben für den Erfolg in Ihrem beruflichen Umfeld?
Haltung zeigen, Menschen mögen und vor allem hart an sich arbeiten. Das sind für mich die drei wichtigsten Stellschrauben. Haltung zeigen heißt seinen eigenen Weg finden und ihn konsequent gehen. Das ist wichtig, das überzeugt. Zyniker und Besserwisser gibt es in unserem Beruf genug. Wir brauchen junge Journalisten, die mit Verantwortungsbewusstsein und Fairness ihre gesellschaftlich wichtige Aufgabe wahrnehmen. Und zu guter Letzt: Wer nicht immer wieder sehr hart an sich arbeitet, wird nicht gut genug sein. Was für die meisten anderen Berufe gilt, gilt auch für den Journalismus: Nur selten ist der Erfolg reine Glückssache.

Was mussten Sie für die Erreichung Ihrer beruflichen Ziele und auf Ihrem beruflichen Weg aufgeben, was ist „auf der Strecke" geblieben?
Bei mir ist die Zeit für das Leben jenseits des Berufes zu knapp. Da fehlt ganz viel. Was auch auf der Strecke bleibt, ist Spontanität und die Möglichkeit, sie zu leben. In einem sehr strukturierten Berufsalltag, der dann auch weit über nine-to-five hinausgeht, gibt es ganz wenig Raum für Spontanität. Wünsche und Ideen kann man natürlich entwickeln, aber das dann auch zu leben, ist schwierig. Und was auch fehlt, ist Zeit und Kraft für ehrenamtliche Arbeiten.

Was hätten Sie rückblickend gern anders gemacht auf Ihrem beruflichen Weg? Gibt es „Weichen", bei denen Sie heute anders abbiegen würden?
Nein, das gibt es nicht. Aber nicht, weil ich denke, dass ich alles richtig gemacht habe. Sondern weil ich schlicht und einfach glaube, dass jeder Weg, den man einschlägt, immer Licht- und Schattenseiten hat und dass es mehr darauf ankommt, auch mit den Schattenseiten seinen Frieden zu machen. Das ist für mich Lebenskunst.

IV. Medienteilmarkt Fernsehen

„Keine Angst vor neuen Aufgaben haben"

Verena Kulenkampff, Fernsehdirektorin Westdeutscher Rundfunk (WDR)

Verena Kulenkampff, geboren 1952, hat Architektur an der TH Wien studiert. Ihr beruflicher Weg begann mit einem Volontariat bei den Düsseldorfer Nachrichten, wo sie anschließend fünf Jahre als Redakteurin tätig war bevor sie 1980 in die USA übersiedelte. Hier folgten ein Studium der Kunstgeschichte und des Films an der Columbia University in New York und Tätigkeiten für das ZDF-Studio New York als Producerin für die Reihe „Bilder aus Amerika". 1986 kehrte Verena Kulenkampff nach Deutschland zurück, wo sie zunächst Aufgaben als Dramaturgin und Producerin bei der NDR-Tochter Studio Hamburg übernahm. 1989 wurde sie Leiterin der Redaktion „Serien" in der NDR-Tochtergesellschaft NDR Media und ab 1994 Leiterin des Programmbereichs Fernsehfilm, Unterhaltung und Serien im NDR. Im Jahr 2000 folgte die Ernennung zur stellvertretenden Fernsehprogrammdirektorin, wenig später kamen Aufgaben als ARD-Koordinatorin für den Vorabend im Ersten und als ARD-Koordinatorin Unterhaltung hinzu. Seit 1. Mai 2007 ist Verena Kulenkampff WDR-Fernsehdirektorin.

Serien Producerin
Dramaturgin WDR Unterhaltung
Fernsehfilm Studio Hamburg
NDR Media Fernsehdirektorin NDR
Columbia University Studium der Architektur ART
Studium Kunstgeschichte und Film
Volontariat

Ihr beruflicher Weg hat Sie ganz an die Spitze geführt. Haben Sie von dieser Position schon zu Berufsbeginn geträumt? War es womöglich die Erfüllung eines lang gehegten Wunsches? Skizzieren Sie bitte kurz, wie es zu Ihrer beruflichen Laufbahn kam.
Ich hatte keinen konkreten Plan, als ich in den Journalismus kam. Ich glaube auch, dass es wesentlich sinnvoller ist, in jeder Phase des beruflichen Lebens Möglichkeiten zu nutzen, offen für Aufgaben zu sein und auch Risiken einzugehen. Eine am Reisbrett entwickelte Karriere führt nicht automatisch in die angestrebte Position.

Wie viel Zeit investieren Sie in Ihre berufliche Aufgabe? Sind Sie rund um die Uhr erreichbar und ist das eigentlich erforderlich in Spitzenjobs?
Jeder Manager, der eine hohe Verantwortung für Programme, Personal und Etat trägt, weiß, dass er gut organisiert sein muss und keinen Acht-Stunden-Tag hat. Die Erreichbarkeit ist wichtig, aber auch ein funktionierendes Delegationsprinzip ist notwendig.

Welches war rückblickend der entscheidende Faktor, der Ihre Karriere befördert hat?
Es gibt nicht einen Faktor, auf den sich ein Berufsweg reduzieren lässt. Ein wichtiger Punkt ist, keine Angst vor neuen Aufgaben zu haben.

Welche Bedeutung hatten auf Ihrem beruflichen Weg die bewusste Karrieregestaltung einerseits und Zufall und Glück andererseits?
Weder noch – auch ohne bewusste Karrieregestaltung kann man Angebote annehmen oder ausschlagen. Beides habe ich getan. Eine klare Einschätzung der eigenen Leistung ist Voraussetzung und gelegentlich helfen Zufall und Glück.

Wie wichtig ist Branchen- und/oder Unternehmenstreue für den beruflichen Aufstieg? Oder braucht gerade Karriere den gezielten, wohl durchdachten Wechsel?
Unternehmenstreue kann für manche Schritte wichtig sein, verstellt aber gelegentlich den Blick. Innerhalb einer Branche verschiedene Unternehmen und Perspektiven kennenzulernen ist gut und richtig, um Erfahrungen zu sammeln.

Gibt es persönliche Schlüsseleigenschaften, die unverzichtbar sind für einen nachhaltigen Erfolg in Ihrem Berufsfeld? Falls ja, auf welche Eigenschaften kommt es dabei ganz besonders an?
Journalisten lernen Fragen zu stellen, sich schnell auf verschiedenartige Themen einzustellen und sich in neue Sachgebiete einzuarbeiten. Insbesondere die richtigen Fragen zu stellen, ist für eine Management-Funktion unabdingbar.

Gibt es erworbene Schlüsselkompetenzen, die unverzichtbar sind für einen nachhaltigen Erfolg in Ihrem Berufsfeld? Falls ja, auf welche Kompetenzen kommt es dabei ganz besonders an?
Man muss zuhören können, andere Menschen und Mitarbeiter in die Entscheidungsprozesse einbeziehen. Transparent kommunizieren und Ratschläge berücksichtigen sind entscheidende Kompetenzen für gute Teamarbeit.

Welche Bedeutung hatten Vorbilder und Mentoren auf Ihrem beruflichen Weg? Waren es eher Frauen oder Männer? Was haben Sie gelernt?
Ohne Vorbilder und Mentoren geht es nicht. In einer frühen Phase des Berufslebens waren Vorbilder vor allem Männer, weil es gar nicht so viele Frauen in Führungspositionen gab. Ich habe aber mehrfach meinen Werdegang Mentorinnen zu verdanken.

Wie wichtig war und ist der private emotionale Rückhalt für Ihren beruflichen Weg?
Ich habe nie nur für den Beruf gelebt. Die Gewichtungen unterscheiden sich insofern, dass man mit kleinen Kindern andere Organisationsstrukturen braucht als vorher oder auch später. Alles in allem ist eine Familie dafür gut, dass man sich selbst nicht zu wichtig nimmt und auch andere Themen hat.

Wie schaffen Sie den Spagat zwischen der Freude am Erfolg verbunden mit hoher inhaltlicher und zeitlicher Belastung einerseits und dem Erfordernis mentaler Entspannung und dem Bedürfnis nach der Pflege privater sozialer Kontakte andererseits?
Den Widerspruch sehe ich nicht. Wenn mir mein Beruf Spaß macht, ergeben sich daraus auch private Kontakte und das Interesse an Menschen sollte beide Felder gleichermaßen abdecken.

Welche Bedeutung haben Auslandsaufenthalte für die Entwicklung von Karrieren in Ihrem Berufsfeld? Machen sie Sinn oder wird ihre Bedeutung überschätzt?
Sie sind für Journalisten äußerst wichtig. Ich habe nach dem Volontariat in den USA studiert und auch einige Jahre in verschiedenen Funktionen in New York gearbeitet. Der Blick über den nationalen Tellerrand hat mir bei allen weiteren Schritten geholfen.

Spielt ein großes und gut gepflegtes Netzwerk wirklich die Rolle, die ihm vielfach zugeschrieben wird?
Es gibt geborene Netzwerker, aus denen aber nicht automatisch etwas wird. Kompetenzen im jeweiligen Fachgebiet würde ich höher bewerten.

Welche Vorteile haben Sie persönlich aus Netzwerken für sich generieren können?
Ich bin kein großer Netzwerker. Der Zeitaufwand steht – nach meiner Erkenntnis – in keinem Verhältnis zum Gewinn an Karriere-Chancen.

Welche Rückschläge mussten Sie auf Ihrem beruflichen Weg hinnehmen? Wie kam es dazu und wie sind Sie damit umgegangen?
Ich habe zweimal im Leben gekündigt und mit etwas Neuem angefangen, ohne die Erfolgschancen zu kennen. In beiden Fällen musste ich neu meinen Platz und die Position finden.

Hatten Sie auf Ihrem beruflichen Weg schon mal das Gefühl der Frustration und/oder der Resignation? Wie sind Sie mit diesem Gefühl umgegangen?
Natürlich ist mir das Gefühl der Frustration nicht fremd. Wie oft laufen Projekte zu langsam, sind Entscheidungsstrukturen mühsam. Das hat allerdings nicht zum Gefühl der Resignation geführt.

Gab es auf Ihrem beruflichen Weg Situationen, wo Sie gegen Widerstände Ihren eigenen Weg gegangen sind und es sich gelohnt hat?
Ja, natürlich – dass es unterschiedliche Interessen in Unternehmen gibt, ist doch klar. Man muss erkennen, wann es sich lohnt zu kämpfen, und wann es nicht ratsam ist, mit dem Kopf durch die Wand zu wollen.

Welche Ratschläge würden Sie jungen Frauen in der Medienbranche mit auf den Weg geben?
Das zu machen, worauf sie Lust haben. Nur wer Spaß an seiner Aufgabe hat und motiviert ist, wird auch für nächste Karriereschritte geeignet sein und von Vorgesetzten als möglicher Kandidat eingeschätzt.

Welches sind die drei wichtigsten Stellschrauben für den Erfolg in Ihrem beruflichen Umfeld?
Gute Kommunikation, Durchsetzungsvermögen, Sachkompetenz.

Was mussten Sie für die Erreichung Ihrer beruflichen Ziele und auf Ihrem beruflichen Weg aufgeben, was ist „auf der Strecke" geblieben?
Eigentlich gar nichts.

Was hätten Sie rückblickend gern anders gemacht auf Ihrem beruflichen Weg? Gibt es „Weichen", bei denen Sie heute anders abbiegen würden?
Ganz offen gestanden, stelle ich mir diese Frage nicht, weil sie relativ müßig ist.

„Einfach einen guten Job machen"

Maria von Borcke, Geschäftsführerin N24 Media GmbH

© N24/Davids

Maria von Borcke, Jahrgang 1968, hat an der Pariser Sorbonne, in Göttingen, Madrid und in Berlin studiert. Nach dem Zweiten Juristischen Staatsexamen kam sie 1996 als Assistentin des Unterhaltungschefs zu Sat.1 und wurde dort zwei Jahre später Koordinatorin Business Affairs der Entertainment-Abteilung. 2006 wurde sie dort zum Senior Manager Business Affairs ernannt. Seit 2009 ist Maria von Borcke Geschäftsführerin der Maz & More TV-Produktion GmbH und zudem Geschäftsführerin der N24 Media.

Drei Kinder
Auftragsproduzentin   Sat. 1
Gesellschafterin MAZ & MORE TV Produktion
Sorbonne Paris IV   Neunzehnhundertachtundsechzig
Business Affairs   Geschäftsführerin Neugierde
Studium der Rechtswissenschaften   Universidad Complutense de Madrid
Freie Universität Berlin   2. Juristisches Staatsexamen
N24 Media

Ihr beruflicher Weg hat Sie ganz an die Spitze geführt. Haben Sie von dieser Position schon zu Berufsbeginn geträumt? War es womöglich die Erfüllung eines lang gehegten Wunsches? Skizzieren Sie bitte kurz, wie es zu Ihrer beruflichen Laufbahn kam.

Nein, es war sicherlich kein lang gehegter Wunsch von mir. Eigentlich wollte ich nach dem Jura-Studium an die Universität gehen. 1996 habe ich mein zweites juristisches Staatsexamen gemacht und danach wollte ich gerne promovieren. Doch dann fing ein Bekannter von mir bei Sat.1 an und suchte für den kaufmännischen, planerischen und juristischen Bereich jemanden, der die Koordination übernimmt. Er fragte mich, ob ich mir diesen Job vorstellen könne, und ich habe zugesagt – das war eine reine Bauchentscheidung. Ich habe zunächst als Assistentin des Unterhaltungschefs gearbeitet.

Ein Jahr später wurde ich schwanger. Nach der Elternzeit von sechs Monaten habe ich den Job in Teilzeit dann wieder aufgenommen. Im Jahr 1998 wurde meine Stelle verändert. Ich wurde „Koordinatorin Business Affairs" und konnte einige Zeit später auch wieder in Vollzeit arbeiten, dank einer Teleworking-Stelle. Als mein zweites Kind im Jahr 2004 zur Welt kam, habe ich erneut sechs Monate Elternzeit genommen. Anschließend bin ich zunächst in Teilzeit, dann später auch wieder in Vollzeit in den Job eingestiegen. Im Jahr 2006 wurde ich dann zur „Senior Manager Business Affairs" befördert.

Ende 2008 kam schließlich der Wendepunkt. Der Vorstand der ProSiebenSat.1 Media AG hatte beschlossen, Sat.1 nach München zu verlagern. Die Mitarbeiter wurden gefragt, ob sie mitgehen wollten oder nicht. Ich lebte damals alleinerziehend mit meinen beiden Kindern in Berlin und verfügte dort über eine sehr gute Infrastruktur. Deshalb habe ich mich dafür entschieden, nicht nach München zu gehen, und habe einen Aufhebungsvertrag unterschrieben.

Wenn ich heute zurückblicke, war das ein sehr mutiger Schritt. Ich hatte zu dem Zeitpunkt keinen anderen Job in Aussicht. Aber ich habe zu mir selbst gesagt: „Ich finde mich gut und eigentlich kann sich jedes Unternehmen freuen, wenn es mich anstellt." Dass das eine etwas naive Haltung war, war mir durchaus bewusst. Aber ich hatte Glück: Bei der ProSiebenSat.1 Media AG gab es nämlich am Standort Berlin Umstrukturierungen. So wurde im Zuge des Umzugs von Sat.1 nach München entschieden, dass die Zentralredaktion des Senders in die Maz & More TV-Produktions GmbH ausgegliedert in Berlin bleiben und an N24 angedockt werden sollte.

Nach zwei Monaten fragte man mich, ob ich Lust hätte, gemeinsam mit Dr. Torsten Rossmann die Geschäftsführung zu übernehmen. Dieses Angebot habe ich angenommen. Im ersten halben Jahr bedeutete das für mich einen Doppeljob: Zum einen meinen alten Job bei Sat.1 und zum anderen die neue Position als Geschäftsführerin.

Nachdem der Sat.1-Umzug abgeschlossen war, habe ich die Geschäftsführung gemeinsam mit Dr. Rossmann gemacht und ca. ein halbes Jahr später zeichnete sich dann ab, dass auch für den Sender N24 eine neue Lösung gesucht wurde. Dr. Rossmann wurde im Zuge dieser geplanten Umstrukturierung von N24 das Angebot eines Management–Buy-Out unterbreitet. Wir haben darüber diskutiert, er hat zwei weitere Kollegen, den Technik-Geschäftsführer und den Prokuristen von N24, ins Team geholt und dann haben wir zu viert einen MBO-Plan erstellt.

Als bekannt wurde, dass ein MBO möglich sein könnte und sich auch andere Investoren für eine Übernahme von N24 interessierten, kamen der eine oder andere aus der Branche auf uns zu. Darunter waren auch Stefan Aust und einer seiner damaligen Kollegen. Die beiden haben wir dann in unser Team integriert. Im Jahr 2010 wurde das Management–Buy-Out vollzogen und seitdem arbeiten wir hier zu sechst als Gesellschafter und Geschäftsführer der N24-Gruppe. Zurzeit arbeite ich in Teilzeit, weil ich 2012 ein drittes Kind bekommen habe.

Wie viel Zeit investieren Sie in Ihre berufliche Aufgabe? Sind Sie rund um die Uhr erreichbar und ist das eigentlich erforderlich in Spitzenjobs?
Ich bin rund um die Uhr erreichbar und ich glaube auch, dass dies in Spitzenjobs erforderlich ist. Ich unterscheide dabei aber ganz klar zwischen persönlicher Anwesenheit vor Ort und breiter gefasster Anwesenheit in Form von Erreichbarkeit. Ich persönlich nutze die Möglichkeit, von zu Hause aus arbeiten zu können. Für mich ist es ein großes Privileg. Durch Blackberry und Teleworking gewinne ich wichtige Flexibilität, die ich brauche, weil ich auch für meine drei Kinder präsent sein möchte. Ich mag keine Überraschungen, ich möchte gerne im Bilde sein, möchte diskutieren und mitgestalten können.

Welches war rückblickend der entscheidende Faktor, der Ihre Karriere befördert hat?
Bei mir waren es ganz unterschiedliche Dinge. Ich hatte immer Vorgesetzte und Kollegen, die darauf vertraut haben, dass ich genau so, wie ich mich selbst organisiere, auch beruflich alles schaffe und umsetze. Dieses Vertrauen in meine Fähigkeiten hat mir die große Freiheit mit meinen Kindern ermöglicht.
Und dann war da natürlich die große Chance, die ich bekommen habe, als Sat.1 nach München umgesiedelt ist. Ich hätte wahrscheinlich sonst mein Leben lang bei Sat.1 gearbeitet. Ich wollte und ich will einfach nur einen guten Job machen. Ich finde, ich mache einen guten Job und bin sicherlich auch in einem bestimmten Umfang ehrgeizig. Aber mein Leben war bestimmt nicht von Anfang an darauf ausgerichtet, irgendwann die große Karriere zu machen.

Welche Bedeutung hatten auf Ihrem beruflichen Weg die bewusste Karrieregestaltung einerseits und Zufall und Glück andererseits?
Ich muss ehrlich sagen, dass Zufall und Glück bei mir oft eine große Rolle gespielt haben. Ich halte mich für fähig und kompetent, aber wenn ich damals nicht die Chance von Dr. Rossmann bekommen hätte, dann hätte ich mich auch nicht wahnsinnig bemüht, weiter aufzusteigen.
Aus dieser Chance habe ich dann etwas gemacht. Ohne den Weggang von Sat.1 nach München wäre ich nicht teil des MBO-Teams geworden. Man kann Glück haben im Leben und eine Chance bekommen, aber was man dann daraus macht und inwiefern man diese Chance nutzt, hängt von jedem Einzelnen ab. Man muss schon gut sein, um den Job auszufüllen. Ich habe einen großen Fokus auf meine Kinder und ich weiß aus eigener Erfahrung, dass es oft nicht einfach ist, Familie und Beruf zu vereinbaren. Deshalb versuche ich auch hier im Unternehmen, meinen Mitarbeitern die Vereinbarkeit von Familie und Beruf leicht zu machen.

Wie wichtig ist Branchen- und/oder Unternehmenstreue für den beruflichen Aufstieg? Oder braucht gerade Karriere den gezielten, wohl durchdachten Wechsel?
Ich selbst war ja sozusagen immer im gleichen Unternehmen. Mir hat das sehr genutzt. Dadurch hatte ich die Möglichkeit, alles zu durchdringen. Ich habe gewusst, was ich tue und ich kannte alle entscheidenden Leute. Das hat mir die tägliche Arbeit erleichtert und mir

jene Freiräume ermöglicht, die ich brauchte, um mich für neue Aufgabenfelder innerhalb des Unternehmens anbieten zu können.

Allgemein gesehen ist es aber nicht schlecht, innerhalb der Karrierelaufbahn das Unternehmen auch mal zu wechseln. Es verleiht einem einen anderen Nimbus. Man macht zum Beispiel größere Gehaltssprünge, wenn man abgeworben wird oder in ein anderes Unternehmen wechselt.

Gibt es persönliche Schlüsseleigenschaften, die unverzichtbar sind für einen nachhaltigen Erfolg in Ihrem Berufsfeld? Falls ja, auf welche Eigenschaften kommt es dabei ganz besonders an?
Ja, solche Eigenschaften gibt es. Grundsätzlich sind das aber Eigenschaften, die von Menschen ganz allgemein gefordert werden: Integrität, Loyalität, Teamfähigkeit, Selbstvertrauen, Reflexion, Empathie für die Menschen, die um einen herum sind, Strukturiertheit, Organisationsfähigkeit und Disziplin. Das sind aus meiner Sicht alles Eigenschaften, die eine Persönlichkeit formen und ausmachen. Ich denke, dass es beruflich nicht unbedingt anders ist als in anderen Kontexten.

Gibt es erworbene Schlüsselkompetenzen, die unverzichtbar sind für einen nachhaltigen Erfolg in Ihrem Berufsfeld? Falls ja, auf welche Kompetenzen kommt es dabei ganz besonders an?
Man benötigt definitiv fachspezifisches Know-how. Außerdem sollte man natürlich Interesse für das Berufsfeld mitbringen. Ein abgeschlossenes Studium ist meiner Meinung nach ebenfalls förderlich. Es zeigt, dass man sich durch etwas durchkämpfen kann, dass man eine gewisse Leistung und eine Sache zu Ende bringen kann. Welches Fach man studiert hat, das ist eigentlich gar nicht so wichtig. Wichtig ist nur, nicht mitten drin aufzuhören. Das kann man einfach nicht gut vertreten.

Welche Bedeutung hatten Vorbilder und Mentoren auf Ihrem beruflichen Weg? Waren es eher Frauen oder Männer? Was haben Sie gelernt?
Ich hatte keine Vorbilder, aber ich hatte Mentoren. Ich habe mit meinen Vorgesetzten, die bis auf eine Ausnahme alle Männer waren, immer wunderbar als Team funktioniert. Wir hatten immer klare Arbeitsteilungen: Ich hatte durch meine Ausbildung als Juristin und meine charakterliche beziehungsweise persönliche Disposition die ordnende und strukturierende Rolle und meine Vorgesetzten die kreative Rolle. Ich konnte in den jeweiligen Konstellationen immer sehr gut wachsen, weil mich niemand unter Druck gesetzt hat. Meine Vorgesetzten waren immer froh, dass ich Dinge eingebracht habe, die sie selbst nicht hätten einbringen können. Auf dieser Basis konnte ich sehr viel lernen, schrittweise mehr Verantwortung übernehmen und empfand das immer als große Bereicherung.

Wie wichtig war und ist der private emotionale Rückhalt für Ihren beruflichen Weg?
In meinem Leben spielt der private Rückhalt eine zentrale Rolle. Wenn ich meine Kinder nicht optimal versorgt und glücklich weiß, dann kann ich nicht gut arbeiten. Ich lege großen Wert darauf, dass alle Strukturen und Abläufe gut organisiert sind, um Freiräume zu bekommen, die dann auch der Familie zu Gute kommen.
Ich stelle mir immer wieder die Frage: „Muss ich jetzt wirklich persönlich anwesend sein oder reicht es auch, dass ich mich telefonisch reinwähle beziehungsweise über Blackberry erreichbar bin?". Diese Arbeitsweise haben meine Vorgesetzten immer mitgetragen. Ich

habe ihnen immer von Anfang an meine Arbeitsvorstellungen kommuniziert und sie haben es dann mit mir ausprobiert. Weil ich sehr zuverlässig bin, hat dies auch immer funktioniert. Außerdem habe ich das Glück, dass meine Familie hinter mir steht und mich unterstützt.

Wie schaffen Sie den Spagat zwischen der Freude am Erfolg verbunden mit hoher inhaltlicher und zeitlicher Belastung einerseits und dem Erfordernis mentaler Entspannung und dem Bedürfnis nach der Pflege privater sozialer Kontakte andererseits?
Das ist schwierig. Ich habe es vorhin ja schon angedeutet, dass ich ein extrem organisierter und disziplinierter Mensch bin. Ohne Organisation würde es bei mir nicht gehen. Bei uns ist der Alltag über die Woche hinweg so getaktet, dass das ganze System auseinander fliegt, wenn sich mal einer – übertrieben ausgedrückt – fünf Minuten verspätet. In der Woche gibt es bei uns nur wenig Raum für Spontanität. Dieser Umstand führt dazu, dass ich ein extrem pünktlicher Mensch bin.
Im Job ist das nicht anders. Mir ist es wichtig, dass wir als Team gut funktionieren. Ich könnte keine gute Arbeit machen, wenn ich nicht ein Super-Team und tolle Kollegen um mich herum hätte, die meine Arbeitsweise akzeptieren. Außerdem ist es wichtig, dass man sich seine eigenen Freiräume sucht. Ich gehe zum Beispiel drei Mal in der Woche morgens schwimmen, damit ich auch körperlich fit bleibe. Wenn es um private Dinge geht, bin ich abends in der Regel die Erste, die von der Party nach Hause geht. Partys sind mir nicht so wichtig. Ich liebe es, mit meiner Familie zusammen zu sein.

Welche Bedeutung haben Auslandsaufenthalte für die Entwicklung von Karrieren in Ihrem Berufsfeld? Machen sie Sinn oder wird ihre Bedeutung überschätzt?
Ich habe selbst Erfahrungen im Ausland gemacht. Nach dem Abitur war ich ein Jahr in Frankreich und während meines Jura-Studiums ein Semester in Madrid. Ich kann nicht sagen, dass es unbedingt wichtig gewesen ist und ich kann auch nicht sagen, was gewesen wäre, wenn ich es nicht gemacht hätte. Für mich selbst habe ich diese Zeit aber als große Bereicherung empfunden. Ich denke, man sollte die Möglichkeit, ins Ausland zu gehen, nutzen, wenn sie sich ergibt. Das gibt einem eine geistige Flexibilität, frei dem Motto: „It opens your mind!". Ich sehe das immer, wenn ich mit Geschäftspartnern anderer Nationalität zusammen komme. Es ist einfach nett, wenn man mit denen in ihrer Landessprache sprechen kann, abgesehen von Englisch, was sowieso Pflicht ist. Der Nutzen fremder Sprachen ist aber immer auch abhängig von der eigenen Persönlichkeit. Wenn man von Natur aus ein aufgeschlossener Mensch ist, dann muss man nicht zwingend drei Sprachen sprechen können, um mit Menschen zu kommunizieren. Das funktioniert dann auch anders.

Spielt ein großes und gut gepflegtes Netzwerk wirklich die Rolle, die ihm vielfach zugeschrieben wird?
Ich weiß, dass „Netzwerken" gerade im Mediensektor einen unglaublich hohen Stellenwert hat. Ich selbst habe ein großes privates Netzwerk: Im Beruf habe ich dann auch gedacht, dass ich mal netzwerken muss. Das hat dann dazu geführt, dass ich heute Karteileiche bei einem Medienstammtisch bin. Ich habe das „Netzwerken" nie praktiziert und ich habe das bis jetzt auch nicht bedauert. Ich trenne ganz gern zwischen beruflichen und privaten Dingen. Wenn ich Menschen im Beruf kennen lerne, die ich dann auch noch nett finde, dann freunde ich mich auch privat mit ihnen an. Aus der Medienbranche habe ich so zwei, drei Freundinnen, aber wir reden selten über berufliche Angelegenheiten. Ich sehe, dass Netz-

werke für viele Menschen in meinem Umfeld sicherlich förderlich sind. Ich denke aber auch, dass wenn man ein Netzwerk braucht, um weiter zu kommen, dies nur die Defizite in anderen Bereichen kompensiert.

Welche Vorteile haben Sie persönlich aus Netzwerken für sich generieren können?
Privat ziehe ich daraus sehr viele Vorteile, aber beruflich nutze ich sie nicht.

Welche Rückschläge mussten Sie auf Ihrem beruflichen Weg hinnehmen? Wie kam es dazu und wie sind Sie damit umgegangen?
Rückschläge würde ich es nicht nennen – aber als meine beiden ersten Kinder geboren wurden, war ich natürlich erst einmal ein halbes Jahr ganz raus aus dem Beruf. Danach bin ich dann zunächst nur als Teilzeitkraft wieder in den Beruf zurückgegangen. Dadurch setzt zumindest eine Stagnation ein. Wenn dann im Umfeld nach Menschen gesucht wird, die man irgendwie befördern könnte, dann steht man nicht unbedingt an erster Stelle.

Hatten Sie auf Ihrem beruflichen Weg schon mal das Gefühl der Frustration und/oder der Resignation? Wie sind Sie mit diesem Gefühl umgegangen?
Das hatte ich, als ich aus meiner Elternzeit wieder zurückgekommen bin. Es gibt ja überall auch Menschen, die übertrieben netzwerken, die bis um 22 Uhr im Büro sitzen, den Bleistift von rechts nach links schieben, warten, bis der Chef nach Hause geht und darüber hinaus möglicherweise gar nicht so besonders kompetent sind. Wenn man dieser Spezies begegnet, erfordert es schon ein gewisses Maß an Selbstbeherrschung, um sich nicht zu sehr darüber zu ärgern.
Mein „Gegenmittel" war dann immer die Besinnung auf mich selbst – ich kann mich selbst gut konditionieren, indem ich mir mein breites und reiches Leben vor Augen führe.

Gab es auf Ihrem beruflichen Weg Situationen, wo Sie gegen Widerstände Ihren eigenen Weg gegangen sind und es sich gelohnt hat?
Widerstände wären vielleicht zu hoch gegriffen, aber die damalige Entscheidung, nicht nach München zu gehen, war sehr mutig für mich. Natürlich habe ich finanzielle Unterstützung von den Vätern meiner Kinder bekommen, aber die Hauptverdienerin war ich immer selbst. Wenn man weiß, dass das Jobangebot in Berlin im Medienbereich begrenzt ist, fragt man sich schon, ob das jetzt alles so richtig ist, wie man es macht. Ich habe es gemacht und am Ende hat es sich ausgezahlt. Ich würde sagen, ich bin ein Mensch, der Kritik auch dann äußert, wenn sie nicht unbedingt gewünscht wird. Das geht vielen Leuten in meinem Umfeld auf die Nerven, aber als Widerstand kann man das nicht bezeichnen. Ich glaube, dass es „on the long run" eher ein Vorteil als ein Nachteil ist, wenn man seine Meinung vertritt.

Welche Ratschläge würden Sie jungen Frauen in der Medienbranche mit auf den Weg geben?
Ich denke, man sollte nicht zu verbissen karriereorientiert sein. Wenn Leute um mich herum zu sehr zeigen, dass sie unbedingt Karriere machen wollen, dann finde ich das eher unsympathisch. Ich mag es lieber, wenn Leute ihre Aufgaben erledigen, interessiert sind und einfach einen guten Job machen. Ich befürchte aber, dass die meisten das so nicht sehen. Männer sind da sicherlich nicht so zurückhaltend, sondern fordern oft mehr als sie wert sind. Frauen hingegen fordern in der Regel eher zu wenig. Man sollte Selbstvertrauen haben und sich nicht verbiegen lassen. Dennoch muss man reflektiert sein und immer prüfen, ob

die eigene Position auch die richtige ist. Außerdem, finde ich, ist Spaß an der Arbeit wichtig. Man muss sich immer wieder hinterfragen, warum man den Job machen will. Man sollte sich permanent weiterbilden, seine Fähigkeiten optimieren und diese dann auch unter Beweis stellen. Wenn ich berufliche Qualifikationen bewerte, ist für mich ein zentraler Punkt, ob die Menschen Problemlöser sein wollen oder ob sie nur Probleme aufzeigen und Probleme machen. Es ist für mich immer ganz toll, wenn Menschen sich als Problemlöser verstehen und bei Problemen auch schon Lösungsvorschläge mitbringen. Ich mag konstruktive und optimistische Menschen.

Welches sind die drei wichtigsten Stellschrauben für den Erfolg in Ihrem beruflichen Umfeld?
An erster Stelle braucht man Know-how, ohne Wissen geht es nicht. Ich denke, Qualität setzt sich durch. Zweitens sollte man engagiert sein. Und zum dritten braucht man Selbstvertrauen. Man sollte sein eigenes Licht nicht zu stark unter den Scheffel stellen. Zwar sollte man nicht zu angeberisch daher kommen, aber man sollte auch nicht vertuschen, was man kann.

Was mussten Sie für die Erreichung Ihrer beruflichen Ziele und auf Ihrem beruflichen Weg aufgeben, was ist „auf der Strecke" geblieben?
In meinem Fall kann ich nicht behaupten, dass etwas auf der Strecke geblieben ist. Einfach weil meine Karriere sich eben auch ein bisschen zufällig ergeben hat.

Was hätten Sie rückblickend gern anders gemacht auf Ihrem beruflichen Weg? Gibt es „Weichen", bei denen Sie heute anders abbiegen würden?
Ich hätte nichts anders gemacht auf meinem beruflichen Weg. Ich hatte und habe das große Privileg, dass ich mit Menschen arbeite, die ich gern habe. Ich freue mich jeden Tag, ins Büro zu fahren. Klar gibt es immer Probleme, die ich lösen muss. Aber ich weiß, dass ich ein wunderbares Team und wunderbare Kollegen sowie Geschäftspartner habe, so dass ich mich immer auf meine Arbeit freue.

„Viel Sein. Ein bisschen Schein. Und jede Menge Schwein"
Gabi Bauer, Journalistin und Fernsehmoderatorin, ARD

© Olff Appold

Gabi Bauer, geboren 1962, studierte Anglistik, Romanistik, Philosophie und Pädagogik in Hamburg, Hannover, Grenoble (Frankreich) und Kalamazoo (USA). Sie arbeitete zunächst als freie Mitarbeiterin bei radio ffn in Hannover; später wurde sie dort festangestellte Redakteurin und stellvertretende Nachrichten-Chefin. Nach ihrem Wechsel zum NDR moderierte sie dort zunächst im Hörfunk die Sendungen „Mittagskurier" und „Abendkurier" bevor sie im NDR Fernsehen die Moderation des Regionalmagazins „Hallo Niedersachsen" übernehmen konnte und als Reporterin für „Tagesschau" und „Tagesthemen" tätig wurde. Gabi Bauer präsentierte die ersten moderierten Tagesschau-Ausgaben am Nachmittag und kurze Zeit später die „Tagesthemen". Für diese Arbeit erhielt Gabi Bauer viele Preise, unter anderem den Bambi, den Telestar, den Hanns-Joachim-Friedrichs-Preis und den Goldenen Löwen. Es folgten die Talk-Formate „Gabi Bauer" und „paroli" sowie „Farbe bekennen" im Ersten. Seit 2006 moderiert Gabi Bauer das ARD-Nachtmagazin.

Redakteurin Talkshow radio ffn
Bambi Prägnanz ARD-Tagesthemen
Zwillinge
Sprachen-Studium Hajo-Friedrichs-Preis
Neunzehnhundertzweiundsechzig
Hörfunk ARD-nachtmagazin
Moderatorin NDR 2 Interview

Ihr beruflicher Weg hat Sie ganz an die Spitze geführt. Haben Sie von dieser Position schon zu Berufsbeginn geträumt? War es womöglich die Erfüllung eines lang gehegten Wunsches? Skizzieren Sie bitte kurz, wie es zu Ihrer beruflichen Laufbahn kam.

Mein Weg war eine Mischung aus „Ohne-Zögern-die-Gelegenheit-Ergreifen" und „Dann-erst-den-nächsten-Schritt-Planen". Langfristige Karrierepläne hatte ich nie – dazu war mir das Leben zu bunt. Ehrgeiz allerdings definitiv – er galt der jeweiligen Aufgabe, dem journalistischen Inhalt, der kreativen Gestaltung.

Anfangs Wechsel etwa im 2-Jahres-Rhythmus: Stellvertretende Chefin für Nachrichten/Politik beim Privatsender radio ffn. Bewerbung zum größeren NDR. Dort war ich – so sagte man mir – die erste „Privatfunkerin", die der NDR als Redakteurin einstellte. Alles Weitere ergab sich durch Abwerbung. Fernsehen regional, ARD-aktuell, Tagesschau, Tagesthemen, diverse Interview-Sendungen, ARD-Nachtmagazin.

Wie viel Zeit investieren Sie in Ihre berufliche Aufgabe? Sind Sie rund um die Uhr erreichbar und ist das eigentlich erforderlich in Spitzenjobs?

Für den Sender war und bin ich immer erreichbar. Für freiberufliche Anfragen habe ich einen Mitarbeiter zwischengeschaltet. Die Erreichbarkeit für die ARD ist eingepreist, finde ich, so lange die Abteilungsleitung bewusst und rücksichtsvoll damit umgeht. Das tut sie. Es gab allerdings ARD-Phasen, die würde ich heute nicht mehr so akzeptieren. Lange Zeiten ohne Stellvertreter zum Beispiel. Wenn Menschen sich überfordern, hat auch das Unternehmen keinen Gewinn.

Welches war rückblickend der entscheidende Faktor, der Ihre Karriere befördert hat?

Viel Sein. Ein bisschen Schein. Und jede Menge Schwein. Vielleicht kann man das so zusammenfassen. Außerdem in jeder Phase meiner Karriere Menschen, die anfangs nur Talent, Energie und Zielstrebigkeit in mir erkannten, später von meiner Arbeit überzeugt waren und mich forderten, förderten, mir neue Möglichkeiten eröffneten.

Welche Bedeutung hatten auf Ihrem beruflichen Weg die bewusste Karrieregestaltung einerseits und Zufall und Glück andererseits?

Tatsächlich wie eben schon angedeutet: Flexibel sein und Chancen erkennen – das war mein Weg, dabei spielen dann Glück und Zufälle auch eine große Rolle. Karriere ist, denke ich, in den seltensten Fällen wirklich geradlinig planbar. Vielleicht möchte ich mit 45 gar nicht mehr das, was ich mit 25 noch hochspannend fand. Auch Berufsbilder ändern sich, gerade jetzt im Journalismus. Breit aufgestellt zu sein ist sicher die bessere Ausgangsposition.

Wie wichtig ist Branchen- und/oder Unternehmenstreue für den beruflichen Aufstieg? Oder braucht gerade Karriere den gezielten, wohl durchdachten Wechsel?

Nur wer über den Tellerrand blickt, kann vielfältige Erfahrungen sammeln.

Also: Gerade zu Beginn der Laufbahn besser nicht auf der Stelle stehen, sondern weiter entwickeln, auch wechseln. Jeder gute Arbeitgeber wird Bewerber schätzen, die verschiedene journalistische Systeme, Bereiche und Arbeitsweisen kennengelernt haben.

Gibt es persönliche Schlüsseleigenschaften, die unverzichtbar sind für einen nachhaltigen Erfolg in Ihrem Berufsfeld? Falls ja, auf welche Eigenschaften kommt es dabei ganz besonders an?

Also gut, Hörfunk geht nicht ohne starke angenehme Stimme, Fernseh-Moderation setzt ein angenehmes Äußeres voraus. Soweit mal schnell vorweg die Binsen. Ausgeprägte Kommunikationsfähigkeit versteht sich ebenso von selbst, nach innen wie nach außen. Und natürliche Neugier. Freude daran, jeden Tag neu zu lernen – das ist für Journalismus in allen Facetten Grundvoraussetzung. Und gerade das Reizvolle an diesem Beruf.

Noch etwas Wichtiges? Ja. Journalisten sollten kurze Leitungen haben. Und die Fähigkeit, schnell Kernpunkte von gesellschaftlichen Debatten und neuen Entwicklungen präzise zu erfassen.

Gibt es erworbene Schlüsselkompetenzen, die unverzichtbar sind für einen nachhaltigen Erfolg in Ihrem Berufsfeld? Falls ja, auf welche Kompetenzen kommt es dabei ganz besonders an?

Emotionale Intelligenz gehört zwar zu den natürlichen Eigenschaften, sie lässt sich aber auch weiter entwickeln. Nur wer spürt, wie unsere „Kunden" (Leser, Hörer, Zuschauer) denken und fühlen, trifft den richtigen Ton, die richtige Bildsprache, um „anzukommen". Dann: Entscheidungsfähigkeit – oft unter Zeitdruck. Vermittlungs-, aber auch Überzeugungsfähigkeit. Und, klar: Immer mehr kommt es auf gutes Selbstmarketing an. Aber mich überzeugt das nur, wenn die Grundlage stimmt. Also: Journalistisches Handwerk, breite Allgemeinbildung, Sachkompetenz.

Welche Bedeutung hatten Vorbilder und Mentoren auf Ihrem beruflichen Weg? Waren es eher Frauen oder Männer? Was haben Sie gelernt?

Cornelie Sonntag war entscheidend für meinen Wunsch, Hörfunk-Journalistin zu werden. Sie moderierte 1987, während ich am Staatsexamen schrieb, die Informationssendungen auf NDR 2. Kenntnisreich, verständlich, klug, immer die richtige Frage im Kopf. Und das als bezahlter Job – da wollte ich auch hin.

Dann war Rainer Burchardt während meiner ersten Berufsjahre Hörfunk-Korrespondent in London. Er hat mich wohl insgesamt am nachhaltigsten beeindruckt. Journalistisch top, menschlich tiefenentspannt, feinster Formulierer, in dessen Beiträgen überall Humor blitzte. Gut so (aber für mich persönlich schade): Später ging er als Intendant zum Deutschlandfunk.

Wie wichtig war und ist der private emotionale Rückhalt für Ihren beruflichen Weg?

Der aus dem Elternhaus ist sicherlich prägend für ein ganzes Leben. Und dass mein Partner und ich uns immer gegenseitig unterstützt haben, war selbstverständlich für uns beide. Auch für uns beide wichtig.

Wie schaffen Sie den Spagat zwischen der Freude am Erfolg verbunden mit hoher inhaltlicher und zeitlicher Belastung einerseits und dem Erfordernis mentaler Entspannung und dem Bedürfnis nach der Pflege privater sozialer Kontakte andererseits?

Spagat … Hm … Nein, das hört sich nach Quälerei an.

Zweifellos: Journalismus kann ein zehrender Job sein. Unregelmäßige Arbeitszeiten, abends, am Wochenende, man kämpft mit Themen länger als veranschlagt, trägt Geschichten mit

nach Hause … Ohne Kinder ist das alles noch easy. Die Freunde haben den gleichen dich-
ten Terminkalender, Sport war immer drin, Entspannung – im Urlaub.
Wenn Kinder ins Spiel kommen, wird das Ganze strapaziöser. Und führt immer noch häufig dazu, dass Paare in die alten Geschlechter-Rollen schlüpfen: „Mama-steckt-beruflich-
zurück-und-Papa-knallt-noch-mehr-rein". Wir haben uns ein gleichberechtigtes Modell
gewünscht. Da hat auch nicht immer alles funktioniert, aber am Ende haben wir beide etwas
downgegradet – seitdem ist es oft ein Balanceakt auf dem Schwebebalken, aber kein quälen-
der Spagat.

**Welche Bedeutung haben Auslandsaufenthalte für die Entwicklung von Karrieren in
Ihrem Berufsfeld? Machen sie Sinn oder wird ihre Bedeutung überschätzt?**
Ausland = Sprachenkompetenz + Persönliche Reifung + Kontaktnetz + Geschichtsver-
ständnis + Globalisierungserlebnis + breitere Medienerfahrung = Bildung und Lebenslauf.
In wenigen Fragen bin ich so pauschalisierend: Auslandserfahrung kann man gar nicht
überschätzen.

**Spielt ein großes und gut gepflegtes Netzwerk wirklich die Rolle, die ihm vielfach
zugeschrieben wird?**
Absolut. Es spielt genau DIE Rolle.

Welche Vorteile haben Sie persönlich aus Netzwerken für sich generieren können?
Wenn ich heute Job-Angebote bekomme, dann von Menschen, die mich kennen, schon
länger schätzen, eventuell mit mir zusammengearbeitet haben. Anders würde ich auch selbst
nicht vorgehen. Allerdings: Mein Netzwerk ist ein eher zufälliges und beruht auf gegenseitiger Sympathie. Das sehe ich heute als Fehler an. Ich habe das rein karriere-orientierte Networking lange abgelehnt und spät begriffen, wie klug es trotzdem gewesen wäre.

**Welche Rückschläge mussten Sie auf Ihrem beruflichen Weg hinnehmen? Wie kam
es dazu und wie sind Sie damit umgegangen?**
- Führungswechsel – mit strategischer Neuausrichtung des Programms, die für mich in die
falsche Richtung ging. Ich habe dann überall signalisiert, dass ich wechselbereit bin, und
habe für eins der neuen Angebote auch die Stadt verlassen.
- Wechsel zu einem anderen Sender an vorderster Front – und ich ging allein, ohne vertrau-
ten Partner, Redaktionsmanager. Das macht man nur einmal. Damit war auch nicht mehr
„umzugehen" – Rette sich, wer kann.

**Hatten Sie auf Ihrem beruflichen Weg schon mal das Gefühl der Frustration
und/oder der Resignation? Wie sind Sie mit diesem Gefühl umgegangen?**
Frustriert schon, das ist ja gerade deutlich geworden … Resigniert noch nie. Wenn ich weiß,
was ich kann, weiß ich auch sicher, dass es immer einen weiteren guten Weg gibt.

**Gab es auf Ihrem beruflichen Weg Situationen, wo Sie gegen Widerstände Ihren
eigenen Weg gegangen sind und es sich gelohnt hat?**
Inhaltlich gehe ich meinen Weg, wenn ich – auch nach Beratung im Team – davon überzeugt bin. Aber bei strategischen Entscheidungen? Nein, nicht dass ich wüsste. Elektronische Medien sind in den meisten Fällen Mannschaftsspiel. Auch wenn einer die Kapitäns-
binde trägt.

Welche Ratschläge würden Sie jungen Frauen in der Medienbranche mit auf den Weg geben?
- Natürlich nicht als Frau auf den Weg machen, sondern als Journalistin, Technikerin, Medienexpertin oder sonst was. Die Jungs denken ja auch nicht über ihre persönliche Geschlechterrolle nach.
- Wenn der Zeitpunkt gekommen ist, deutlich signalisieren: Ich traue mir mehr zu, ich möchte gerne mehr beweisen.
- Selbstbewusste Sprache macht selbstbewusste Ausstrahlung. Die vielen „Vielleicht ..." und „Ich könnte mir vorstellen ..." sollten wir einfach mal stecken lassen. „Ich denke ...", „Ich finde ...", „Ich sehe das etwas anders ..." sind auch sozialverträgliche Aussagen.
- Statussymbole nicht unterschätzen. Männliche Hierarchien definieren sich auch nach der Größe der Dienstwagen. Also: Gehalt, Bürosituation, Zuschläge – gerade als Frau auch darauf achten.

Welches sind die drei wichtigsten Stellschrauben für den Erfolg in Ihrem beruflichen Umfeld?
- Starke berufliche Kompetenz, echte Qualität der Arbeit
- Gutes Kontaktnetz, Beziehungspflege
- Dynamik, Elan, persönliche Ausstrahlung

Was mussten Sie für die Erreichung Ihrer beruflichen Ziele und auf Ihrem beruflichen Weg aufgeben, was ist „auf der Strecke" geblieben?
In bestimmten Jahren meine Gesundheit. Der Körper steckt lange weg, aber irgendwann rächt er sich. Mit guten Ärzten und viel Zeitinvestition habe ich das wieder hingekriegt. Das Bewusstsein für den Körper ist geblieben.

Was hätten Sie rückblickend gern anders gemacht auf Ihrem beruflichen Weg? Gibt es „Weichen", bei denen Sie heute anders abbiegen würden?
Ich ließ mich in ein Angebot hineinreden, nachdem ich es vorher zweimal abgelehnt hatte. Mein Bauchgefühl hatte mir dabei genau die richtige Skepsis eingeimpft – denn das Projekt war tatsächlich schlecht aufgestellt. Ich habe daraus das gelernt, was Psychologen schon immer wussten: Intuition weist meistens die richtige Richtung.

„Der entscheidende Faktor ist, es zu wollen"
Christine Westermann, Journalistin, Autorin und Moderatorin

© networks/Heinrich Cuipers

Christine Westermann, Jahrgang 1948, begann ihren beruflichen Weg nach dem Abitur mit einem Volontariat beim Mannheimer Morgen. Sie besuchte die Deutsche Journalistenschule in München und arbeitete ab 1972 als freie Journalistin für diverse Radio- und Fernsehsender, produzierte Filme und Reportagen und moderierte im ZDF die Sendung „Drehscheibe". Nach ihrem Wechsel zum WDR Anfang der 1980er Jahre moderierte sie dort bis 2002 die „Aktuelle Stunde". Seit 1996 macht sie gemeinsam mit dem Musiker Götz Alsmann die Sendung „Zimmer frei". Zusammen mit ihrem Moderationskollegen wurde Christine Westermann hierfür im Jahr 2000 mit dem Adolf-Grimme-Preis ausgezeichnet. Im Hörfunk präsentiert sie bei WDR 2 den „Montalk" und empfiehlt mehrmals im Monat Bücher sowohl im Radio als auch im Fernsehen (wdr2, wdr5 und FrauTV). 2010 wurde sie in der Kategorie Bestes Interview mit dem Deutschen Radiopreis ausgezeichnet. Christine Westermann hat verschiedene belletristische Bücher veröffentlicht.

Ihr beruflicher Weg hat Sie ganz an die Spitze geführt. Haben Sie von dieser Position schon zu Berufsbeginn geträumt? War es womöglich die Erfüllung eines lang gehegten Wunsches? Skizzieren Sie bitte kurz, wie es zu Ihrer beruflichen Laufbahn kam.

Nein, von dieser Position habe ich nicht geträumt. Ich hatte zu Berufsbeginn nicht den Wunsch, Karriere zu machen. Aber der Wunsch, Journalistin zu werden, war ab meiner Gymnasialzeit da. Mit 15 Jahren habe ich bei der Zeitung meiner Heimatstadt, dem „Mannheimer Morgen", als freie Mitarbeiterin angefangen. Mein Weg in den Journalismus begann in den 1960er Jahren. Damals sollten die Notstandsgesetze eingeführt werden, an Universitäten und Schulen wurde dagegen heftig protestiert, Vorläufer der Mai-Unruhen 1968, jedenfalls hier in Deutschland. Politiker kamen in die Schulen, auch zu uns ans Gymnasium. Sie haben versucht, die Einschränkungen (wie Pressefreiheit und Versammlungsrecht) durch die geplanten neuen Gesetze zu verharmlosen. In meiner Empörung habe ich damals einen Leserbrief an den „Mannheimer Morgen" geschrieben. Dadurch wurde man in der Lokalredaktion auf mich aufmerksam, hat ein Interview mit mir gemacht und schließlich gefragt, ob ich nicht Lust hätte, in die journalistische Arbeit hineinzuschnuppern. Ich begann mit Sonntagsdiensten: Polizeiberichte und Filmkritiken schreiben, Bildunterschriften machen, noch vor dem Abitur wurde meine erste große Reportage veröffentlicht. Von da an war ich Feuer und Flamme für den Beruf der Journalistin. Nach dem Abitur habe ich die Deutsche Journalistenschule in München absolviert, beim ZDF ein Volontariat gemacht und bin seit 1. April 1972 freie Journalistin. Ich war nie fest angestellt, wollte es auch nie sein. Diesen Entschluss habe ich nie bereut, auch wenn ich schlechte Zeiten erlebt habe. Rausschmisse ohne erkennbaren Grund, ich kenne Existenzangst. Meine ersten Moderationen machte ich 1972 bei der ZDF-„Drehscheibe", Mitte der 1970er Jahre kam das Radio dazu, zunächst SWF3, dann RIAS 2, schließlich WDR2 und WDR5. Anfang der 1980er Jahre kam vom WDR ein Fernsehangebot, die Moderation der „Aktuellen Stunde", die ich dann gemeinsam mit Frank Plasberg fast zwanzig Jahre moderiert habe. 1996 kam Unterhaltungsfernsehen dazu, die Sendung „Zimmer frei", die jetzt ins 18. Jahr geht. Im Radio mache ich Talksendungen und Buchempfehlungen, ich habe vier Bücher geschrieben – eines davon gemeinsam mit Jörg Thaddeusz. Ein neues Buch, das fünfte erscheint im November 2013.

Wie viel Zeit investieren Sie in Ihre berufliche Aufgabe? Sind Sie rund um die Uhr erreichbar und ist das eigentlich erforderlich in Spitzenjobs?

Ich investiere viel Zeit, was vor allem damit zusammenhängt, dass ich freie Journalistin bin, für zwei Medien, Radio und Fernsehen, arbeite. Ich mache zum Beispiel Literatursendungen für WDR5 und WDR2. Um gute Bücher zu finden, muss man oft ein halbes Dutzend weniger gute lesen, bis man die wirklich empfehlenswerten findet, das kostet viel Zeit. Ich will Bücher empfehlen, Verrisse lehne ich ab. Dazu kommt eine Radio-Talkshow, die Vorbereitung auf „Zimmer frei", Lesungen, Moderation von Veranstaltungen. Es ist eine Menge, aber die Arbeit macht mir noch immer großen Spaß, deshalb ist Jammern bei mir eher selten.

Welches war rückblickend der entscheidende Faktor, der Ihre Karriere befördert hat?

Für meinen beruflichen Weg war vor allem entscheidend, dass ich die Prüfung an der Deutschen Journalistenschule in München bestanden habe. Damals war es, anders als heute, die einzige Journalistenschule in Deutschland, ihr Renommée war entsprechend groß. Von

2000 Bewerbern wurden nach der schriftlichen Prüfung etwa 200 in die nächsten Prüfungs-
runden zugelassen. Am Ende blieben 50 Schülerinnen und Schüler übrig, die die Chance
hatten und privilegiert waren, an der Deutschen Journalistenschule ihre Ausbildung zu
machen.

Wir wurden anderthalb Jahre von erstklassigen Journalisten unterrichtet und diese Ausbildung war rückblickend auch der entscheidende Faktor, der meinen Berufsweg befördert hat.

**Welche Bedeutung hatten auf Ihrem beruflichen Weg die bewusste Karrieregestal-
tung einerseits und Zufall und Glück andererseits?**

Ich habe meine Karriere nicht bewusst gestaltet. Ich war eine junge Journalistin, ich wollte
viel lernen, viel machen, aber mir war damals mit 20, 21 Jahren überhaupt nicht klar, wohin
ich will. Nach der Journalistenschule kam ein Volontariat beim ZDF, eher unfreiwillig. Ich
wollte damals schon frei arbeiten, aber man legte mir nahe, zu volontieren, nur so habe ich
die Chance auf eine Planstelle. Ich habe überhaupt nicht begriffen, dass Planstelle die Chance auf Festanstellung bedeutet. Ich habe dann volontiert, es hat mir sicher nicht geschadet,
aber auf eine Festanstellung habe ich bewusst verzichtet. Ich wollte frei sein, nicht morgens
um neun antreten und abends um 17 Uhr wieder nach Hause gehen. Ab April 1972 war ich
eine so genannte feste freie Mitarbeiterin. Der Zusatz „feste freie" war wichtig, er garantier-
te zeitlich unbefristetes Arbeiten. Wer lediglich „freier Mitarbeiter" war, durfte nicht mehr
als acht oder zehn Tage pro Monat arbeiten. In der ersten Zeit habe ich bei der „Drehscheibe" viele 3- bis 5-Minuten-Filme über alle möglichen Themen gemacht und viel ge-
lernt- Ein Kollege, der auch mein Mentor war, sagte schon nach ein paar Monaten: „Ich
rate dir, dich irgendwie zu spezialisieren. Such dir ein Spezialgebiet!". Er hat mir geraten,
mich ums Gesundheitswesen zu kümmern, aber das hat mich nicht interessiert. Der Gedanke, mich zu spezialisieren, war mir fremd. In der „Drehscheibe" hat man mich dann
relativ schnell gefragt, ob ich Lust habe, vor der Kamera zu stehen. Ich habe zunächst Ver-
kehrsnachrichten und Wetterberichte verlesen, aber ich war richtig schlecht. So schlecht,
dass von höherer Stelle verfügt wurde, mich mal eine Weile pausieren zu lassen, weil ich viel
zu jung (mit 22) und zu unsicher sei. Danach habe ich in Aufzeichnungen üben dürfen, das
ging besser, allmählich habe ich die Angst vor dem Kamerarotlicht abgelegt. Mir ist damals
sehr viel Wohlwollen und Fürsorge entgegengebracht worden. Ein Wechsel in der Leitung
Anfang der 1980er Jahre war für mich schlecht. Ich stand von heute auf morgen nicht mehr
auf dem Dienstplan. Ohne Begründung. Das habe ich mehrmals erlebt, dass man als Freier
ohne Angaben von Gründen vor die Tür gesetzt wird. Gespräche mit den Vorgesetzten,
wenn es sie überhaupt gibt, bleiben dann immer im Vagen, man mache seine Sache zwar
sehr gut, aber jetzt seien andere mal dran. So oder ähnlich hörten sich die Gründe an. Ich
hatte in meinem Berufsleben mehr als einmal Existenzangst, sie ist auch jetzt, nach mehr als
vierzig Berufsjahren, nie ganz verschwunden. Aber ich habe auch gelernt, dass neue Türen
aufgehen, wenn andere zugeschlagen werden. Damals nach der „Drehscheibe" kam ich
durch einen zufälligen Kontakt zum WDR in Köln, der damals gerade eine neue Regional-
sendung aufbaute, die „Aktuelle Stunde". Seit Anfang 1983 gehörte ich zum festen
Moderatorenteam, habe die Sendung mit Frank Plasberg („Hart aber fair") zwanzig Jahre
lang moderiert. In dieser Zeit habe ich auch beim WDR regelmäßig Radiosendungen moderiert, Mitte der Neunziger Jahre ging eine weitere Tür auf. Das Sommersonderprogramm
1996 hieß „Zimmer frei". Ich war nach fünf Kandidatinnen die letzte Moderatorin, die
angefragt wurde. Und das auch nur, weil die vier anderen ihren Sommerurlaub schon geplant hatten.

Das war Glück und hatte mit Karriereplanung rein gar nichts zu tun. Anfangs war mein Auftritt bei „Zimmer frei" eckig, fast schon unbeholfen. Von einem Nachrichtenpult auf eine Unterhaltungsbühne mit einem Allroundtalent wie Götz Alsmann zu wechseln, war ein Wagnis, das ich komplett unterschätzt hatte. Mir schlug massive Kritik entgegen, mein Ruf als seriöse Journalistin sei gefährdet, war noch der kleinste Vorwurf, der mir gemacht wurde. Ich aber wusste, dass ich besser werden kann. Und besser werden will. Das wollte ich den Kritikern, aber vor allem auch mir zeigen. Das ist immer ein entscheidender Motor, vielleicht sogar der entscheidende Faktor in meinem Berufsleben gewesen: Besser werden zu wollen. Mir zu (ver-)trauen und mir dadurch auch mehr zuzutrauen. Nach ein paar Jahren kam mit dem Grimme-Preis für „Zimmer frei" auch eine Art Belohnung, aber die heftige und harte Kritik, die mir damals am Anfang entgegenschlug, hat mich schon sehr umgetrieben und bewegt. Das durchgestanden zu haben, hat mich leichter, mutiger, gelassener gemacht.
Sicher gibt es eines, was mich bei der Planung meines Berufsweges von anderen unterscheidet: Mir war (und ist) auch das Leben außerhalb des Berufes sehr wichtig. Ich bin viel gereist, habe viel unternommen, was rein gar nichts mit meinem Beruf als Journalistin zu tun hatte. Meine Freunde und Bekannten kamen und kommen zum großen Teil nicht aus den Medien. Die beiden Leben zu verbinden – Beruf und Privat – war mir immer sehr wichtig.

Wie wichtig ist Branchen- und/oder Unternehmenstreue für den beruflichen Aufstieg? Oder braucht gerade Karriere den gezielten, wohl durchdachten Wechsel?
Ich habe als freier Mitarbeiter früh begriffen, dass es wichtig ist, auch bei einem anderen Sender zu arbeiten, um die Miete bezahlen zu können. Also nicht nur bei einem Sender den Fuß in der Tür zu haben. Ich hatte ja bereits den Schock der frühen Jahre erlebt, als die Redaktionsleitung wechselte und ich plötzlich nicht mehr auf dem Dienstplan stand. Das war nicht das einzige Mal, dass ich ohne Grund gefeuert wurde. Es spielte auch keine Rolle, ob man gute oder schlechte Arbeit abgeliefert hatte. Oft stimmt die Chemie nicht, es sind menschliche Konstellationen, die nicht mehr gewünscht sind oder nicht mehr funktionieren. Heute bin ich dem WDR treu – bis auf kleine und große Ausreißer – und fühle mich dort gut aufgehoben.

Gibt es persönliche Schlüsseleigenschaften, die unverzichtbar sind für einen nachhaltigen Erfolg in Ihrem Berufsfeld? Falls ja, auf welche Eigenschaften kommt es dabei ganz besonders an?
Meine besondere Kompetenz ist die Glaubwürdigkeit. Ob man wahrhaftig ist oder bloß eine Rolle spielt, dafür haben die Zuschauer/Zuhörer ein sehr feines Gespür. Ich bin im Fernsehen nicht anders als im richtigen Leben. Wenn mich etwas ärgert, berührt, freut, dann werden sie mir das anmerken. Die Zuschauer spüren das und haben das Gefühl: „Die ist eine von uns." Viele finden soviel Wahrhaftigkeit auch unpassend, rührselig, peinlich. Aber je älter ich werde, desto besser kann ich dazu stehen.

Gibt es erworbene Schlüsselkompetenzen, die unverzichtbar sind für einen nachhaltigen Erfolg in Ihrem Berufsfeld? Falls ja, auf welche Kompetenzen kommt es dabei ganz besonders an?
Man muss der Anwalt der Zuschauer sein. Ich mache die Interviews nicht für mich, ich mache sie für die, die Radio hören oder fernsehen. Ich muss in der Lage sein, komplizierte Zusammenhänge auseinanderzunehmen und daraus ein spannendes Drei-Minuten-

Interview zu machen. Bis man das beherrscht, dauert es eine Weile. Ein guter Freund und Lehrmeister, der auch Journalist ist, hat mich mal bei einem Interview, das ich komplett versemmelt hatte, gefragt: „Würdest du dafür das Radio lauter drehen?". Wenn einer das Radio lauter dreht, weil er interessiert ist, hat man gewonnen.

Welche Bedeutung hatten Vorbilder und Mentoren auf Ihrem beruflichen Weg? Waren es eher Frauen oder Männer? Was haben Sie gelernt?
Meine Mentoren waren oft ältere Kollegen, weil Frauen im Fernsehen der 1970er Jahre Mangelware waren. Zu meiner Zeit bei der „Drehscheibe" gab es einen Kollegen, der mich sehr sanft geleitet hat, der mir gezeigt hat, wie es besser gehen könnte. Der viele meiner unsäglichen Wortspiele in meinen Texten gestrichen oder mich etwas Besseres hat finden lassen. Ein großes journalistisches Vorbild war für mich Georg Stefan Troller, der in den 1960er Jahren in der ARD das „Pariser Journal" machte. Seine sehr besondere Art der Interviews hat mich schon damals, mit 13 oder 14 Jahren, fasziniert.
Beim ZDF war mir Hanns-Joachim Friedrichs ein sehr guter Mentor. Ich habe damals im Volontariat bei der heute-Sendung gearbeitet, die er moderierte. Er hat mich sehr geführt und geleitet. Von ihm habe ich zum Beispiel den Satz mitgenommen: „Hüte dich vor Ironie, Ironie wird in Deutschland nicht verstanden."
Im Radio, bei SWF3 gab es einen sehr guten Journalisten, Hans Peter Stockinger, der Chef des Senders. Er hat mir vor allem den Satz mitgegeben: „Sie müssen Ihr Herz über die Mauer werfen." Was er meinte, ist Glaubwürdigkeit. Man muss im Interview das Gegenüber ernst nehmen, man muss sich für den Menschen interessieren, der einem gegenüber sitzt. Und bei Radio-Moderationen darf man sich nicht in der eigenen verschnörkelten Sprache verlieren. Das habe ich viele, viele Jahre nicht richtig verstanden. Erst als ich vor drei Jahren den Radiopreis für das beste Interview bekam, wusste ich, dass jetzt das Herz auf der anderen Seite der Mauer gelandet war.
Auch heute noch versuche ich, von Kollegen zu lernen. Der Journalist Jörg Thadeusz macht bei rbb eine Sendung, die seinen Namen trägt. Manchmal wünschte ich mir, meine Interviews wären so gut wie seine.

Wie wichtig war und ist der private emotionale Rückhalt für Ihren beruflichen Weg?
Sehr wichtig. Ich habe meinen Mann erst spät auf meinem Berufsweg kennengelernt. Ich habe erst mit 52 geheiratet. Er ist seit dieser Zeit mein treuester Fan und mein fairster Kritiker, immer konstruktiv. Dass sich Menschen, die ich sehr schätze, mich kritisieren, mit meiner Arbeit auseinandersetzen, bedeutet mir viel. Gerne hart, aber bitte fair. Ich habe in meinem Berufsleben viel Kritik erlebt, die ich als unfair empfunden habe. Bei der ein Mensch eher beschädigt statt gut kritisiert wird.

Wie schaffen Sie den Spagat zwischen der Freude am Erfolg verbunden mit hoher inhaltlicher und zeitlicher Belastung einerseits und dem Erfordernis mentaler Entspannung und dem Bedürfnis nach der Pflege privater sozialer Kontakte andererseits?
Eine Frage, die so kompliziert formuliert auch nur ein/e Wissenschaftler/in stellen darf, oder? Wie schaffe ich es, bei der vielen Arbeit noch Zeit für Freunde und für's Faulenzen zu haben?
Mal ist mehr Zeit für das Private, mal mehr für das Berufliche, das wechselt. An meinem aktuellen Buch habe ich mit Unterbrechungen zwei Jahre lang geschrieben. In dieser Zeit

habe ich das Private sehr belastet, weil ich im letzten halben Jahr unter Zeitdruck arbeiten musste. Auch am Wochenende oder abends. Ich kann das aber ganz gut. Wenn ich etwas will, dann marschiere ich nach vorn. Es gibt Zeiten, in denen die Wippe ganz Richtung Arbeit kippt und andere, in der viel Zeit für's süße Nichtstun ist. Ich glaube, ich kriege das ganz gut hin mit der Work-Life-Balance.

Welche Bedeutung haben Auslandsaufenthalte für die Entwicklung von Karrieren in Ihrem Berufsfeld? Machen sie Sinn oder wird ihre Bedeutung überschätzt?
Ich habe zehn Jahre in San Francisco gelebt. In dieser Zeit bin ich gependelt, habe von dort für Radiostationen hier in Deutschland gearbeitet, bin zwei-/dreimal im Monat nach Köln geflogen, um Fernsehsendungen zu machen. Für meine persönliche Entwicklung und für meine journalistische Arbeit war das eine sehr wichtige Zeit. Ich habe sehr gut Englisch und viel über mich gelernt. Heute weiß ich: Wenn ich etwas wirklich will, dann schaffe ich das auch. Gut zu wissen. Diese zehn Jahre San Francisco, die ihren Ursprung in einer privaten Trennung hatten, waren eine wirkliche Herausforderung, die ich bestanden habe.

Spielt ein großes und gut gepflegtes Netzwerk wirklich die Rolle, die ihm vielfach zugeschrieben wird?
Ich kenne viele Menschen, die „klein" mit mir angefangen und heute ganz groß in einfluss-reichen Positionen sitzen. Aber es fällt mir schwer, sie um etwas zu bitten. Ich bin Mentorin bei der Journalistenschule in München und lerne das Netzwerken gerade erst. Wenn die jungen Kollegen eine Hospitanz, eine Praktikumsstelle suchen, dann bleibt mir gar nichts anderes übrig. Ich rufe an, schreibe Mails, setze mein Netzwerk ein. Für andere, nicht für mich. Ich kenne einen Kollegen im Radio, den ich sehr schätze, der an einer Entscheiderstelle sitzt und den ich demnächst fragen möchte, ob ich nicht eine zusätzliche Sendung machen kann. Aber allein schon der Gedanke fällt mir echt schwer.

Welche Vorteile haben Sie persönlich aus Netzwerken für sich generieren können?
Siehe vorherige Frage.

Welche Rückschläge mussten Sie auf Ihrem beruflichen Weg hinnehmen? Wie kam es dazu und wie sind Sie damit umgegangen?
Das habe ich in den Fragen zuvor bereits beantwortet. Nur noch mal soviel: Wenn ein Mitarbeiter nicht mehr gewünscht wird, sei es aus menschlichen oder beruflichen Gründen, ist es ein Gebot der Höflichkeit und der Fairness, ihm das in einem Gespräch zu sagen. Die Methode: Den oder die nehmen wir einfach aus dem Dienstplan, dann wird er/sie es schon merken, ist zwar weit verbreitet, aber unredlich.

Hatten Sie auf Ihrem beruflichen Weg schon mal das Gefühl der Frustration und/oder der Resignation? Wie sind Sie mit diesem Gefühl umgegangen?
Ja, kenne ich. Dass man entnervt aufgibt, weil man gegen Wände läuft. Wenn Sie eine neue Sendung machen, hat sie ungefähr bis zur 20. Ausgabe jede Menge Kinderkrankheiten, das ist ganz normal. Aber Kinderkrankheiten werden nicht akzeptiert. Auch nicht, dass die Zuschauer erstmal begreifen müssen, dass es eine neue Sendung gibt, das kann nämlich dauern. Aber die Geduld hat leider keiner. Ich habe mal eine Literatursendung im Fernse-hen versucht. Bücher im Fernsehen zu empfehlen, ist ohnehin ein Experiment, vom sehr gelungenen „Literarischen Quartett" mal abgesehen. Wenn nach Folge 3 die Quoten nicht

gut sind, dann ist es kritisch. Dann hat den schwarzen Peter übrigens immer der, der diese Sendung im Fernsehen verkauft, also der Moderator.

Bei dem Literaturexperiment war die Quote der ersten Sendung schlecht, allerdings auch keineswegs schlechter, als das, was zuvor auf diesem Sendeplatz lief. Aber mir wurde schon da wörtlich gesagt: „Heute Nachmittag ist Direktorensitzung. Ich glaube nicht, dass die Sendung dort noch eine Chance bekommt." Sie lief dennoch weiter, das Spiel mit der Quotendrohung allerdings auch. Nach der vierten Sendung habe ich hingeschmissen. Ich brauche Menschen, die mir den Rücken stärken und nicht solche, die Angst haben, dass eine schwache Quote bei einer neuen Sendung ihrer Reputation als Festangestellte schaden könnte.

Gab es auf Ihrem beruflichen Weg Situationen, wo Sie gegen Widerstände Ihren eigenen Weg gegangen sind und es sich gelohnt hat?
Ich habe vor allem gegen meine inneren Widerstände gekämpft. Mein innerer Kritiker ist groß und laut. Aber ich werde mutiger.

Ich habe jetzt, wo ich 65 Jahre alt werde, zum ersten Mal erlebt, dass ich mehr oder weniger deutlich aufgefordert wurde, eine Fernsehsendung aufzugeben, weil ich zu alt sei. Ich habe erstmal nur sehr emotional reagiert, weil es auch keine konkreten Begründungen gab. Nur der Hinweis auf das Alter. Ich war traurig und stumm, bis dann Monate später die Bitte kam, auf einer Pressekonferenz zu erklären, dass die Entscheidung aufzuhören, von mir ausgine, weil mit 65 nun auch mal Schluss sein müsse. Das war nun aber mal gar nicht meine Meinung, da stand meine Glaubwürdigkeit auf dem Spiel, ich habe mich widersetzt, mit Erfolg. Die Sendung geht weiter, ich werde nicht durch eine Jüngere ersetzt.

Welche Ratschläge würden Sie jungen Frauen in der Medienbranche mit auf den Weg geben?
Klar sein, wahrhaftig sein, mutig sein, sich selbst vertrauen. Es gibt keinen Mut ohne Angst. Geduld, Langmut, Gelassenheit mit sich selbst haben. Man braucht eine Weile, um zu begreifen, dass man eine innere Stimme hat, die einem sehr gute Ratschläge gibt. Je lauter man selbst ist, desto leiser wird sie. Je älter man wird, desto mehr lernt man, auf diese Stimme zu hören. Fühlen, was gut und was richtig ist.

Welches sind die drei wichtigsten Stellschrauben für den Erfolg in Ihrem beruflichen Umfeld?
Mut haben, Qualität abliefern, nicht aufhören, lernen zu wollen.

Was mussten Sie für die Erreichung Ihrer beruflichen Ziele und auf Ihrem beruflichen Weg aufgeben, was ist „auf der Strecke" geblieben?
Ich musste gar nichts aufgeben, allenfalls vielleicht meine Naivität.

Was hätten Sie rückblickend gern anders gemacht auf Ihrem beruflichen Weg? Gibt es „Weichen", bei denen Sie heute anders abbiegen würden?
„Aus Erfahrung wird man klug" – der Satz ist gut. Wünschen würde ich mir, dass ich früher begriffen hätte, wer ich bin und wie gut ich sein kann. Ich bin jetzt, mit 65, auf der Höhe meines Schaffens. Und in diesem Gefühl würde ich gern die nächsten hundert Jahre erleben. Mit dem Gefühl: Da geht noch was. Da geht noch mehr.

V. Medienteilmarkt Internet

„Dinge tun, für die man wirklich brennt"
Katharina Borchert, Geschäftsführerin Spiegel Online GmbH

Katharina Borchert wurde 1972 geboren. Nach dem Studium der Rechtswissenschaften und Journalistik an den Universitäten Hamburg und Lausanne schrieb sie als freie Autorin unter anderem für Titel wie die FAZ, Die Welt und für c't. 2002 startete sie das eigene Blog Lyssas Lounge. In einem Medienkonzern wurde Katharina Borchert erstmals 2006 tätig als die WAZ-Mediengruppe sie als Online-Chefredakteurin holte und sie mit dem Konzept für das Regionalportal „DerWesten" beauftragte. 2007 stieg sie dort zur Geschäftsführerin der WAZ NewMedia GmbH auf, wurde 2008 in das Board of Directors berufen und war für das gesamte Online-Geschäft der WAZ Mediengruppe verantwortlich. Seit 2010 ist sie Geschäftsführerin von Spiegel Online.

Online
Ausland
World Economic Forum Chefredaktion
SPIEGEL ONLINE
WAZ-Mediengruppe Young Global Leaders
Netzwerke Geschäftsführerin Social Media
Studium Jura und Journalistik Lyssas Lounge
Freie Autorin Board of Directors
Der Westen

**Ihr beruflicher Weg hat Sie ganz an die Spitze geführt. Haben Sie von dieser Posi-
tion schon zu Berufsbeginn geträumt? War es womöglich die Erfüllung eines lang
gehegten Wunsches? Skizzieren Sie bitte kurz, wie es zu Ihrer beruflichen Laufbahn
kam.**

Nein, ich hatte nie konkrete Karrierepläne oder -vorstellungen, wusste aber schon früh, dass
ich Dinge gerne selbst in die Hand nehme und organisiere. Ich habe Jura mit dem Neben-
fach Journalistik studiert. Neben verschiedenen journalistischen Praktika hatte ich 1996 das
erste Mal sehr intensiv mit Medien zu tun. Ich habe damals angefangen, für ein kleines,
heute längst vergessenes Printmagazin zu arbeiten, welches als erstes deutsches Magazin
über das Internet publizierte. Später wurde ich dort Chefredakteurin. Danach habe ich lange
als freie Journalistin gearbeitet, wobei ich bei meiner Berichterstattung immer einen starken
Fokus auf das Internet gelegt habe, und zwar auf die Schnittstelle von Gesellschaft und
Technik. Mich haben Fragen interessiert wie zum Beispiel „Wie verändern technologische
Möglichkeiten unser Zusammenleben?", „Was macht die Technik mit unserer Kommunikation" oder „Was macht die Technik mit unseren Medien?". 2002 habe ich mit dem Bloggen
angefangen; das war für deutsche Verhältnisse sehr früh. Ich wurde eine der ersten bekannten deutschen Bloggerinnen. Und was damals noch wie eine Art Zeitverschwendung aussah,
wurde für mich zum entscheidenden Karrierefaktor. Durch mein Blog konnte ich eine
Bekanntheit erreichen, die mein Leben als freie Journalistin sehr erleichtert hat. Ich musste
nicht mehr mühsam journalistische Aufträge akquirieren, sondern die Auftraggeber wurden
auf mein Blog aufmerksam und fragten an, ob ich für sie schreiben könnte. Außerdem
bekam ich Vortragsanfragen. Über diesen Weg bin ich im Jahr 2006 zur WAZ-
Mediengruppe gekommen. Dort habe ich zunächst beratend ein Konzept entwickelt, wurde
dann Chefredakteurin im Onlinebereich und später parallel Geschäftsführerin. Im Rahmen
dieser Position habe ich dann das Regionalportal „DerWesten" entwickelt und aufgebaut.
Zum Jahresende 2008 wurde ich mit der Zuständigkeit für Digitales in das Management
Board der WAZ-Mediengruppe berufen. Seit März 2010 bin ich Geschäftsführerin bei Spiegel Online.

**Wie viel Zeit investieren Sie in Ihre berufliche Aufgabe? Sind Sie rund um die Uhr
erreichbar und ist das eigentlich erforderlich in Spitzenjobs?**

Ich bin immer sehr gut erreichbar, außer nachts – dann schlafe ich. Ich antworte allerdings
auch nicht sofort auf alle Anfragen. Natürlich kann man mir am Sonntag eine E-Mail
schreiben, aber wenn die Angelegenheit nicht dringend ist, dann bin ich im Wochenende
und antworte nicht sofort. In wichtigen Angelegenheiten oder in dringenden Entscheidungsprozessen bin ich natürlich stets präsent. Mein Arbeitspensum in der Woche liegt
mindestens bei 60 Stunden, oft auch mehr. Meine Arbeit ist so vielfältig, dass viele Über-
gänge zwischen Job und Privatleben fließend sind. Ich verbringe sehr viel Zeit mit netzwerken, treffe abends – auch beruflich bedingt – Kollegen aus anderen Medienhäusern oder bin
auf Veranstaltungen. Mit einem großen Teil meiner Berufskollegen bin ich auch befreundet
und diese Treffen machen mir Spaß. Trotzdem sind diese Dinge auch ein Investment in
meine berufliche Aufgabe. Von daher ist es schwierig für mich, zu definieren, wo die Grenze liegt zwischen meinem Berufs- und Privatleben.

Welches war rückblickend der entscheidende Faktor, der Ihre Karriere befördert hat?
Das Internet. Ohne das Internet hätte ich wahrscheinlich nicht diese Medienkarriere gemacht, die ich nun gemacht habe. Ich bin seit 1994 im Internet und es hat mich von Anfang an fasziniert. Das Potenzial dieses Mediums hat mich gleich überzeugt. Ich habe es auch nicht nur theoretisch gesehen, sondern habe die Möglichkeiten praktisch genutzt und ausprobiert. Damit habe ich von Grund auf gelernt, wie Kommunikation und Interaktion im Netz funktionieren. Ich habe alle Evolutionsstufen der Internet-Kommunikation mitgemacht. Für mich war und ist das Internet kein bedrohlicher Fremdkörper, sondern es ist mein natürlicher Lebensraum und für meine individuelle Karriere der entscheidende Erfolgsfaktor.

Welche Bedeutung hatten auf Ihrem beruflichen Weg die bewusste Karrieregestaltung einerseits und Zufall und Glück andererseits?
Ich habe meine Karriere nie bewusst gestaltet. Ich bin immer meiner Leidenschaft gefolgt, und diese hat mich bis hierhin gebracht. Ich kann nur dann richtig gut sein und enorm hart arbeiten, wenn ich meine Aufgaben mit Leidenschaft machen kann. Sobald die Leidenschaft fehlt, dann kann ich auch nicht mehr richtig gut sein. Ich habe mich an einigen entscheidenden Stellen auf meinem Weg auch getraut, zu springen, sobald eine spannende Gelegenheit um die Ecke kam. Ich habe viel und hart gearbeitet und tue dies auch noch immer. Doch bewusst geplant habe ich meinen Weg nicht.

Wie wichtig ist Branchen- und/oder Unternehmenstreue für den beruflichen Aufstieg? Oder braucht gerade Karriere den gezielten, wohl durchdachten Wechsel?
Mir persönlich fehlt die Erfahrung mit einem echten Branchenwechsel. Allerdings halte ich Unternehmenswechsel für sehr wichtig, und zwar aus zwei Gründen. Erstens: Für die persönliche Weiterentwicklung ist ein Wechsel enorm wichtig. Um sich in möglichst großen Schritten weiterentwickeln zu können, muss man aus der Komfortzone heraustreten. Ich habe es bei mir selbst beobachtet, sehe es aber auch bei Kollegen, mit denen ich zusammengearbeitet habe. Diese Kollegen haben beispielsweise in anderen Häusern plötzlich große Aufgaben übernommen und konnten sich so in ganz kurzer Zeit viel schneller entwickeln als sie dies im eigenen Haus je getan hätten. Zweitens: Auch für die Unternehmen selbst ist ein regelmäßiger Mitarbeiterwechsel gesund, auch wenn es schwer ist, gute Leute zu verlieren. Dennoch trägt eine frische Perspektive von außen durch neue Kollegen enorm viel zur Weiterentwicklung eines Unternehmens bei. Neue Leute hinterfragen zum Beispiel alte Glaubenssätze oder eingefahrene Arbeitsabläufe. Und gerade in der Medienbranche bräuchten wir mehr Fluktuation, mehr Wechsel und auch mehr branchenfremde Einsteiger. Vor allem im digitalen Bereich. Wenn ich an das Mobilgeschäft denke, dann bräuchte ich viel mehr Leute, die aus anderen Mobilsegmenten kommen und bei uns einsteigen und aus einer anderen Perspektive auf die Projekte schauen.

Gibt es persönliche Schlüsseleigenschaften, die unverzichtbar sind für einen nachhaltigen Erfolg in Ihrem Berufsfeld? Falls ja, auf welche Eigenschaften kommt es dabei ganz besonders an?
Man braucht eine unverbesserliche Neugier und die Lust auf Veränderungen, gerade vor dem Hintergrund der weiteren technologischen Entwicklungen und Schwierigkeiten, die unserer Branche noch bevorstehen. Wer Angst vor Veränderungen hat, wer sich wohler

fühlt in einem stabilen Umfeld, derjenige wird sich in Zukunft schwer tun in dieser Branche. Eine weitere unverzichtbare Schlüsseleigenschaft ist meiner Meinung nach der Gestaltungswille, also der Wille, Dinge und Veränderungen, die da kommen, zu gestalten. Es gibt erstaunlich viele Menschen, die wegen des sozialen Status oder wegen des Geldes Karriere machen wollen. Dabei sollte der Gestaltungswille der entscheidende Faktor sein. Und schließlich: In dem Bereich der Mitarbeiterführung, der immer wichtiger wird, gibt es eine Eigenschaft, die lange unterschätzt wurde, die ich aber auch als elementare Schlüsseleigenschaft empfinde: Empathie.

Gibt es erworbene Schlüsselkompetenzen, die unverzichtbar sind für einen nachhaltigen Erfolg in Ihrem Berufsfeld? Falls ja, auf welche Kompetenzen kommt es dabei ganz besonders an?
Meiner Meinung nach ist es nicht so wichtig, welches Fach man studiert hat. Wichtiger ist, dass man in seinem Studium analytische Fähigkeiten erwirbt und denken lernt. Und man muss lernen, seine Ideen auch zu vermitteln, Menschen für seine Ideen zu begeistern. Das ist eine gute Grundlage, um später Projekte zu realisieren, egal ob festangestellt in einem Medienhaus oder als Freie. Außerdem sollte man im Laufe dieser Jahre ein gewisses politisches Gespür und Geschick erlernt haben.

Welche Bedeutung hatten Vorbilder und Mentoren auf Ihrem beruflichen Weg? Waren es eher Frauen oder Männer? Was haben Sie gelernt?
Ich hatte eher Männer als Vorbild. Das liegt auch daran, dass in unserer Branche leider immer noch zu wenige Frauen in Führungspositionen sind. Ich muss zugeben, dass mich dieser Umstand lange Zeit erst gar nicht gestört hat. Erst, als ich plötzlich bei der WAZ-Mediengruppe mit einer konkreten Unternehmensführungsposition konfrontiert war, empfand ich diesen Umstand als schwierig, weil ich mir ein weibliches Rollenvorbild gewünscht hätte, dieses aber nicht hatte. Also musste ich mich an Männern orientieren. Am meisten gelernt habe ich aber außerhalb meines Berufs, nämlich von meinen Eltern. Ich habe gelernt, wie man mit Menschen jeglicher Herkunft umgeht. Ich habe gelernt, wie man ein geradliniger und anständiger Mensch mit Rückgrat wird und sich nicht verbiegen lässt, völlig egal, in welcher Situation man sich befindet. Eine der wichtigsten Lektionen war die Fähigkeit, immer zu unterscheiden zwischen Amt und Person. Die meisten Leute, die mit mir sprechen, sprechen mit mir in meiner Position als Geschäftsführerin von Spiegel Online, und nicht mit mir als Person Katharina Borchert. Aber die Geschäftsführerin ist nur eine Position, die ich aktuell habe. Und wenn man nicht lernt, dies frühzeitig zu unterscheiden, dann ist das sehr ungesund für einen persönlich. Ich habe aber auch früh gelernt, Verantwortung zu übernehmen, Dinge selbst in die Hand zu nehmen und nicht zu warten, bis es ein anderer tut. Ich habe gelernt, Dinge zu gestalten und wenn mir irgendwas nicht passt, es selbst zu ändern. Ich hatte aber auch das Glück, sowohl bei der WAZ-Mediengruppe als auch beim Spiegel, jeweils ein oder zwei Kollegen zu haben, denen ich wirklich vertrauen konnte, die echte Sparringspartner waren. Diese Kollegen haben mir gesagt, wenn ich im Begriff war, mich zu verrennen oder in eine falsche Richtung zu laufen. Und zu guter Letzt habe ich auch einen sehr heterogenen, aber sehr verlässlichen Freundeskreis, die zum Teil in anderen Branchen arbeiten, aber ähnliche Erfahrungen machen wie ich. Mit ihnen kann ich mich austauschen und Rat suchen.

Wie wichtig war und ist der private emotionale Rückhalt für Ihren beruflichen Weg?
Der private Rückhalt ist sehr wichtig. Man kann ihn nicht hoch genug einschätzen.

Wie schaffen Sie den Spagat zwischen der Freude am Erfolg verbunden mit hoher inhaltlicher und zeitlicher Belastung einerseits und dem Erfordernis mentaler Entspannung und dem Bedürfnis nach der Pflege privater sozialer Kontakte andererseits?
Es ist ein schwieriger Spagat, den ich für mich bis heute nicht richtig umsetzen kann. Ich versuche, langsam besser darin zu werden, aber im Zweifelsfall hat der Job sehr oft Vorrang.

Welche Bedeutung haben Auslandsaufenthalte für die Entwicklung von Karrieren in Ihrem Berufsfeld? Machen sie Sinn oder wird ihre Bedeutung überschätzt?
Ich weiß nicht, wie wichtig dies auf Papier im Lebenslauf ist. Da muss man wahrscheinlich Personalberater fragen. Aber ich denke, dass man die Bedeutung von Auslandsaufenthalten eigentlich gar nicht überschätzen kann, weil diese für die persönliche Entwicklung immens wichtig sind und die persönliche Entwicklung wiederum auch für die Karriere so unglaublich hohe Bedeutung hat. Ich habe in den USA, in Afrika und der Schweiz gelebt. Ein Auslandsaufenthalt bedeutet, aus der Komfortzone auszutreten, sich in einer anderen Kultur und in einem anderen Umfeld zurechtzufinden, sich neu zu justieren, selbstständiger zu werden, seine eigenen Vorurteile zu überprüfen. Das sind Herausforderungen, an denen man wächst und es sind Fähigkeiten, die man auch später immer braucht, im Zweifel für den eigenen Horizont. Auslandsaufenthalte sind immer gut und man sollte jede Gelegenheit dazu nutzen. Man kann beobachten, wie andere Kulturen funktionieren, wie der soziale Zusammenhalt funktioniert und wie unausgesprochene Regeln wirken. Wenn man gelernt hat, so etwas zu beobachten und zu erkennen und sich darin auch zurecht zu finden, dann hilft einem das später zum Beispiel auch bei einem Unternehmenswechsel. Denn auch die Kultur und die unausgesprochenen Regeln funktionieren in jedem Unternehmen immer wieder anders. Es ist immer wieder Neuland, das man betreten muss.

Spielt ein großes und gut gepflegtes Netzwerk wirklich die Rolle, die ihm vielfach zugeschrieben wird?
Ja, definitiv.

Welche Vorteile haben Sie persönlich aus Netzwerken für sich generieren können?
Vorteile habe ich in vielfacher Hinsicht generieren können. Zum einen bin ich Netzwerkerin – das macht mir Spaß und bereichert mein Leben ungemein. Ich denke, wenn man nicht gerne unter Menschen ist und nicht gerne neue Leute kennenlernt, dann wird es schwierig. Man darf ein Netzwerk auf keinen Fall nur unter dem Aspekt sehen, was es einem potenziell für Vorteile bringen könnte. Dann hat man schon verloren, weil Menschen das sofort merken. Wenn man aber aufrichtiges Interesse an den Menschen und deren Themen hat und sich gerne austauscht, dann ist das eine echte Bereicherung. Ich habe tolle Leute über Netzwerke kennengelernt, ich nehme immer wieder wichtige Informationen mit, ich lerne ganz viel durch meine Netzwerke. Dazu gehören Dinge, die ich weder in Workshops noch in meinem Arbeitsalltag lernen kann. Es ist ein steter Informationsfluss, den ich ohne Netzwerke verpassen würde. Außerdem kann man über ein Netzwerk Rückhalt bekommen – das darf man auch nicht unterschätzen. Ohne mein Netzwerk hätte ich sicher-

lich auch meine Jobs bei der WAZ-Mediengruppe und beim Spiegel nicht bekommen. In Netzwerken kann man sich zum Beispiel auch umhören, kann Empfehlungen geben oder auch eine Empfehlung bekommen. Und das hat nichts mit Vetternwirtschaft zu tun, sondern so funktioniert menschliche Interaktion. So haben menschliche Gesellschaften schon immer funktioniert.

Welche Rückschläge mussten Sie auf Ihrem beruflichen Weg hinnehmen? Wie kam es dazu und wie sind Sie damit umgegangen?
Rückschläge gehören zum beruflichen Alltag. Es funktioniert nie alles so, wie man es sich vorstellt, egal wie hart man arbeitet. Ein Beispiel war der mangelnde Erfolg einiger Teilaspekte vom Regionalportal „DerWesten". Wir waren sehr früh dran und haben über Lokalisation und Geo-Tagging, also das Kennzeichnen von Texten und Bildern mit geographischen Informationen, im digitalen Lokaljournalismus nachgedacht, schließlich ist lokaler Journalismus sehr oft mit einem konkreten Ort verknüpft. Wir dachten, unser neues Konzept wird ein großer Schritt werden in der digitalen Entwicklung. Aber wir waren fünf Jahre zu früh auf dem Markt. Die Handys mit GPS waren technisch noch nicht so ausgereift, dass man geographische Daten automatisch mitsenden und leicht verarbeiten konnte und sie waren auch noch nicht verbreitet genug. Diese Geo-Tagging-Funktion von „DerWesten" haben wir damals groß als Alleinstellungsmerkmal herausgestellt – das hat leider nicht funktioniert. Die Folge war, dass wir mit diesem Teil unseres Konzepts sehr öffentlich gescheitert sind und viel kritisiert wurden. Ich habe daraus viel gelernt in Bezug auf Projektkonzeption und deren Umsetzung, insbesondere aber im Hinblick auf die Nutzerorientierung bei der Einführung von neuen Technologien. Ich habe aber auch gelernt, wie man mit Enttäuschung selbst und im Team umgeht. Aber letztendlich muss man immer wieder aufstehen, den Staub abklopfen, weiter gehen und das nächste Projekt in Angriff nehmen. Kurzum: Aus Rückschlägen lernen und dann weitermachen!

Hatten Sie auf Ihrem beruflichen Weg schon mal das Gefühl der Frustration und/oder der Resignation? Wie sind Sie mit diesem Gefühl umgegangen?
Wie jeder andere habe auch ich immer wieder mal das Gefühl der Frustration. Betrachtet man den Arbeitsalltag, dann kommt Frustration besonders bei kleineren Projekten immer wieder auf. Frust verschwindet ja nicht zwangsläufig, nur weil das große Ganze stimmt oder weil man schon viel erreicht hat. Wichtig ist doch, dass die Gesamtbilanz positiv ist. Die Gesamtheit der Aufgaben sollte Spaß machen, man sollte ein gutes Team und zwischendurch Erfolgserlebnisse haben. Wenn das gegeben ist, dann kann man mit Frustration in Einzelprojekten ganz gut umgehen. Schwierig wird es, wenn der Frust Überhang nimmt und man permanent unzufrieden ist. Dann sollte man anfangen und sein Leben genau ansehen, im Zweifelsfall alles auf den Kopf stellen und etwas verändern.

Gab es auf Ihrem beruflichen Weg Situationen, wo Sie gegen Widerstände Ihren eigenen Weg gegangen sind und es sich gelohnt hat?
Ich gehe regelmäßig meinen eigenen Weg und es lohnt sich immer, ist aber nicht immer einfacher. Es ist normal, Kompromisse zu machen. Einen eigenen Weg zu gehen heißt ja nicht gleich, zu 100 Prozent seinen Kopf durchzusetzen. Aber wenn man von einer Sache überzeugt ist, dann muss man auch seinen Weg gehen und sich nicht davon abbringen lassen. Und wenn es bedeutet, ins Ausland zu gehen oder zu viel Zeit ins unbezahlte Bloggen zu investieren, so wie ich es damals gemacht habe, obwohl man sich es kaum leisten kann.

Ja, der Weg lohnt sich, da man anders auf Dauer nicht glücklich wird. Man entwickelt mit der Zeit ein Gespür dafür, ob es sich lohnt, zu kämpfen oder nicht. Aber das muss jeder für sich abwägen.

Welche Ratschläge würden Sie jungen Frauen in der Medienbranche mit auf den Weg geben?
Netzwerken! Aber nicht nur in Frauennetzwerken. Die Branche ist immer noch sehr von Männern dominiert und deswegen reichen reine Frauennetzwerke alleine nicht aus.
Praktika machen, Leute kennenlernen, rauskommen! Das ist immer noch ein People-Business und ich sehe selbst, dass wir viele Leute, die bei uns anfangen, über ein Praktikum im Haus kennengelernt haben.
Auf Konferenzen gehen, seinen Horizont erweitern und nicht stehen bleiben! Das ist enorm wichtig. Digital präsent sein! Zum Beispiel auf Twitter, auf Facebook oder bloggen. Es ist wichtig, seine Persönlichkeit zu entwickeln und seinen eigenen Weg zu gehen. Es gibt immer weniger Sicherheit in der Branche, aber es gibt auch immer weniger Sicherheit, dass die klassischen Karriererezepte funktionieren. Insofern sollte man gleich die Dinge tun, die man für richtig hält und für die man wirklich brennt. Und wenn man nicht weiter weiß, immer um Rat fragen.

Welches sind die drei wichtigsten Stellschrauben für den Erfolg in Ihrem beruflichen Umfeld?
Das persönliche Netzwerk, die Neugier auf neue Dinge und auf Veränderungen in der Branche und drittens die Persönlichkeitsentwicklung beziehungsweise die Charakterentwicklung. Was letztendlich zählt: Wir brauchen Persönlichkeiten und keine Lebensläufer. Die Persönlichkeitsentwicklung findet selten auf einem geraden, glatten und planbaren Weg statt und sie findet auch nicht immer innerhalb der Vorlesungen und den vorgegebenen vier Semestern statt. Und noch eine vierte Stellschraube: Leidenschaft – ohne Leidenschaft geht gar nichts.

Was mussten Sie für die Erreichung Ihrer beruflichen Ziele und auf Ihrem beruflichen Weg aufgeben, was ist „auf der Strecke" geblieben?
Ich habe nicht das Gefühl gehabt, dass bisher irgendetwas auf der Strecke geblieben ist. Ich denke, meine Freunde würden das anders sehen. Mir ist bewusst, dass ich sehr viel mehr arbeite als viele andere Menschen, dass ich viel weniger Freizeit habe als andere Menschen und dass ich sicherlich mehr für mich tun müsste. Ich habe früher mal Flamenco getanzt und würde es gerne wieder machen. Aber solange es keine Flamencokurse abends um 22 Uhr gibt, werde ich wohl kaum dazu kommen. Insofern bleibt sicher etwas auf der Strecke, aber ich empfinde das nicht wirklich als schweren Verzicht, weil mein Leben so spannend und bunt und fordernd ist.

Was hätten Sie rückblickend gern anders gemacht auf Ihrem beruflichen Weg? Gibt es „Weichen", bei denen Sie heute anders abbiegen würden?
Ich wäre gerne manchmal noch mutiger gewesen, schneller gesprungen und ich wäre zu manchen Erkenntnissen sicherlich gerne etwas früher gelangt. Aber es gibt keine identifizierbare Kreuzung, an der ich sagen würde, dass ich eher links statt rechts hätte abbiegen sollen.

„Mit jedem Schritt dazu lernen"
Donata Hopfen, Geschäftsführerin BILD GmbH & Co. KG

Donata Hopfen wurde 1976 in Hamburg geboren. Nach ihrem Diplom in europäischer Betriebswirtschafts-lehre in Madrid und Reutlingen arbeitete sie drei Jahre als Consultant in der Strategy Practise von Accenture mit dem Schwerpunkt Medien und Telekommunikation bevor sie zur Axel Springer SE wech-selte und dort Referentin des Vorstandes und Verantwortliche für die Bereiche Business Development und Produktmanagement bei BILD.T-Online wurde. 2006 folgte die Position als Leiterin Business Develop-ment im Geschäftsführungsbereich Elektronische Medien, seit 2010 ist Donata Hopfen Geschäftsführerin der BILD GmbH & Co. KG (ehem. BILD digital GmbH & Co. KG). 2011 wurde sie als Mitglied in die Verlagsgeschäftsführung der BILD-Gruppe berufen. Sie verantwortet neben allen digitalen Aktivitäten der BILD-Marke, u. a. BILD.de, BILDmobil, BILDplus und Bundesliga bei BILD sowie alle BILD Apps für Smartphones, Tablets und TV-Geräte auch das BILD Merchandising.

Digitale Medien Strategie Business Development & Produktmanagement
Reisen
Diplom-Betriebswirtin Axel Springer SE
Geschäftsführerin BILD digital
Kunst und Kultur
Mitglied der Verlagsgeschäftsführung BILD-Gruppe Accenture
Consultant
Skifahren, Hockey, Joggen, Tennis Neunzehnhundertsechsundsiebzig
International Business Administration
Referentin des Vorstands

Ihr beruflicher Weg hat Sie ganz an die Spitze geführt. Haben Sie von dieser Position schon zu Berufsbeginn geträumt? War es womöglich die Erfüllung eines lang gehegten Wunsches? Skizzieren Sie bitte kurz, wie es zu Ihrer beruflichen Laufbahn kam.

Medien faszinierten mich schon immer und tun es immer noch. Dennoch kann ich nicht sagen, dass ich von meiner heutigen Position immer schon geträumt hätte oder diese Position als Ziel hatte. Mich hat eigentlich immer die Sache fasziniert. Mein beruflicher Weg startete mit ganz klassischer Unternehmensberatung, danach folgten Referenz-Tätigkeiten. Erst danach habe ich mich durch Strategie- und Business Development-Positionen weiter entwickelt und bin in die aktuelle operative Verantwortlichkeit gekommen. Geleitet war mein Weg immer durch die Passion für die Sache, weniger durch ein Karriereziel, das ich vor Augen hatte.

Wie viel Zeit investieren Sie in Ihre berufliche Aufgabe? Sind Sie rund um die Uhr erreichbar und ist das eigentlich erforderlich in Spitzenjobs?

Ich investiere sehr viel Zeit in meinen Beruf, insbesondere unter der Woche. Am Wochenende versuche ich, die Arbeit beziehungsweise die Termine möglichst gering zu halten – um raus zu kommen und Abstand zu finden. Ich habe für mich eine Sache herausgefunden, die wichtig ist: Ich schalte zuhause abends mein Telefon aus und schalte es erst morgens wieder an. So kann ich zur Ruhe kommen und schaffe mir Freiräume; für mich persönlich ist das ein sehr wichtiger Erholungsweg. Ich bin der Überzeugung, dass es wichtig ist nicht immer nur im Hamsterrad zu laufen.

Welches war rückblickend der entscheidende Faktor, der Ihre Karriere befördert hat?

Ich glaube, das war meine große Wissbegierde, Neugierde. Diese beiden Faktoren haben mich immer zu den nächsten Schritten motiviert. Sie waren sicherlich die größten Karrieretreiber.

Welche Bedeutung hatten auf Ihrem beruflichen Weg die bewusste Karrieregestaltung einerseits und Zufall und Glück andererseits?

Bei mir war es die richtige Mischung aus beidem. Ich habe mich in der Planung immer damit beschäftigt, was die nächsten sinnvollen Schritte für mich sind. Entscheidend war, welche Dinge mir Spaß machen, was ich gut kann und wie ich meine Skills und Rollen komplettiere. Mir war immer wichtig, dass ich mit jedem Schritt dazu lerne und mein Profil abrunde. Hinzu kam der Zufall: Ich war oft zum richtigen Zeitpunkt am richtigen Ort, habe die richtigen Entscheidungen getroffen, die dann die weitere Entwicklung beflügelt haben. Ich bin der festen Überzeugung, dass der Zufall auch kommt, weil einem Dinge zur richtigen Zeit zufallen. Heißt: Man kann den Zufall manchmal beeinflussen. Karriere ist die gute Mischung aus richtiger Zeit, dem richtigen Ort und der richtigen Entscheidung.

Wie wichtig ist Branchen- und/oder Unternehmenstreue für den beruflichen Aufstieg? Oder braucht gerade Karriere den gezielten, wohl durchdachten Wechsel?

Diese Frage ist für mich nicht ganz einfach zu beantworten. Ich bin meiner Branche treu geblieben und arbeite mittlerweile schon seit zehn Jahren bei Axel Springer. Davor war ich drei Jahre in der Unternehmensberatung und habe sehr viele unterschiedliche Unternehmen besucht und beraten. Aber auch diese Unternehmen stammten alle aus der Medienbranche.

Für mich war das richtig. Ich bin Branchen- und Fachspezialist; darauf kann ich immer wieder aufsatteln.

Ich denke, wenn es nicht eine Branche ist, in der man Spezialist ist, dann braucht man überzeugende Skills oder funktionale Fähigkeiten, die man als Stärken zeigen kann. Es macht einem das Leben einfacher, in einem Unternehmen oder auf einem Karriereweg immer wieder seine Stärken einzusetzen und diese ausbauen zu können. Irgendwas muss man besser können als andere, um seinen Weg zu finden.

Gibt es persönliche Schlüsseleigenschaften, die unverzichtbar sind für einen nachhaltigen Erfolg in Ihrem Berufsfeld? Falls ja, auf welche Eigenschaften kommt es dabei ganz besonders an?

In meinem Umfeld ist das Thema Teamfähigkeit extrem wichtig. Man muss gut mit Menschen zusammenarbeiten können, muss Menschen anleiten und motivieren können. Außerdem muss man Leadership erleben und vorleben, die Leute inspirieren und mitreißen können. Gleichzeitig muss man, speziell in meinem Fall, trotz digitalem Wandel eine gewisse Stabilität geben können.

Wichtig ist außerdem das Thema Leidenschaft. Es ist extrem wichtig Leidenschaft vorzuleben, egal was man macht, denn nur wenn man selbst für eine Sache brennt, kann man andere entzünden und mitreißen. Ich habe analytische und strategische Skills. Beides hat mir immer sehr geholfen, Dinge einzuordnen. Sie sind sicherlich mein größtes Asset.

Gibt es erworbene Schlüsselkompetenzen, die unverzichtbar sind für einen nachhaltigen Erfolg in Ihrem Berufsfeld? Falls ja, auf welche Kompetenzen kommt es dabei ganz besonders an?

Ein Studium hilft einem sicherlich auf dem Karriereweg. Ich selbst habe Betriebswirtschaftslehre studiert. Ich wollte in der Lage sein, ein sehr breites Spektrum einzuordnen und zu interpretieren. Das Studium – hat mir gerade am Anfang meiner Karriere geholfen komplexe Probleme zu zerlegen und diese angehen zu können, in einem Team zu arbeiten und vor nichts Angst zu haben – am Ende ist es doch so, dass man vieles „on the Job" lernt und nicht im Studium. Das gilt insbesondere für das Thema Personalführung und wie man mit Menschen umgeht. Nur wenn man das kann, sollte man größere Mannschaften führen. Bei uns im Unternehmen sind zusätzlich prozessuale und technologische Fähigkeiten sehr wichtig.

Welche Bedeutung hatten Vorbilder und Mentoren auf Ihrem beruflichen Weg? Waren es eher Frauen oder Männer? Was haben Sie gelernt?

Richtige Vorbilder im klassischen Sinne hatte ich nicht; Mentoren hingegen schon und die halte ich für wichtig und für ein großes Glück. Jemanden zu haben, der als Sparringspartner für Fragen und Entwicklungen zur Seite steht und einen wohlwollend begleitet, ist extrem hilfreich. Dazu gab es immer wieder Menschen auf meinem beruflichen Weg, die mich inspiriert haben. So habe ich von meinen jeweiligen Chefs viel gelernt – sowohl im Guten wie auch im Schlechten. Wenn man selbst in einer Position ist, in der man geführt wird, weiß man doch sehr genau, wie man selber irgendwann führen möchte und wie nicht. Ich hatte sehr viel Glück, dass ich viele gute Führungsbeispiele in meiner Karriere erlebt habe. Somit kann ich sagen, dass meine Inspiration immer das Vorgelebte war.

Wie wichtig war und ist der private emotionale Rückhalt für Ihren beruflichen Weg?
Dieser Rückhalt ist sehr wichtig. Ich brauche diese Balance, um gut zu sein. Wichtig ist der private emotionale Bereich ebenso wie der familiäre und berufliche Bereich. Es braucht das Zusammenspiel aus allen Bereichen. Es tut gut zu wissen, dass es ein privates Leben gibt, das parallel funktioniert und hilft – egal wie es im Job läuft.

Wie schaffen Sie den Spagat zwischen der Freude am Erfolg verbunden mit hoher inhaltlicher und zeitlicher Belastung einerseits und dem Erfordernis mentaler Entspannung und dem Bedürfnis nach der Pflege privater sozialer Kontakte andererseits?
Ich schaffe den Spagat, indem ich beides voneinander trenne. Ich habe für mich irgendwann erkannt, dass ich einen klaren Strich zwischen Beruflichem und Privatem ziehen muss. Dadurch bekomme ich immer wieder echte Entspannungsmöglichkeiten, weil in meinem Privatleben der Beruf eigentlich keine so große Rolle spielt. Durch diesen Abstand, der dann automatisch kommt, kann ich wieder auftanken und mich neu inspirieren lassen. Es hilft mir, aus dem Hamsterrad auszusteigen, und ist sicherlich für mich selbst eines der Erfolgsmerkmale.

Welche Bedeutung haben Auslandsaufenthalte für die Entwicklung von Karrieren in Ihrem Berufsfeld? Machen sie Sinn oder wird ihre Bedeutung überschätzt?
Dieses Thema muss man von zwei Seiten betrachten. Zum einen muss man bewerten, ob es einem persönlich hilft, zwei, drei Sprachen flüssig sprechen zu können. Zum anderen muss man darauf schauen, wie Auslandsaufenthalte die eigene Persönlichkeit reifen lassen.
Den zweiten Bereich halte ich für essentiell und dieser hat in meinem Leben sicherlich eine ganz große Rolle gespielt. Früh ins Ausland zu gehen – ich habe in den USA gelebt und in Spanien studiert – auf eigenen Beinen zu stehen, sich selbst organisieren zu müssen, unabhängig zu sein, zu wissen, was man kann und sich in fremden Kulturen zurechtzufinden – das sind Erfahrungen, die einen schon in jungen Jahren stärken. Sie geben Selbstbewusstsein und lassen einen schneller erwachsen werden. Außerdem ist das Interesse an anderen Kulturen ein ganz großer Input für mich; sie erweitern den eigenen Horizont und lassen einen breiter sehen, denken und fühlen. Zudem helfen mir die Sprachen; ich arbeite im Täglichen fast die Hälfte der Zeit auf Englisch und Spanisch hilft beim Reisen.

Spielt ein großes und gut gepflegtes Netzwerk wirklich die Rolle, die ihm vielfach zugeschrieben wird?
Ich habe ein echtes Problem mit dem Wort „Netzwerk". Menschen zu kennen, denen man vertraut, mit denen man einen offenen Austausch pflegen kann, die man anrufen kann, um sich Rat zu holen, um sich inspirieren zu lassen, um Diskussionen führen zu können – das ist total wichtig. Aber aus Zwang irgendwelche Netzwerke zu gründen und diese dann zu leben – das war nie meins. Ich denke, wenn man Kontakte pflegt, wenn man umtriebig ist, wenn man Menschen hat, mit denen man auf Augenhöhe Themen, teilweise auch vertraulich, diskutieren kann, dann kann das ein ganz großer Inspirations-, Innovations- und Informationskanal sein.

Welche Vorteile haben Sie persönlich aus Netzwerken für sich generieren können?
Auch hier ist wieder die Frage, was man unter einem „Netzwerk" versteht. Ist nicht das ganze Leben ein Netzwerk? Der Austausch mit Menschen bereichert immer, aber Vorteile

gezielt aus bestimmten Netzwerken generiert zu haben, das kann ich so für mich nicht sagen.

Welche Rückschläge mussten Sie auf Ihrem beruflichen Weg hinnehmen? Wie kam es dazu und wie sind Sie damit umgegangen?
Auf meinem beruflichen Weg gab es bisher glücklicherweise noch keine größeren Rückschläge. In jedem Leben als Führungskraft gibt es aber natürlich Rückschläge im täglichen Leben. Ich glaube, dass das Verarbeiten von Dingen, die nicht funktioniert haben, einen am Ende stärker macht und es hilft, noch besser zu werden. In meiner Branche arbeiten wir in einem ganz jungen Markt, in dem wir immerzu unbekannte und unbeschrittene Wege gehen müssen. Dabei liegt es in der Natur der Sache, dass man Fehler macht. Ich habe für mich gelernt, dass es überhaupt nicht schlimm ist, Fehler zu machen. Es ist auch nicht schlimm, dass Dinge mal nicht so klappen. Man muss sich einfach vorher darüber im Klaren sein, dass das geschehen kann und muss dann schnell reagieren und korrigieren. Wenn man dagegen unüberlegt in Dinge reinläuft, die nicht funktionieren können, dann finde ich das unglücklich. Das sollte einem nicht zu oft passieren. Wenn man aber mit einer ausgeglichenen Risiko- und Chancenabwägung Dinge ausprobiert, um dann aus den Erfahrungen zu lernen – insbesondere aus Rückschlägen – dann kann einen das weiterbringen.

Hatten Sie auf Ihrem beruflichen Weg schon mal das Gefühl der Frustration und/oder der Resignation? Wie sind Sie mit diesem Gefühl umgegangen?
Frustration und Resignation gibt es sicherlich immer mal wieder. Ehrlich gestanden bin ich jemand, der überlegt: „Wenn es so nicht klappt, dann muss es anders klappen." Da bin ich eher ein „Steh-auf-Männchen" und lasse mich nicht so schnell unterkriegen. Ich bin kein Resignations- beziehungsweise Frustrationsmensch.

Gab es auf Ihrem beruflichen Weg Situationen, wo Sie gegen Widerstände Ihren eigenen Weg gegangen sind und es sich gelohnt hat?
Widerstände gab und gibt es immer wieder. Einfach, weil ich für meine Überzeugung einstehe. Die Frage ist, ob es sich lohnt? Wenn ich von Dingen überzeugt bin, ist es mir wichtig, dafür zu kämpfen. Wenn es am Ende anders kommt als ich es wollte, dann muss ich das so hinnehmen, dann hat es gerade in einem Konzern auch sicherlich seine guten Gründe. Aber wenn man von einer Sache überzeugt ist, dann muss man, meiner Meinung nach, für die Sache einstehen. Man darf sich nicht vorhalten, man hätte Dinge anders machen können, wenn man sich doch mehr eingesetzt hätte. Insofern glaube ich, dass man seinen Weg auch gegen Widerstände gehen muss, wenn man überzeugt ist, wenn man für eine Sache brennt, wenn man Passion mitbringt und wenn man eben eine echte Begeisterung hat. Ich glaube, das ist wichtig, denn nur so kann man Dinge bewegen.

Welche Ratschläge würden Sie jungen Frauen in der Medienbranche mit auf den Weg geben?
Man sollte unbedingt eine Passion für die Medien mitbringen. Das Thema „digitale Medien" wird immer breiter. Wer sich heute mit dem Thema Digitalisierung auskennt, der hat wahnsinnig viele Chancen, in unterschiedlichen Bereichen Fuß zu fassen. Das gilt nicht nur für die Medien, sondern für die Digitalisierung im Allgemeinen, in anderen Segmenten, Sektoren und Unternehmen. Junge Frauen sollten mit Passion an die Dinge rangehen, die Karriere planen, Entwicklungsschritte aktiv einfordern und sich immer wieder ins Spiel bringen.

Außerdem sollten sie den Mut haben, eigene Wege zu gehen, sollten den Mut haben kontra zu geben und dürfen sich nicht einschüchtern lassen. In dem Unternehmen, in dem ich arbeite sind je 50 Prozent der Mitarbeiter Frauen und Männer. Wir schaffen also schon die besten Voraussetzungen für diese Bewerberinnen.

Welches sind die drei wichtigsten Stellschrauben für den Erfolg in Ihrem beruflichen Umfeld?
Erstens ist es wichtig, Begeisterung für die Medien mitzubringen. Zweitens muss man ein gewisses prozessuales und technisches Verständnis haben und drittens eine strategische Weitsicht. Es bewegt sich so viel in der Branche und es ist schwer zu prognostizieren, wie es weitergeht. Hier muss man das Interesse haben weiterzudenken, sich strategische Fragestellungen immer wieder neu stellen und Spaß daran haben, die Fragestellungen zu erarbeiten und Lösungsansätze zu finden.
Ein guter Umgang mit Menschen ist natürlich auch von Bedeutung. Ich glaube, jeder, der gut im Team und mit Menschen zusammen arbeiten kann, hat beste Karriereperspektiven.

Was mussten Sie für die Erreichung Ihrer beruflichen Ziele und auf Ihrem beruflichen Weg aufgeben, was ist „auf der Strecke" geblieben?
Ich empfinde eigentlich nicht, dass etwas auf der Strecke geblieben ist. Ich habe mein Leben genauso gelebt, wie ich es leben wollte und immer noch will. Wenn ich das Gefühl gehabt hätte, irgendwas auf der Strecke zu lassen, dann hätte ich es sicherlich anders gemacht.

Was hätten Sie rückblickend gern anders gemacht auf Ihrem beruflichen Weg? Gibt es „Weichen", bei denen Sie heute anders abbiegen würden?
Ich habe immer versucht, Entscheidungen, die ich treffe, sehr reflektiert zu treffen. Das gelingt einem mal besser und mal schlechter. Dennoch ist es ganz wichtig, dass man sich im Vorfeld immer gut überlegt, was eigentlich passieren kann, wenn man dies macht und was passieren kann, wenn man jenes macht. Insofern habe ich alle wichtigen Schritte in meinem Leben wohlüberlegt entschieden. Ich kann für mich eigentlich nicht sagen, dass ich heute rückblickend irgendwas anders machen würde.

„Sich nicht kompromittieren lassen"
Domenika Ahlrichs, Stellvertretende Chefredakteurin Zeit Online

© ZEIT ONLINE

Domenika Ahlrichs, geboren 1973, studierte Amerikanistik und Germanistik in Heidelberg und an der Wesleyan University (USA). Es folgte ein Volontariat an der Evangelischen Journalistenschule in Berlin. Nach der Ausbildung arbeitete sie als freie Journalistin unter anderem für die Frankfurter Rundschau, Spiegel Online und beim Kulturradio des rbb. Für die Netzeitung arbeitete sie als freie Mitarbeiterin und wurde dort später Chefin vom Dienst, dann Stellvertreterin des Chefredakteurs und schließlich Chefredakteurin. Mit der Umwandlung der Netzeitung zu einem automatisierten Newsportal Ende 2009 endete diese Tätigkeit. Seit dem 1. Februar 2011 ist Domenika Ahlrichs stellvertretende Chefredakteurin von Zeit Online.

Netzeitung Freie Mitarbeiterin Berliner Zeitung
Studium Amerikanistik und Germanistik
Stellvertretende Chefredakteurin Online-Journalistin
Neunzehnhundertdreiundsiebzig
Evangelische Journalistenschule Berlin
Mitglied der Chefredaktion Dozentin Chefin vom Dienst
Zeit Online Wesleyan University
Zweifache Mutter
Lokalreporterin

Ihr beruflicher Weg hat Sie ganz an die Spitze geführt. Haben Sie von dieser Position schon zu Berufsbeginn geträumt? War es womöglich die Erfüllung eines lang gehegten Wunsches? Skizzieren Sie bitte kurz, wie es zu Ihrer beruflichen Laufbahn kam.

Mein Ziel war nicht von Anfang an die Spitze – aber die Möglichkeit zum Gestalten. Ich wollte eine gute Journalistin werden, die ihren Job und die damit verbundene gesellschaftliche Verantwortung ernst nimmt. Überall dort, wo ich journalistische Erfahrung sammeln konnte (als freie Mitarbeiterin bei Lokalzeitungen, später während der Ausbildung an der Journalistenschule in diversen Praktika im Print-, Radio-, TV- und Online-Bereich), brachte ich mich so ein, dass sich daraus weitere Kontakte und Aufträge ergaben. Als sich die Chance ergab, beim Online-Angebot „Netzeitung" mehr zu machen, als bei anderen Auftraggebern, wurde ich dort schnell wichtiger Teil des Teams und stieg folgerichtig auf der Karriereleiter von der freien Mitarbeiterin über den Posten der Chefin vom Dienst, dann den der Stellvertretenden Chefredakteurin auf, um schließlich die Chefredaktion zu übernehmen. Von dort ging es für mich, als die „Netzeitung" zehn Jahre nach ihrer Gründung abgewickelt wurde, weiter zu Zeit Online. Der dortige Chefredakteur wollte mich als Stellvertreterin haben. Er hatte meinen Werdegang mit Interesse verfolgt und von ehemaligen „Netzeitung"-Kollegen, die irgendwann zu Zeit Online gewechselt waren, Gutes über mich gehört.

Also: Nein, weder habe ich von dieser Position geträumt, noch war sie die Erfüllung eines lang gehegten Wunsches. Sie ist allerdings der Schritt, der sich aus allen davor ergab.

Wie viel Zeit investieren Sie in Ihre berufliche Aufgabe? Sind Sie rund um die Uhr erreichbar und ist das eigentlich erforderlich in Spitzenjobs?

Ich investiere sicherlich rund 60 Stunden wöchentlich in meinen Job, wobei da viele Zeiten dabei sind, die traditionell als „Randzeiten" gelten: Abends und am Wochenende, wo ich von zu Hause beziehungsweise von unterwegs arbeiten kann. Erreichbar bin ich prinzipiell immer, weil ich ein Smartphone nutze. Im Nachrichtenjournalismus ist das wichtig. Nachrichten halten sich nicht an Arbeitszeiten. Wichtig aber auch: Bei Ruhebedürfnis müssen andere aus dem Führungsteam ran. Das funktioniert. Und: Es muss mit dem Familienleben vereinbar sein. Das ist es dadurch, dass ich für vieles nicht im Büro sein muss.

Welches war rückblickend der entscheidende Faktor, der Ihre Karriere befördert hat?

Meine Karriere befördert hat meine Leidenschaft für Online-Journalismus und die Entscheidung, mich nach der sehr breit aufgestellten Ausbildung in allen Medien-Bereichen darauf zu konzentrieren. Ich traf im Online-Journalismus auf viel Aufbruchsstimmung, Innovations- und Experimentierfreudigkeit sowie offene Strukturen, in denen Qualität statt alter Seilschaften die Karriere vorantreibt.

Welche Bedeutung hatten auf Ihrem beruflichen Weg die bewusste Karrieregestaltung einerseits und Zufall und Glück andererseits?

Eine bewusste Karrieregestaltung gab es bei mir eigentlich nicht. Ich habe vielmehr immer wieder durch gute Arbeit überzeugen können und so Angebote für nächste Karriereschritte erhalten. Das Bewusste war dann vor allem das Miteinbeziehen des Partners, der mir an anderer Stelle den Rücken freihalten muss. Glück und Zufall immer dann, wenn ein Posten frei wurde, auf den ich passte.

Wie wichtig ist Branchen- und/oder Unternehmenstreue für den beruflichen Aufstieg? Oder braucht gerade Karriere den gezielten, wohl durchdachten Wechsel?
Im Journalismus ist Branchentreue unabdingbar. Wobei durchaus Wechsel von einer Mediengattung zur nächsten möglich sind. Doch ein Wechsel etwa in den Bereich PR und zurück wäre etwas, was die Glaubwürdigkeit beschädigen würde. Unternehmenstreue hingegen ist nicht wichtig. Ein Wechsel nach einer bestimmten Anzahl von Jahren ist sicherlich gut, um nicht betriebsblind zu werden und die eigene Fähigkeit zur Erneuerung immer wieder neu unter Beweis zu stellen.

Gibt es persönliche Schlüsseleigenschaften, die unverzichtbar sind für einen nachhaltigen Erfolg in Ihrem Berufsfeld? Falls ja, auf welche Eigenschaften kommt es dabei ganz besonders an?
- Immer wieder neu Offenheit für Themen, Ereignisse, Menschen; Neugierde letztlich
- Vertrauenswürdigkeit, Glaubwürdigkeit, Integrität
- Ständiges Informiert-Sein
Am Wichtigsten sind vermutlich Glaub- und Vertrauenswürdigkeit, weil man sonst weder an Informationen kommt, noch Teams leiten kann.

Gibt es erworbene Schlüsselkompetenzen, die unverzichtbar sind für einen nachhaltigen Erfolg in Ihrem Berufsfeld? Falls ja, auf welche Kompetenzen kommt es dabei ganz besonders an?
- Sich nicht zu sehr beeindrucken lassen von (zumeist männlichen) Alpha-Journalisten
- Teams den Weg vorgeben, die aus sehr selbstbewussten, kreativen Menschen zusammengesetzt sind

Welche Bedeutung hatten Vorbilder und Mentoren auf Ihrem beruflichen Weg? Waren es eher Frauen oder Männer? Was haben Sie gelernt?
Ausgesprochene Mentoren/Vorbilder hatte ich nicht, wohl aber eine prägende Ausbildung an der Evangelischen Journalistenschule. Dort beeindruckten mich die jeweils in ganz unterschiedlichen Fachbereichen kompetenten Dozentinnen/Dozenten. Es waren allesamt Journalistinnen/Journalisten, die es schafften, hohe Qualitätsansprüche und verantwortungsvollen Umgang mit Themen/Menschen/Schicksalen im Alltag zu erfüllen.

Wie wichtig war und ist der private emotionale Rückhalt für Ihren beruflichen Weg?
Der private emotionale Rückhalt war und ist an jeder Stelle meines beruflichen Aufstiegs wichtig. Ich kann und konnte mich immer rückversichern, dass ich das Richtige tat. Auch um den Job mit dem Familienleben vereinbaren zu können, ist so ein Rückhalt unabdingbar.

Wie schaffen Sie den Spagat zwischen der Freude am Erfolg verbunden mit hoher inhaltlicher und zeitlicher Belastung einerseits und dem Erfordernis mentaler Entspannung und dem Bedürfnis nach der Pflege privater sozialer Kontakte andererseits?
Mein Job lässt es zu, dass ich Vieles auch von außerhalb des Büros erledige. Das mag wie eine Dauerbelastung klingen, ist aber tatsächlich mehr eine Befreiung:

Ich kann mit der Familie zusammen sein oder Freunde treffen – bin aber trotzdem im Ernstfall erreichbar beziehungsweise kann selbst eingreifen, wenn es sein muss. Präsenzzeit im Büro hingegen würde mich zermürben.

Welche Bedeutung haben Auslandsaufenthalte für die Entwicklung von Karrieren in Ihrem Berufsfeld? Machen sie Sinn oder wird ihre Bedeutung überschätzt?
Gerade im Online-Journalismus ist es wichtig, sehr viel und intensiv über die Grenzen zu schauen. Gerade im angelsächsischen Sprachraum tut sich so viel, dass – kurze – Aufenthalte dort dazugehören, um den Online-Journalismus in Deutschland mitgestalten zu können. Ich selbst war vor allem während des Studiums für längere Zeit im Ausland. Ob das konkret für meine Karriere wichtig war? Ich glaube nicht. Der Blick über den Tellerrand ist jedoch für jeden Journalisten eine Pflichtaufgabe.

Spielt ein großes und gut gepflegtes Netzwerk wirklich die Rolle, die ihm vielfach zugeschrieben wird?
Ja. Ich habe während meiner gesamten bisherigen Laufbahn keine einzige Bewerbung geschrieben, sondern stets Jobs gefunden, weil ich gut vernetzt war beziehungsweise gern Kontakt halte zu Menschen, die ich beruflich und/oder privat schätze. Auch ist es sehr viel einfacher, gute Mitarbeiter zu finden, wenn man nicht den aufwändigen Weg offizieller Bewerbungsverfahren gehen muss, sondern Tipps erhält.

Welche Vorteile haben Sie persönlich aus Netzwerken für sich generieren können?
Siehe Antwort zur vorherigen Frage.

Welche Rückschläge mussten Sie auf Ihrem beruflichen Weg hinnehmen? Wie kam es dazu und wie sind Sie damit umgegangen?
Die „Netzeitung", bei der ich zuletzt als Chefredakteurin mit einem ambitionierten Team guten Online-Journalismus zu gestalten versuchte, wurde aus finanziellen Gründen abgewickelt. Das war bitter, zumal es der einzige von Print-Produkten unabhängige Online-Auftritt Deutschlands war und die damit verbundenen Chancen unwiederbringlich vergeben wurden.
Ich habe darauf mit professionellem Pragmatismus reagiert, immer wieder auf die Nachteile einer Schließung hingewiesen, das Team dazu angehalten, auch bis zum Schluss noch am selbst auferlegten Qualitätsanspruch festzuhalten. Letztlich hat mir geholfen, dass ich wegen meiner ersten Schwangerschaft ohnehin bereit war für ein Umdisponieren beziehungsweise ein Verschieben der Prioritäten. Vier Monate nach dem Ende der „Netzeitung" erhielt ich den Anruf von Zeit Online.

Hatten Sie auf Ihrem beruflichen Weg schon mal das Gefühl der Frustration und/oder der Resignation? Wie sind Sie mit diesem Gefühl umgegangen?
Ich musste in diversen Phasen mit mir gegenüber weisungsbefugten Führungskräften zusammenarbeiten, die dem Produkt aus meiner Sicht nicht gut taten. Viel Energie und Kraft ging durch Diskussionen über die Ausrichtung verloren, die anders genutzt hätte werden können/müssen. Ich habe in den Zeiten viel Frust zu Hause abgeladen.

Gab es auf Ihrem beruflichen Weg Situationen, wo Sie gegen Widerstände Ihren eigenen Weg gegangen sind und es sich gelohnt hat?
In den oben beschriebenen Situationen (Führungskräfte, die dem Produkt nicht gut taten) habe ich meinen Qualitätsanspruch nicht aufgegeben und ihn gegen Widerstände verteidigt. Gelohnt hat sich das letztlich vor allem in einer Hinsicht: In der Branche wurde ich bekannt als eine, die zu kämpfen hat, diesen Kampf aber annimmt und sich nicht kompromittieren lässt. Für meinen jetzigen Job war das Gold wert.

Welche Ratschläge würden Sie jungen Frauen in der Medienbranche mit auf den Weg geben?
Im Prinzip Ratschläge, die ich genauso auch jungen Männern geben könnte: Das Handwerk beherrschen, Kontakte knüpfen und pflegen, durch Können überzeugen statt auf Äußerlichkeiten zu vertrauen.

Welches sind die drei wichtigsten Stellschrauben für den Erfolg in Ihrem beruflichen Umfeld?
- Selbstbewusstsein verbunden mit dem Willen, Verantwortung zu übernehmen
- Journalistisches Handwerk beherrschen
- Kontakte aufbauen, pflegen, nutzen

Was mussten Sie für die Erreichung Ihrer beruflichen Ziele und auf Ihrem beruflichen Weg aufgeben, was ist „auf der Strecke" geblieben?
Feste, regelmäßige (Abend-)Termine sind nicht gut mit meinem Job-Alltag vereinbar.

Was hätten Sie rückblickend gern anders gemacht auf Ihrem beruflichen Weg? Gibt es „Weichen", bei denen Sie heute anders abbiegen würden?
Alles gut so, wie es war und ist.

„Die Arbeit in einer Redaktion ist kein Wellnessprogramm"
Jule Lutteroth, Stellvertretende Chefredakteurin Spiegel Online

Jule Lutteroth, Jahrgang 1968, ist Diplom-Geographin. Nach ihrem Studium volontierte sie bei der zum Spiegel Verlag gehörenden digitalen Tageszeitung ICE-press/Der Tag, die in den 1990er Jahren kostenlos an die Fahrgäste der ersten Klasse der deutschen Bahn verteilt wurde. Jule Lutteroth arbeitete danach als Redakteurin bei Spiegel Online, als freie Journalistin in Washington/USA und als Entwicklungsredakteurin in der Redaktion Portal100 des Spiegel Verlags. Ab 2001 war sie bei Spiegel Online zunächst im Kulturressort, dann im Ressort Panorama. Vier Jahre später wurde sie dort Chefin vom Dienst und wieder vier Jahre später geschäftsführende Redakteurin. Seit 2009 ist Jule Lutteroth stellvertretende Chefredakteurin von Spiegel Online.

Volontariat
Entwicklungsredakteurin
SPIEGEL ONLINE
Rio de Janeiro
Geschäftsführende RedakteurinChefin vom DienstWashington
ICE-press/Der Tag Stellvertretende Chefredakteurin
Neunzehnhundertachtundsechzig Tübingen Diplom-Geographin
SPIEGEL Verlag
Freie Journalistin Redakteurin

Ihr beruflicher Weg hat Sie ganz an die Spitze geführt. Haben Sie von dieser Position schon zu Berufsbeginn geträumt? War es womöglich die Erfüllung eines lang gehegten Wunsches? Skizzieren Sie bitte kurz, wie es zu Ihrer beruflichen Laufbahn kam.

Ich hab nie am Zaun gerüttelt und gebrüllt, um in die Chefetage zu kommen. Zu Beginn der Karriere hätte ich es mir auch nicht träumen lassen, dass ich einmal stellvertretende Chefredakteurin von Spiegel Online sein würde. Als junge Redakteurin hatte ich nur eins im Sinn: Die bestmöglichen Geschichten zu schreiben, relevanten, verständlichen Journalismus zu machen, möglichst viele Leser sollten meine Geschichten lesen. Als ich dann als erste Chefin vom Dienst zur ersten Blattmacherin von Spiegel Online wurde, hat sich mein Ansatz nur geringfügig verändert: Möglichst viele Leser sollten unsere Geschichten lesen.

Meine Laufbahn verlief klassisch: Diplom-Geographin (Studium in Tübingen und Rio de Janeiro/Brasilien); Volontariat bei der digitalen Tageszeitung ICE-press/Der Tag (Spiegel Online-Verlag). Redakteurin bei Spiegel Online; Freie Journalistin in Washington/USA, Entwicklungsredakteurin in der Redaktion Portal100 (Spiegel-Verlag). Ab 2001 bei Spiegel Online zunächst im Kulturressort, dann zuständig für das Ressort Panorama. Ab 2005 Chefin vom Dienst, 2009 Geschäftsführende Redakteurin. Seit 1. Juni 2009 Stellvertretende Chefredakteurin.

Wie viel Zeit investieren Sie in Ihre berufliche Aufgabe? Sind Sie rund um die Uhr erreichbar und ist das eigentlich erforderlich in Spitzenjobs?

Überstunden zu zählen, ist kein guter Ansatz für eine Führungskraft. Natürlich investiere ich viel Zeit und Energie in meinen Beruf, fange früh an, höre spät auf. Und da ich in einem minutenaktuellen Medium arbeite, bin ich rund um die Uhr erreichbar. Ich beantworte Mails spätabends, verschicke auch Mails, erwarte aber nicht, dass ich zu jeder Stunde Antwort bekomme. Es passiert nur relativ selten, dass ich in der Nacht rausgeklingelt werde: Osama Bin Laden erschossen, Steve Jobs tot. In solchen Fällen ist man blitzschnell sehr wach, es gilt die Eilmeldung auf die Seite zu bringen, dann die Kollegen zu wecken, mit Redaktion und Korrespondenten das Thema zu planen.

Welches war rückblickend der entscheidende Faktor, der Ihre Karriere befördert hat?

Ich denke, eine meiner Stärken ist es, Entscheidungen zu treffen. Sehr oft sind es die richtigen.

Welche Bedeutung hatten auf Ihrem beruflichen Weg die bewusste Karrieregestaltung einerseits und Zufall und Glück andererseits?

Natürlich sind Glück und Zufall wichtig. Bei mir waren es Glück und Zufall, dass ich mich frei in dem noch sehr jungen Medium entwickeln und ausprobieren konnte. Um Karriere zu machen, braucht man viele Talente und Tugenden: Kreativität, Mut, Einsatzbereitschaft, Entscheidungsfreude und Entscheidungssicherheit. An die Spitze einer sehr erfolgreichen Nachrichtenseite gelangt man nicht durch Zufall, Personalentscheidungen sind keine Glücksfrage.

Wie wichtig ist Branchen- und/oder Unternehmenstreue für den beruflichen Aufstieg? Oder braucht gerade Karriere den gezielten, wohl durchdachten Wechsel?
Unternehmenstreue hat einen großen Vorteil: Man häuft einen riesigen Erfahrungsschatz an. Und das zahlt sich aus. Andererseits: Wohldurchdachte Wechsel haben noch nie geschadet. Im Gegenteil. Nur wer andere Unternehmenskulturen kennenlernt, kann die besten miteinander verbinden.

Gibt es persönliche Schlüsseleigenschaften, die unverzichtbar sind für einen nachhaltigen Erfolg in Ihrem Berufsfeld? Falls ja, auf welche Eigenschaften kommt es dabei ganz besonders an?
Kreativität, Leistungsbereitschaft. Freude am Erfolg und an der Arbeit.

Gibt es erworbene Schlüsselkompetenzen, die unverzichtbar sind für einen nachhaltigen Erfolg in Ihrem Berufsfeld? Falls ja, auf welche Kompetenzen kommt es dabei ganz besonders an?
Thematische Sicherheit, journalistisches Handwerkszeug.

Welche Bedeutung hatten Vorbilder und Mentoren auf Ihrem beruflichen Weg? Waren es eher Frauen oder Männer? Was haben Sie gelernt?
Andere Führungskräfte beobachten und bewerten und die eigene Rolle zu reflektieren – macht das nicht jeder und jede? Ich hatte weibliche und männliche Rollenvorbilder, jeder und jede mit ihren Stärken und Schwächen. Die Frage, die man sich stellen muss: Was strahlt man als Chefin oder Chef aus und wie wirkt sich das auf ein Team aus? Sollen Eisblumen am Fenster wachsen, wenn der Chef den Raum betritt? Ich arbeite daran, ein Klima zu schaffen, in dem kreative Mitarbeit und Mut belohnt wird, in dem viele mitdenken, mitmachen, Spaß an der Arbeit haben. So kommt man weiter. Publizistisch und menschlich.

Wie wichtig war und ist der private emotionale Rückhalt für Ihren beruflichen Weg?
Privater und emotionaler Rückhalt ist sehr wichtig, ohne diesen gerät man an den Punkt, wo man sich die Sinnfrage stellen muss. Warum mache ich das alles hier eigentlich? Meine Antwort war immer: Weil ich's kann.

Wie schaffen Sie den Spagat zwischen der Freude am Erfolg verbunden mit hoher inhaltlicher und zeitlicher Belastung einerseits und dem Erfordernis mentaler Entspannung und dem Bedürfnis nach der Pflege privater sozialer Kontakte andererseits?
Der Spagat ist kaum zu schaffen, aber wenn man immerzu versuchen müsste, beiden Seiten gerecht zu werden, würde man sich zerreißen. Natürlich schalte ich die Arbeit im Kopf nicht ab, wenn ich abends nach Hause gehe. Wenn ich aber frei habe, versuche ich diese Zeit intensiv zu genießen.

Welche Bedeutung haben Auslandsaufenthalte für die Entwicklung von Karrieren in Ihrem Berufsfeld? Machen sie Sinn oder wird ihre Bedeutung überschätzt?
Fremde Länder zu bereisen, fremde Sprachen zu sprechen, haben noch nie geschadet. Heutzutage gehört ein Auslandsjahr bei vielen Kindern schon zur Standard-Schulausbildung. Viele unserer jungen Kollegen haben während des Studiums im Ausland studiert. Ich selbst hatte ein Stipendium des DAAD und habe ein gutes Jahr in Brasilien

studiert und gelebt und neun Monate in den USA. Eine Zeit, die ich auf keinen Fall missen möchte und die mich nicht nur beruflich, sondern fürs Leben geprägt hat.

Spielt ein großes und gut gepflegtes Netzwerk wirklich die Rolle, die ihm vielfach zugeschrieben wird?
Es macht sehr viel Sinn, sich mit anderen zu verknüpfen. Spätestens dann, wenn man wechseln will, erleichtert einem ein gutes Netzwerk den Sprung und den Neuanfang. Es kostet Energie und Zeit, ein Netzwerk aufzubauen und zu erhalten. Ich habe den Eindruck, dass Männer stabilere Netzwerke schaffen. Aber vielleicht liegt es nur an mir, vielleicht ist das meine größte Schwäche.

Welche Vorteile haben Sie persönlich aus Netzwerken für sich generieren können?
Bislang habe ich keine Vorteile aus Netzwerken generieren können.

Welche Rückschläge mussten Sie auf Ihrem beruflichen Weg hinnehmen? Wie kam es dazu und wie sind Sie damit umgegangen?
Der Begriff „Rückschlag" ist extrem negativ besetzt. Definiert man Rückschlag als Zurückstufung der Position oder der Verantwortung: Diese Erfahrung habe ich bislang nicht gemacht. Ich glaube aber, dass es eigentlich normal ist, auch mal einen Schritt zurückzumachen. Und das muss nicht unbedingt schlecht sein.

Hatten Sie auf Ihrem beruflichen Weg schon mal das Gefühl der Frustration und/oder der Resignation? Wie sind Sie mit diesem Gefühl umgegangen?
Frustrierend ist, wenn man großartige Ideen nicht umsetzen kann, sei es aus technischen oder aus personellen Gründen. Und wenn man auf Zusammenarbeit angewiesen ist, der Partner aber ein Holzkopf ist und blockiert. Bevor aus Frustration Resignation wird, sollte man sich diese Fragen stellen: Love it? Change it? Leave it? Es kann sein, dass im Zusammenspiel der Kräfte nur die dritte Möglichkeit bleibt.

Gab es auf Ihrem beruflichen Weg Situationen, wo Sie gegen Widerstände Ihren eigenen Weg gegangen sind und es sich gelohnt hat?
Die Arbeit in einer Redaktion ist kein Wellnessprogramm. Von daher: Ja, es gibt immer wieder Situationen, in denen Widerstände auftauchen. Wichtig ist, sich zu überprüfen und am Ende dann hoffentlich zu wissen: Ich liege richtig mit meiner Entscheidung. Dieser Weg ist der richtige. Dann geht es sich gleich flotter.

Welche Ratschläge würden Sie jungen Frauen in der Medienbranche mit auf den Weg geben?
Schon bevor Sheryl Sandberg ihre inzwischen berühmte Keynote gehalten hat, habe ich begonnen meinen Kolleginnen einzutrichtern: Wer was zu sagen hat, sitzt am Tisch und nicht in der zweiten Reihe. Wer mitreden will, macht den Mund auf und legt nicht nur die Stirn in Falten. Wer mitgestalten will, reißt den Arm hoch, macht sich bemerkbar. Habt Zutrauen zu euren Chefinnen und Chefs: Sie wollen euch hören! Sie schätzen eure Meinung, macht mit!

Welches sind die drei wichtigsten Stellschrauben für den Erfolg in Ihrem beruflichen Umfeld?
Fleiß. Mut. Ein verständnisvoller Partner.

Was mussten Sie für die Erreichung Ihrer beruflichen Ziele und auf Ihrem beruflichen Weg aufgeben, was ist „auf der Strecke" geblieben?
Die geplante Promotion.

Was hätten Sie rückblickend gern anders gemacht auf Ihrem beruflichen Weg? Gibt es „Weichen", bei denen Sie heute anders abbiegen würden?
Ich wäre gern länger im Ausland geblieben, nach nur neun Monaten aus den USA zurückzukehren, war zu früh.

C. Karrieren in der medialen Distribution

I. Medienteilmarkt Grosso

„Wer nicht mit der Zeit geht, geht mit der Zeit"

Barbara Becker, Geschäftsführerin Pressevertrieb Riedel

Barbara Becker wurde 1955 in Stendal geboren. Ihr beruflicher Weg begann mit einem Studium der Wirtschaftswissenschaften. Nach der Wende begann sie den noch jungen Grosso-Bereich in den neuen Bundesländern aufzubauen. Bis heute ist sie der Branche verbunden und arbeitet als Geschäftsführerin des Pressevertrieb Riedel. 50 Mitarbeiter betreuen ein Vertriebsgebiet aus Salzlandkreis, Landkreis Harz, Mansfeld-Südharz und Kyffhäuser Landkreis. Lieferanten sind rund 192 verschiedene Verlage und Handelsunternehmen; das Sortiment umfasst 4.000 verschiedene Printtitel sowie Tabakwaren, Bücher und Kleinspielwaren.

Ihr beruflicher Weg hat Sie ganz an die Spitze geführt. Haben Sie von dieser Position schon zu Berufsbeginn geträumt? War es womöglich die Erfüllung eines lang gehegten Wunsches? Skizzieren Sie bitte kurz, wie es zu Ihrer beruflichen Laufbahn kam.
Die Frage ist nicht leicht zu beantworten. Ich bin in der DDR geboren, aufgewachsen und habe dort mein Studium absolviert. Zwar habe ich damals Wirtschaftswissenschaften studiert, aber vor allem Sozialismus, Marxismus und Leninismus – das hat mir im Kapitalismus wenig genutzt. Wir hatten damals aber gar keine andere Möglichkeit. Mein Wunsch war es auch schon zu DDR-Zeiten, selbstständig zu werden und irgendetwas Eigenes zu machen. Als dann die Mauer fiel, war ich natürlich die Erste, die sich überall dort, wo es um Selbstständigkeit ging, beworben hat. Zu der Zeit war ich als Ökonomin tätig und bin durch einen Zufall ins Grosso hineingerutscht. Verlage suchten damals nach neuen Ansprechpartnern für die neuen Bundesländer. Durch meinen Cousin, der ein Einzelhandelsgeschäft hatte und meine Kontaktdaten weitergegeben hatte, wurde Herr Elmers vom Gong Verlag auf mich aufmerksam. Er erklärte mir, was Grosso ist und ich dachte mir, wenn nur die Hälfte, nur ein ganz kleiner Bruchteil von dem, was er mir erklärt hatte, stimmt, kann ich das machen. Hinterher habe ich im Duden nachgeguckt, was Grosso überhaupt heißt und habe mich dann entschieden, in dieser Branche zu arbeiten. Ich habe meine Stelle gekündigt – alle haben mich damals für verrückt erklärt. Für mich war klar, dass ich etwas ändern muss in meiner Laufbahn. Alle Betriebe wurden subventioniert, sodass ich keine Chance gehabt hätte. So bin ich das Risiko eingegangen und, obwohl mich alle für verrückt erklärt haben, war ich fest davon überzeugt, dass ich es schaffen werde. Und jetzt bin ich immer noch da.

Wie viel Zeit investieren Sie in Ihre berufliche Aufgabe? Sind Sie rund um die Uhr erreichbar und ist das eigentlich erforderlich in Spitzenjobs?
Ich bin rund um die Uhr erreichbar. Seit einigen Jahren versuche ich, Samstag und Sonntag nicht mehr zu arbeiten. Ich lese dann höchstens etwas. Unter der Woche bin ich allerdings von 7 Uhr morgens bis ca. 18 Uhr in der Firma.

Welches war rückblickend der entscheidende Faktor, der Ihre Karriere befördert hat?
Der entscheidende Faktor war meine Teilnahme an dem Bewerbungsverfahren zur Grossistin. Es gab ja eine Findungskommission, die sieben Gebiete im Osten neu vergeben hat und dafür sollten Personen gefunden werden. Ein Rechtsanwalt vom Bundesverband Presse Grosso West hatte 42 Teilnehmer, die Ostdeutsche sein mussten, überprüft und der Findungskommission als Bewerbungskandidat vorgeschlagen. Ab da stand meine Entscheidung fest. Ich will Grossistin werden und schickte meine Unterlagen zum Notar. Der „Runde Tisch" hat dann aus den 42 Kandidaten 14 ausgewählt und zu einem Gespräch nach Hamburg eingeladen. Da ich die einzige Frau war, wurde ich noch einem intensiven Einzelgespräch unterzogen, in dem ich dann aber offensichtlich überzeugen konnte. Rückblickend hatte ich natürlich sehr viel Glück, aber auch Mut und einen klaren Menschenverstand.

Welche Bedeutung hatten auf Ihrem beruflichen Weg die bewusste Karrieregestaltung einerseits und Zufall und Glück andererseits?
Der größte Anteil in meiner Laufbahn war die bewusste Karrieregestaltung. Bevor ich selbstständig wurde, arbeitete ich in Dresden für das Hygiene-Museum, das nicht direkt staatlich, sondern dem Ministerium für Gesundheitswesen unterstellt war. Ich war für die

Materialbeschaffung zuständig und habe mit der Produktion zusammengearbeitet. Meine Aufgabe war es, bestimmte Importmaterialien zu beschaffen, die man damals nur aus dem Ausland beziehen konnte. Daher habe ich schon sehr eigenständig arbeiten können. Ich wurde Abteilungsleiterin, konnte verantwortungsvolle Aufgaben übernehmen, und das alles als junger Mensch nach dem Studium. Das war sehr förderlich für mich. Glück ist allerdings auch ein ganz wichtiger Aspekt. Hätte mich der Verlagsvertreter vom Gong Verlag, nicht gefragt, ob ich nicht ein paar Zeitschriften verkaufen möchte, wäre ich mit der Medienbranche vielleicht nie in Berührung gekommen.

Wie wichtig ist Branchen- und/oder Unternehmenstreue für den beruflichen Aufstieg? Oder braucht gerade Karriere den gezielten, wohl durchdachten Wechsel?
Ich denke, dass Branchen- oder Unternehmenstreue eigentlich gar nicht so wichtig ist. Wichtig für meine Branche ist, dass man eine gute Ausbildung hat und man auch im Bereich Grosso als selbstständige Unternehmerin oder Unternehmer arbeiten möchte. Außerdem muss die Bereitschaft da sein, über das normale Maß hinaus zu arbeiten und man braucht Risikobereitschaft.

Gibt es persönliche Schlüsseleigenschaften, die unverzichtbar sind für einen nachhaltigen Erfolg in Ihrem Berufsfeld? Falls ja, auf welche Eigenschaften kommt es dabei ganz besonders an?
Als Unternehmerin benötigt man vor allem Führungskompetenzen. Man muss in sämtliche Richtungen denken können. Ich muss meine Mitarbeiter gleich behandeln können, muss Situationen richtig einschätzen, muss fair sein. Aber es gehört auch dazu, dass ich mich durchsetzen kann und hart bin. Diese Eigenschaften muss man auch erst lernen. Ich muss mit Lob und Tadel umgehen können. Ich muss die Mitarbeiter motivieren können und ich muss natürlich auch in der Lage sein, einzuschätzen, wann Personalveränderungen nötig sind. In diesen Situationen braucht man natürlich ein entsprechendes Feingefühl im Gespräch, damit der betroffene Mitarbeiter eine Kündigung auch einigermaßen verkraften kann. Entscheidend ist einfach, dass man trotz aller Emotionalität immer die Wirtschaftlichkeit im Auge behält. Mein Weg war ein großer Entwicklungsprozess. Dabei habe ich natürlich auch Fehler gemacht, besonders in der Anfangszeit. Aber diese Dinge sind Erfahrungswerte und heute weiß ich, worauf ich achten muss. Heute bin ich natürlich bestrebt, diese Erfahrungen an meine Kinder weiterzugeben.

Gibt es erworbene Schlüsselkompetenzen, die unverzichtbar sind für einen nachhaltigen Erfolg in Ihrem Berufsfeld? Falls ja, auf welche Kompetenzen kommt es dabei ganz besonders an?
Eine gute Schulbildung, am besten das Abitur, und ein Studium halte ich für sehr wichtig. Die Allgemeinbildung ist das A und O. Man sollte sich auch auf eine Sache spezialisieren, ein Fach studieren. Auch, wenn man dann später im Berufsleben in einem ganz anderen Bereich arbeitet. Das ist ganz oft so. Dieses Phänomen sehe ich bei meinen Kindern. Es ist wichtig, dass man die Muttersprache beherrscht, dass man rechnen kann. Aber wie gesagt, die wichtigsten Grundsteine im Bereich Bildung muss man in der Ausbildung und im Studium lernen. Ein weiterer elementarer Baustein ist die soziale Kompetenz. Die hat man entweder mit der Erziehung mitbekommen oder nicht. Aber ohne vernünftigen Umgang kann man nicht auskommen.

Welche Bedeutung hatten Vorbilder und Mentoren auf Ihrem beruflichen Weg? Waren es eher Frauen oder Männer? Was haben Sie gelernt?
Diese Frage ist schwierig zu beantworten, weil ich als Mensch, der mit der DDR groß geworden ist, nicht unbedingt unmittelbare Vorbilder hatte. Von der unternehmerischen Seite hatte ich nicht die Einblicke. Ich wusste ja nicht mal, dass es die Branche Grosso gibt. Als ich anfing, bin ich quasi ins kalte Wasser geworfen worden. Damals gab es allerdings Dr. Eberhard Nolte. Er war unser Präsident und leitete den Bundesverband Deutscher Buch-, Zeitungs- und Zeitschriften-Grossisten e. V. Er ist eine wirkliche Persönlichkeit.

Wie wichtig war und ist der private emotionale Rückhalt für Ihren beruflichen Weg?
Der private emotionale Rückhalt ist sehr wichtig. Ich hatte leider das Pech, dass ich keine glückliche Beziehung hatte und meine Kinder allein groß ziehen musste. Mein Glück war aber, dass mich meine Eltern sehr unterstützt haben. Rückblickend betrachtet war es sogar ganz gut, dass ich in der Zeit des Aufbaus meines Unternehmens keinen Partner hatte, denn für private Dinge hatte ich keine Zeit. Für meine Kinder allerdings habe ich mir immer Zeit genommen. Später habe ich dann auch wieder einen Partner gefunden, der mich voll unterstützt und mir den Rücken frei hält. Es ist einfach schön, dass wir die Freizeit zusammen gestalten können und dass auch der Haushalt erledigt ist, wenn ich nach einem langen Arbeitstag nach Hause komme.

Wie schaffen Sie den Spagat zwischen der Freude am Erfolg verbunden mit hoher inhaltlicher und zeitlicher Belastung einerseits und dem Erfordernis mentaler Entspannung und dem Bedürfnis nach der Pflege privater sozialer Kontakte andererseits?
Mein Mann unterstützt mich sehr. Wir haben einen sehr guten Freundeskreis und meine Kinder haben auch bereits Kinder, das schafft mir den perfekten Ausgleich. Und für diesen Menschenkreis nehme ich mir auch sehr gerne Zeit. Man muss sehr hart daran arbeiten, dass der Freundes- und Bekanntenkreis erhalten bleibt und man gemeinsame Unternehmungen macht. Sicher gibt es Menschen, die auch sagen, dass sie keine Zeit für Freunde und Erholung haben. Für mich ist es jedoch sehr wichtig und deshalb nehme ich mir diese Zeit.

Welche Bedeutung haben Auslandsaufenthalte für die Entwicklung von Karrieren in Ihrem Berufsfeld? Machen sie Sinn oder wird ihre Bedeutung überschätzt?
Im Grosso-Bereich sind Auslandsaufenthalte nicht unbedingt bedeutsam. Für die Persönlichkeitsbildung, Selbstständigkeit oder natürlich das Interesse an fremden Kulturen sind Auslandsaufenthalte aber schon wichtig.

Spielt ein großes und gut gepflegtes Netzwerk wirklich die Rolle, die ihm vielfach zugeschrieben wird?
Für mich persönlich spielen Netzwerke keine Rolle.

Welche Vorteile haben Sie persönlich aus Netzwerken für sich generieren können?
Ich nutze keine Netzwerke für mich persönlich.

Welche Rückschläge mussten Sie auf Ihrem beruflichen Weg hinnehmen? Wie kam es dazu und wie sind Sie damit umgegangen?

Jeder erlebt mal Rückschläge in seinem Leben. Es kommt auch darauf an, was man als Rückschlag bezeichnet. In meiner Branche ist es so, dass das Pressegeschäft seit 2001 rückläufig ist. Die Verlage geraten seitdem immer mehr unter Druck und dieser wird natürlich an uns weitergegeben. Wir erhalten immer weniger Geld für unsere Dienstleistungen. Das sind dann Rückschläge, mit denen wir als Grossounternehmer nicht gerechnet haben. Dadurch wird man neu gefordert, man muss sich neue Leistungen überlegen, neue Ideen einfallen lassen, um sein Unternehmen gesund zu halten. Ich habe zum Beispiel wegen des Presserückgangs, notgedrungen sozusagen, mein Geschäft um einen Tabakgroßhandel erweitert. Der Anfang war sehr schwierig. Mittlerweile läuft das Geschäft aber ganz gut. Darüber bin ich sehr froh. Dennoch wird es Rückschläge immer wieder geben. Es wird immer mal passieren, dass akquirierte Kunden zu anderen Dienstleistern wechseln, weil die Preise besser sind als unsere. Aber das gehört zum Geschäft. Natürlich ist man in diesen Phasen auch niedergeschlagen, aber dann muss man sich überlegen, welchen anderen Weg man gehen kann, um sein Ziel zu erreichen. Wichtig ist, weiter zu machen und Rückschläge nicht persönlich zu nehmen.

Hatten Sie auf Ihrem beruflichen Weg schon mal das Gefühl der Frustration und/oder der Resignation? Wie sind Sie mit diesem Gefühl umgegangen?

Frustration gab es sicher, Resignation dagegen nicht. Frustration entsteht öfter, weil mein Unternehmen zum Beispiel abhängig ist von Lieferanten. Und wenn da mal nicht alles so funktioniert wie es soll, kann das schon frustrieren. Wenn es zum Beispiel um die Verhandlung von neuen Konditionen geht, dann ist da natürlich schon viel Frust dabei. Vor allem muss man in der Lage sein, anzuerkennen, wenn man machtlos ist. Eine solche Situation muss man aushalten können, um dann nach vernünftigen Lösungen zu suchen. Wichtig dabei ist, dass man dann mit jemanden sprechen kann, am besten mit einem Gleichgesinnten.

Gab es auf Ihrem beruflichen Weg Situationen, wo Sie gegen Widerstände Ihren eigenen Weg gegangen sind und es sich gelohnt hat?

Mit kleinen Widerständen habe ich alltäglich zu tun, von den großen bin ich verschont geblieben. Ich gehe einfach den Weg, den ich als richtig erachte.

Welche Ratschläge würden Sie jungen Frauen in der Medienbranche mit auf den Weg geben?

Einen konkreten Ratschlag habe ich zwar nicht, aber eines meiner Lieblingszitate umschreibt eigentlich am besten, was sicherlich nicht nur für die Medienbranche stellvertretend steht: „Wer nicht mit der Zeit geht, der geht mit der Zeit." Offen, flexibel und hartnäckig und eine anständige Portion Humor braucht man schon bei uns.

Welches sind die drei wichtigsten Stellschrauben für den Erfolg in Ihrem beruflichen Umfeld?

- Betriebswirtschaftliches Know-how
- Mut & Risikobereitschaft
- Kreativität

**Was mussten Sie für die Erreichung Ihrer beruflichen Ziele und auf Ihrem berufli-
chen Weg aufgeben, was ist „auf der Strecke" geblieben?**
Als ich angefangen habe, Anfang der 1990er Jahre, hat sich mein Leben natürlich um 180
Grad gewandelt und dafür habe ich viel aufgegeben. In erster Linie habe ich meine Sicher-
heiten aufgegeben. Ich habe einen Job mit Festanstellung gekündigt, ich habe mein Eigen-
heim in Stendal verkauft und ich bin in eine fremde Gegend gezogen. Auf der Strecke ist
allerdings nichts geblieben.

**Was hätten Sie rückblickend gern anders gemacht auf Ihrem beruflichen Weg? Gibt
es „Weichen", bei denen Sie heute anders abbiegen würden?**
Diese Frage stellt sich bestimmt jeder mindestens einmal im Leben. Wenn mir diese Frage
gestellt wurde, habe ich immer dasselbe gesagt: Ich würde alles wieder so machen, wie ich es
getan habe.

„Gute Menschenkenntnis und Menscheneinschätzung sind wichtig"

Gabriele Simon, Geschäftsführende Gesellschafterin Mölk Pressegrosso

Gabriele Simon, Jahrgang 1946, ist Familienunternehmerin. Ihr beruflicher Weg begann – gemeinsam mit ihrem Mann – mit der Gründung und Führung eines Malerbetriebs in Stuttgart. 1990 zog sie mit ihrer Familie nach Osnabrück, um den elterlichen Grosso-Betrieb zu übernehmen und weiterzuführen. Das Unternehmen wurde in den Folgejahren komplett umgebaut und modernisiert und auf die Veränderungen der digitalen Medienwelt ausgerichtet. Gabriele Simon leitete bis 2012 das operative Geschäft; seither sind diese Aufgaben in der Hand von Tochter und Schwiegersohn. Gabriele Simon ist über ihre berufliche Tätigkeit hinaus sozial engagiert: 1994 gründete sie die Luise-Marie-Mölk-Stiftung mit dem Ziel der Förderung und Errichtung eines Hospizes zur Pflege und Begleitung final erkrankter Menschen.

Ihr beruflicher Weg hat Sie ganz an die Spitze geführt. Haben Sie von dieser Position schon zu Berufsbeginn geträumt? War es womöglich die Erfüllung eines lang gehegten Wunsches? Skizzieren Sie bitte kurz, wie es zu Ihrer beruflichen Laufbahn kam.

Nein, mein beruflicher Weg ist das Gegenteil der Erfüllung eines lang gehegten Wunsches. Zuvor lebte ich mit meiner Familie in einer anderen Stadt und hatte mich eigentlich für einen anderen Lebensweg entschieden.

Wie viel Zeit investieren Sie in Ihre berufliche Aufgabe? Sind Sie rund um die Uhr erreichbar und ist das eigentlich erforderlich in Spitzenjobs?

Dass man während des Tages über Handy erreichbar ist, ist heutzutage Normalität. Das gehört einfach zum Lebensstil dazu. Und in Notfällen sollte man immer erreichbar sein. Was das Zeitinvestment angeht: Ich arbeite nicht 15 Stunden am Tag und das habe ich auch nie gemacht. Dass man aber einen 15-Stunden-Tag als ganz normales Arbeitspensum mit laufender Erreichbarkeit ansieht – das halte ich auch nicht für sinnvoll. Man muss neben dem Beruf auch ein Privatleben haben.

Welches war rückblickend der entscheidende Faktor, der Ihre Karriere befördert hat?

Ich bin im Erbwege auf diese Position gekommen. Vorgesehen war das aber nicht; insofern gab es Umwege. Ich hatte einen völlig anderen Beruf.

Als die Unternehmensnachfolge anstand, konnte kein anderes Familienmitglied die Nachfolge übernehmen. So kam es, dass meine Herkunftsfamilie auf mich setzte. Das stieß aber nicht sofort auf Gegenliebe bei den Verlagen, weil ich zuvor sehr berufsfremd arbeitete. Also musste ich die Tour durch die Verlagshäuser machen und die Herren davon überzeugen, dass ich doch die Richtige für die Aufgabe bin und den Beweis in den folgenden Jahren auch erbringen.

Welche Bedeutung hatten auf Ihrem beruflichen Weg die bewusste Karrieregestaltung einerseits und Zufall und Glück andererseits?

Als ich mich damals entschlossen habe, den Betrieb zu übernehmen, habe ich gewusst, auf was ich mich einlasse und was auf meine Familie zukommt. Ich bin das sehr bewusst angegangen. Und zwar mit voller Power: Ich bin von Süddeutschland nach Norddeutschland gezogen und meine Familie kam mit mir. Das bedeutete eine große Verantwortung.

Wie wichtig ist Branchen- und/oder Unternehmenstreue für den beruflichen Aufstieg? Oder braucht gerade Karriere den gezielten, wohl durchdachten Wechsel?

Aus meiner Sicht ist gezielter Wechsel sinnvoll. Das Sammeln von Erfahrungen in unterschiedlichen Bereichen ist hilfreich und schützt davor nicht „betriebsblind" zu werden.

Gibt es persönliche Schlüsseleigenschaften, die unverzichtbar sind für einen nachhaltigen Erfolg in Ihrem Berufsfeld? Falls ja, auf welche Eigenschaften kommt es dabei ganz besonders an?

Bei uns – und überhaupt in jedem Beruf – ist es wichtig, gute Menschenkenntnis und Menscheneinschätzung zu haben. Ich kann das recht gut. Dazu braucht es eine gewisse Lebenserfahrung und ich hatte den Vorteil, schon 40 Jahre alt zu sein als ich ins Grosso kam. Man braucht Zutrauen zu sich selbst. Auch Rückschläge zu erleben und zu bewältigen, sind wichtig; mit diesen Erfahrungen kann man die nächsten Herausforderungen dann besser meistern. Außerdem ist es gut, wenn man zupackend ist und keine Angst hat vor Neuem – beides entspricht meinem Naturell.

Gibt es erworbene Schlüsselkompetenzen, die unverzichtbar sind für einen nachhaltigen Erfolg in Ihrem Berufsfeld? Falls ja, auf welche Kompetenzen kommt es dabei ganz besonders an?
Hilfreich finde ich eine Kombination aus Ausbildung und Studium. So eine duale Ausbildung bieten wir selbst in unserem Betrieb an und sind vor drei Jahren vom VDZ auch schon mal zum besten Ausbilder im Pressebereich gekürt worden. Dass wir ein so erfolgreicher Ausbildungsbetrieb sind, führe ich darauf zurück, dass wir dieses duale System von Anfang an stark gefördert haben. Übrigens hat auch meine Tochter genau diese Ausbildung gemacht.

Welche Bedeutung hatten Vorbilder und Mentoren auf Ihrem beruflichen Weg? Waren es eher Frauen oder Männer? Was haben Sie gelernt?
In meinem Leben waren die Vorbilder in der Regel Frauen. Man kann sogar sagen: Frauen haben mich geprägt. Ich habe eine Lehre in einem Verlagshaus gemacht und hatte dort eine Ausbildungsleiterin, die große Bedeutung für mich hatte. Sie wurde nach meiner Zeit in dem Verlag zu meiner engsten Freundin und hat mich in meiner Zeit in dem Verlag für mein späteres Leben beruflich geformt. Sie war meine Lehrmeisterin.

Wie wichtig war und ist der private emotionale Rückhalt für Ihren beruflichen Weg?
Ich bin durch und durch Familienmensch. Ich arbeite für die Familie – das ist wahrscheinlich frauentypisch. Unser Betrieb wird seit vier Generationen – seit rund 100 Jahren – von Frauen geführt. Wir sind sehr stolz, dass wir die Führungspositionen bei uns im Haus, also die Geschäftsleitung, die Abteilungsleitungen und die Gruppenleitungen, zu rund 65 - 70 % mit Frauen besetzt haben. Das war nicht geplant, das ist einfach so gewachsen. Ich finde jedoch, dass Frauen eine größere soziale Kompetenz haben.

Wie schaffen Sie den Spagat zwischen der Freude am Erfolg verbunden mit hoher inhaltlicher und zeitlicher Belastung einerseits und dem Erfordernis mentaler Entspannung und dem Bedürfnis nach der Pflege privater sozialer Kontakte andererseits?
Mir hilft, dass ich stressunempfindlich bin. Das ist wohl angeboren. Mich regt kaum etwas auf, und wenn mich etwas aufregt, dann versuche ich das zu bereinigen. Dann belastet es mich nicht mehr.

Welche Bedeutung haben Auslandsaufenthalte für die Entwicklung von Karrieren in Ihrem Berufsfeld? Machen sie Sinn oder wird ihre Bedeutung überschätzt?
Auslandsaufenthalte machen großen Sinn! Man bekommt Impulse, lernt Neues. Jede Nation hat spezielle Eigenarten und man lernt sie nur kennen, wenn man mal dort gelebt hat. Dann sieht man auch, was sie vielleicht besser machen als wir. Ich empfehle das auch den jungen Frauen und Männern in unserem Unternehmen.

So habe ich bei einer meiner leitenden Mitarbeiterinnen durch die Verbindung zu Rotary dafür gesorgt, dass sie die Gelegenheit bekommen hat, nach Südamerika zu fliegen und dort Firmen – mit Hilfe von dort ansässigen Rotariern – kennenzulernen. Ich halte diese Einblicke und Erfahrungen für sehr wichtig.

Spielt ein großes und gut gepflegtes Netzwerk wirklich die Rolle, die ihm vielfach zugeschrieben wird?
Ein gutes Netzwerk ist das A und O. Ohne ein Netzwerk können Sie nichts auf die Beine stellen. Ich selbst bin Mitglied bei Rotary und das Netzwerk hat mir immer wieder sehr geholfen. Und das nicht nur im Beruf, sondern gerade auch darüber hinaus. So konnte ich ehrenamtlich hier in Osnabrück ein Hospiz mit elf Betten und jetzt 53 Mitarbeitern gründen. Nur über unser rotarisches Netz konnten wir – alle Beteiligten sind Rotarier – unabhängig von Kirchen und sozialen Institutionen diese Einrichtung auf die Beine stellen.

Welche Vorteile haben Sie persönlich aus Netzwerken für sich generieren können?
Eben genau die Schaffung dieses Hospizes – das wäre ohne das Rotarier-Netzwerk nicht möglich gewesen.

Welche Rückschläge mussten Sie auf Ihrem beruflichen Weg hinnehmen? Wie kam es dazu und wie sind Sie damit umgegangen?
Im Leben gibt es immer Rückschläge. Man nimmt sich geschäftlich etwas vor, verfolgt ein Ziel und überlegt, so müsste das laufen und so kriegt man das hin. Und am Ende klappt es nicht, wird ein Flop. Das passiert, das muss man aushalten. Das Dümmste wäre es aber gewesen, wenn man es erst gar nicht probiert hätte.

Hatten Sie auf Ihrem beruflichen Weg schon mal das Gefühl der Frustration und/oder der Resignation? Wie sind Sie mit diesem Gefühl umgegangen?
Natürlich kenne ich diese Gefühle. Aber auch da hilft mir bei allem meine positive Lebenseinstellung und meine Gelassenheit.

Gab es auf Ihrem beruflichen Weg Situationen, wo Sie gegen Widerstände Ihren eigenen Weg gegangen sind und es sich gelohnt hat?
Ja, solche Situationen gab es. Aber in der Regel treffe ich berufliche Entscheidungen im Team. Wir sitzen in der Geschäftsleitung zusammen und wenn meine Prokuristin mir sagt: „Frau Simon, darüber sollten wir nochmal nachdenken", dann weiß ich, dass ich mich in eine Idee wahrscheinlich verrannt habe. Und dass ich nochmal darüber nachdenken sollte, ob ich das wirklich so machen will. Genau auf solchen engen Beziehungen beruht gerade bei Frauen sehr viel im beruflichen Leben. Sie arbeiten einfach mehr im Team.

Welche Ratschläge würden Sie jungen Frauen in der Medienbranche mit auf den Weg geben?
Junge Frauen, die in unsere Branche wollen, müssen zielstrebig sein, sie müssen wissen, was sie wollen. Sie müssen auch Klarheit für sich darüber haben, ob sie mehr Familie haben wollen oder Familie und Beruf. Und wenn man beides haben will – Familie und Beruf –, dann muss man sich darüber im Klaren sein, dass man nicht ewig lang aus dem Beruf raus sein kann. Dieses schnelle Zurückkommen in den Beruf haben wir hier bei uns im Unternehmen, so meine ich, gut ermöglicht: Unsere Mitarbeiterinnen, vor allem Leitende, be-

kommen ihr Kind und kehren dann bald wieder zurück in den Betrieb.
Und auch schon in der Zeit, in der sie nicht im Betrieb sind, kommen sie regelmäßig – meistens einmal die Woche – vorbei und nehmen an den für sie wichtigen Sitzungen teil, und zwar gelegentlich auch mit ihrem Kind.

Welches sind die drei wichtigsten Stellschrauben für den Erfolg in Ihrem beruflichen Umfeld?
Erst einmal muss man strategisch denken können. Außerdem braucht man ein gesundes Selbstbewusstsein, das einen in die Lage versetzt, den individuellen Wunschweg zu gehen; wissend, worauf man sich da einlässt. Nicht zu vergessen ist bei all dem schließlich Organisationstalent, Menschenkenntnis und Menscheneinschätzung. Nur wenn man diese Fähigkeiten hat, kann man auch die oft schwierigen Verhandlungen in unserer Branche erfolgreich bestreiten.

Was mussten Sie für die Erreichung Ihrer beruflichen Ziele und auf Ihrem beruflichen Weg aufgeben, was ist „auf der Strecke" geblieben?
Ehrlich gesagt, eigentlich nichts! Mich macht glücklich, ein Familienunternehmen zu führen und in Harmonie mit meinen Nachfolgern, nämlich mit meiner Tochter und mit meinem Schwiegersohn, zusammenzuarbeiten. Da denkt eine Frau sicherlich anders als ein Mann; sie denkt familienbezogener, gerade auch, wenn sie beruflich in ihrer eigenen Firma aktiv ist. Aus diesem Gefühl, einen guten Generationenübergang hinzubekommen, kann man viel Zufriedenheit ziehen. Zufrieden macht mich auch, wenn eine gute Zusammenarbeit mit den Mitarbeiterinnen und Mitarbeitern da ist. Das schließt nicht aus, dass ich mich auch von Mitarbeitern trenne, wenn die Zusammenarbeit nicht klappt. Aber das ist ja eher selten.

Was hätten Sie rückblickend gern anders gemacht auf Ihrem beruflichen Weg? Gibt es „Weichen", bei denen Sie heute anders abbiegen würden?
Da gibt es nichts. Ich bin zufrieden.

II. Medienteilmarkt
   Telekommunikation

„Wichtig ist die Abrundung und Weiterentwicklung der Persönlichkeit"

Prof. Dr. Marion Schick, Vorstandsmitglied Deutsche Telekom AG

Prof. Dr. Marion Schick, Jahrgang 1958, hat Wirtschaftspädagogik in München studiert und in diesem Fach promoviert. Nach Abschluss der akademischen Ausbildung folgten verschiedene Managementpositionen, unter anderem als Personalentwicklerin und Führungskräftetrainerin beim ADAC und bei der Allianz AG sowie als Abteilungsleiterin im Marketing der Optischen Werke Rodenstock. 1993 kehrte Marion Schick als Professorin für Personalführung, Kostenrechnung und Allgemeine Betriebswirtschaftslehre an die Hochschule zurück. Zweimal wurde sie zur Präsidentin der Fachhochschule München gewählt. Von 2006 bis 2008 war sie zudem Vorsitzende der Präsidenten- und Rektorenkonferenz der Bayrischen Fachhochschulen. Bis 2010 verantwortete Marion Schick als Mitglied des Vorstandes der Fraunhofer-Gesellschaft den Bereich „Personal und Recht". 2010 erfolgte die Berufung zur Ministerin für Kultus, Jugend und Sport des Landes Baden-Württemberg. Seit Mai 2012 Personalvorstand und Arbeitsdirektorin bei der Deutschen Telekom AG.

Professorin
Vorstand Fraunhofer Gesellschaft
Vorstandsmitglied Deutsche Telekom   Arbeitsdirektorin
Wissenschaft, Politik, Wirtschaft   Querdenkerin
Hochschulpräsidentin   Ministerin Wirtschaftspädagogin
Bologna Chancen
Personal- und Organisationsentwicklung
HR moves Berufliche Bildung   Mutter
Frauen-Mutmacherin

Ihr beruflicher Weg hat Sie ganz an die Spitze geführt. Haben Sie von dieser Position schon zu Berufsbeginn geträumt? War es womöglich die Erfüllung eines lang gehegten Wunsches? Skizzieren Sie bitte kurz, wie es zu Ihrer beruflichen Laufbahn kam.

Nein, die Erfüllung eines lang gehegten Wunsches war es nicht. Mein Lebens- und Karriereweg hat sich entwickelt.

Wie viel Zeit investieren Sie in Ihre berufliche Aufgabe? Sind Sie rund um die Uhr erreichbar und ist das eigentlich erforderlich in Spitzenjobs?

Ja und Nein. Natürlich ist man in einem solchen Job sieben Tage die Woche beschäftigt und muss auch sicherstellen, dass man zu großen Zeitanteilen erreichbar ist. Das heißt nicht, dass man nicht das Handy auch mal ausschalten kann und auch sollte. Aber die Wahrheit ist schon, dass es in solchen Jobs extrem schwierig ist, völlig abzuschalten. Ob das nun offiziell Urlaub heißt oder Wochenende ist eigentlich egal. Man muss sehr aufpassen, dass die Work-Life-Balance nicht komplett kippt.

Welches war rückblickend der entscheidende Faktor, der Ihre Karriere befördert hat?

Ich glaube, ein wichtiger Faktor war, dass ich egal wo ich war, immer signalisiert habe, dass ich bereit bin, Verantwortung zu übernehmen. Auch für ein größeres Ganzes. Nehmen wir das Beispiel der Hochschulpräsidentin: In solch einer Position kann man sich fokussieren und sagen, dass man bereit ist, Verantwortung für die Hochschule zu übernehmen. Das ist natürlich der Kern der Aufgabe. Man kann aber auch bereit sein, für den Verbund der bayrischen Fachhochschulen Verantwortung zu übernehmen, weil man sieht, dass eine Hochschule in ein größeres Ganzes eingebettet ist, nämlich in die Hochschullandschaft in Bayern. Genau so habe ich es gemacht. Es ist wie der Unterschied zwischen der BWL und der VWL. Ich habe neben der betriebswirtschaftlichen Mikroperspektive auch immer die volkswirtschaftliche Makroperspektive im Blick gehabt. Gute Führungs- und Managementverantwortung braucht diesen erweiterten Blick. Man muss signalisieren: „Da ist jemand, der ist bereit, über den eigenen Tellerrand hinauszudenken, der ist bereit, Einordnungen vorzunehmen, Verantwortung größer zu definieren, anders zu sehen." Gleichzeitig gehört Gestaltungswillen zu den wesentlichen Eigenschaften einer guten Führungskraft. Wer nichts gestalten möchte, sollte nicht führen. Der Gestaltungs- und Veränderungswille, die Organisation nach vorne zu entwickeln – das treibt mich an.

Welche Bedeutung hatten auf Ihrem beruflichen Weg die bewusste Karrieregestaltung einerseits und Zufall und Glück andererseits?

Ich glaube nicht, dass der Zufall das Gegenteil von Planung ist. Ich denke, dass sich Entwicklungen, wenn sie gesund sind, häufig organisch präsentieren. Es gibt so etwas wie einen roten Faden oder eine innere Dynamik. Wenn es an der Zeit ist, den nächsten Schritt zu tun, dann ist der auch möglich, warum auch immer. Ich würde das jedoch nicht Zufall nennen, sondern Entwicklung und Reife, die jeder bei sich selbst als Entwicklung nachvollziehen kann. Dazu passen dann meist Gelegenheiten im Leben. Menschen sollten sich immer Raum für Entwicklungen lassen, jedoch nicht nach dem Motto: „Ich stelle mich auf den Rathausplatz und warte, bis mich der Zufall trifft oder eine Chance auf mich zukommt." Es ist sehr, sehr wichtig, ein hohes Gespür für die eigene Entwicklung zu haben und dann zu sehen, wann der richtige Zeitpunkt ist, etwas anderes anzustreben. Ich treffe immer wieder auf Menschen, egal ob Frauen oder Männer, die zu früh etwas anderes anstreben und von einem brennenden Ehrgeiz getrieben sind. Oft verpassen sie dann die richtigen Chancen. Auf der anderen Seite sehe ich auch Menschen, die zu sehr darauf warten, dass einem irgendwann etwas in den Schoß fällt. Die verpassen auch Chancen. Um Chancen zu nutzen braucht man einen hohen Anteil an Eigeninitiative und ein hohes Maß an Selbstreflexion.

Wie wichtig ist Branchen- und/oder Unternehmenstreue für den beruflichen Aufstieg? Oder braucht gerade Karriere den gezielten, wohl durchdachten Wechsel?
Die entscheidende Frage ist: Welche Managementqualitäten hat jemand? Ein Manager, der 15 oder 20 Jahre im selben Unternehmen gearbeitet hat, muss ja nicht zwangsläufig der bessere Manager sein als derjenige mit nur fünf Jahren Berufserfahrung in unterschiedlichen Branchen. Unternehmens- oder Branchentreue sind nicht die entscheidenden Faktoren für eine Führungskarriere. Viel wichtiger ist doch, ob ich mich weiter entwickelt habe. Habe ich die Chance genutzt, dazuzulernen, mache ich was aus den gewonnenen Erkenntnissen? Ein Wechsel macht das sicherlich leichter. Wer aber nicht immer wieder neu eintauchen will, der sollte in seiner Branche bleiben. Jemand der denkt, dass er darin wächst, der sollte es tun. Statt einer objektiven Empfehlung im Sinne eines „tue dies oder jenes", gilt also vielmehr: „Gehe in dich und prüfe, woran du mehr wächst!".

Gibt es persönliche Schlüsseleigenschaften, die unverzichtbar sind für einen nachhaltigen Erfolg in Ihrem Berufsfeld? Falls ja, auf welche Eigenschaften kommt es dabei ganz besonders an?
Ja, solche Eigenschaften gibt es: Ausdauer, analytische Fähigkeiten, eine hohe Selbstreflexion, die Bereitschaft, sich zu entwickeln und Frustrationstoleranz.

Gibt es erworbene Schlüsselkompetenzen, die unverzichtbar sind für einen nachhaltigen Erfolg in Ihrem Berufsfeld? Falls ja, auf welche Kompetenzen kommt es dabei ganz besonders an?
Ich glaube, je weiter man in den klassischen Hierarchien aufsteigt, desto wichtiger wird die erworbene oder angeborene Fähigkeit, Dinge in Ruhe und vollumfänglich von verschiedenen Aspekten her zu betrachten und einen Handlungsimpuls richtig zu setzen. Das heißt, nicht zu spontan und emotional zu reagieren, sondern gut überlegt. Man sollte, Dinge immer in einem 360-Grad-Modus betrachten und nicht dem ersten Handlungsimpuls folgen, sondern erst dem zweiten. In diesem Zusammenhang ist auch ein Studium nicht so relevant. Ich denke sogar, dass die akademische Bildung bei uns überbewertet wird während – und davon bin ich überzeugt – berufliche Qualifikation in Deutschland massiv unterbewertet wird. Ich denke, es kommt nicht so sehr darauf an, wie und wo man sich Fähigkeiten aneignet. Es gibt hervorragende Manager, die Führung schon in der Jugend gelernt haben, indem sie Jugendgruppen leiteten. Die akademische Qualifikation ist ein Weg – aber einer unter vielen. Akademische Qualifikation hat natürlich – wir wollen nicht naiv sein – einen großen Vorteil: Sie hilft, um Kompetenz zugeschrieben zu bekommen. Man muss sich viel mehr erklären, wenn man nicht studiert hat und keine formalen Qualifikationen hat oder nur wenige aufweisen kann. Der positive Effekt der formalen Qualifikationen kann aber auch kippen, wenn man zu viele davon anhäuft. Gerade Frauen warne ich davor. Dann kann der Eindruck entstehen, dass man über den Nachweis von Qualifikationen versucht, auf sich aufmerksam zu machen statt über tatsächliche Leistungen.

Ich empfehle deshalb immer, dass man zunächst guckt, ob man ein berufliches Umfeld findet, wo man dies tun kann, bevor man die nächste formale Qualifikation anstrebt.

Welche Bedeutung hatten Vorbilder und Mentoren auf Ihrem beruflichen Weg? Waren es eher Frauen oder Männer? Was haben Sie gelernt?
Das waren sowohl Frauen als auch Männer. Ich rate jedem, genau hinzugucken. Wie geht mein Chef oder meine Chefin die Dinge an, wie löst sie oder er kritische Situationen. Noch heute tue ich das. Ich habe dann überlegt, was ich davon auf mich übertragen kann. Was erscheint mir so, dass es zu meiner Persönlichkeit passt? Das übernehme ich dann. So bin ich über die Jahre hinweg ein Sammler geworden und habe mein Profil erweitert.

Wie wichtig war und ist der private emotionale Rückhalt für Ihren beruflichen Weg?
Privater Rückhalt ist definitiv ausschlaggebend. Ohne ihn ist es extrem schwer.

Wie schaffen Sie den Spagat zwischen der Freude am Erfolg verbunden mit hoher inhaltlicher und zeitlicher Belastung einerseits und dem Erfordernis mentaler Entspannung und dem Bedürfnis nach der Pflege privater sozialer Kontakte andererseits?
Hier hilft die Familie ungemein und hier helfen Kinder. Wer Kinder hat weiß, dass sie einen von jetzt auf gleich aus dem beruflichen Kosmos in eine ganz andere Lebenswirklichkeit versetzen können. Dafür bin ich meinen Kindern immer unendlich dankbar gewesen. Es ist der schnellste, effizienteste und emotional erfüllteste Weg für eine gesunde Distanz vom Beruf und zur Stärkung der inneren Unabhängigkeit. Das war mein Königsweg.

Welche Bedeutung haben Auslandsaufenthalte für die Entwicklung von Karrieren in Ihrem Berufsfeld? Machen sie Sinn oder wird ihre Bedeutung überschätzt?
Die Bedeutung nimmt heutzutage enorm zu. Als ich begonnen habe, war das bei weitem noch nicht so. Ich empfehle Auslandsaufenthalte als Abrundung der eigenen Sicht der Welt und des eigenen Profils. Dazu gehört heutzutage, dass man sich die Dinge nicht nur aus einer Landesperspektive anguckt. Auch hier ist wieder die Frage wichtig: „Wie runde ich mich ab, wie komme ich zu einem vollständigen Profil?". Es geht nicht um die Frage: „Was muss ich wo nachweisen?".

Spielt ein großes und gut gepflegtes Netzwerk wirklich die Rolle, die ihm vielfach zugeschrieben wird?
Ich war immer bereit, meinen Blick über den begrenzten Winkel meiner aktuellen Sichtweise zu erweitern. Das geht natürlich am besten im Gespräch mit anderen Menschen, die andere Meinungen und Vorstellungen haben. Ein Netzwerken im Sinne von Visitenkarten sammeln finde ich allerdings ganz schrecklich. Heute wird Netzwerken oft wie ein Kochrezept der Karriereentwicklung diskutiert. Mit einer solchen Einstellung wird es einem aber nicht viel nutzen. Die Menschen, die man in so einem Netzwerk instrumentalisiert, merken schnell, wenn sie nur eine von vielen gesammelten Visitenkarten sind. Nicht die Anzahl der Freunde ist entscheidend, sondern die Qualität. Dann müssen es auch keine 300 Leute sein, die man in seiner Adressdatei hat.

Welche Vorteile haben Sie persönlich aus Netzwerken für sich generieren können?
Das waren Vorteile mit Blick auf die Abrundung und Weiterentwicklung der Persönlichkeit.

Welche Rückschläge mussten Sie auf Ihrem beruflichen Weg hinnehmen? Wie kam es dazu und wie sind Sie damit umgegangen?
Rückschläge gehören zum Leben dazu. Wie soll man sonst lernen, auch damit umzugehen? Es gibt nichts Gefährlicheres als wenn einem alles gelingt. Natürlich musste ich auch mit Niederlagen fertig werden. Wenn trotz viel Engagement und Begeisterung ein Plan nicht aufgeht, ein Konzept nicht greift, bin ich enttäuscht und ernüchtert. Ich habe über die Jahre aber gelernt, solche Rückschläge als Chance zu verstehen, es beim nächsten Mal besser zu machen oder eine andere Richtung einzuschlagen. Daraus ziehe ich inzwischen einen echten Gewinn. Aber es dauert vielleicht manchmal ein bisschen bis man das so sehen kann.

Hatten Sie auf Ihrem beruflichen Weg schon mal das Gefühl der Frustration und/oder der Resignation? Wie sind Sie mit diesem Gefühl umgegangen?
Natürlich, diese Gefühle gehören dazu. Man muss sich immer bewusst sein, dass Frustration auftreten kann. Deswegen kommt es auch, wie ich es oben schon gesagt habe, auf Frustrationstoleranz an. Und es gibt auch Phasen, in denen man kurz vor der Resignation ist. Man darf sich da keine Illusionen machen. Für mich ist es in solchen Situationen immer wichtig, diese Situationen durchzuarbeiten, die Rollen aller Beteiligten und die eigene Rolle zu analysieren und dann, erst wenn ich ein Gesamtbild habe, zu gucken, ob es einen anderen Weg gegeben hätte oder nicht. Manchmal muss man einfach akzeptieren, dass es nicht so funktioniert hat wie man sich das gewünscht hätte. Es braucht viel Analyse, um zu erkennen, was man hätte besser machen können. Man kann nicht immer alles so haben, wie man es gerne möchte.

Gab es auf Ihrem beruflichen Weg Situationen, wo Sie gegen Widerstände Ihren eigenen Weg gegangen sind und es sich gelohnt hat?
Ja, klar gibt es solche Situationen. Das Leben ist geprägt davon. Gerade wenn man in Organisationen tätig ist, in denen niemand sagt: „Genau auf diese Idee haben wir seit 100 Jahren gewartet!". Das sage ich auch Berufsanfängern. Der Kern einer Management- und Führungsaufgabe ist es, andere, die nicht sofort Hurra schreien, dazu zu bringen, in eine bestimmte Richtung zu gehen. Das heißt, man muss mit Widerständen arbeiten und diese nicht negativ besetzen. Jeder hat seinen bestimmten Grund und seine Meinung und man muss damit arbeiten. Ich glaube nicht, dass Widerstände etwas Negatives sind. Sie sind auch nichts, was man vermeiden müsste. Wenn es keine Widerstände gäbe, dann bräuchte man keine Führungskräfte, weil alles wie von selbst ginge. Deswegen muss jemand, der eine Karriere oder eine Führungsposition anstrebt, sich kritisch hinterfragen, ob man genau darauf Lust hat und nicht, ob man gute Ideen hat.

Welche Ratschläge würden Sie jungen Frauen in der Medienbranche mit auf den Weg geben?
Ich weiß nicht, ob meine Ratschläge branchenspezifisch sind. Was die Medienbranche angeht, sollte man sich nur hineinbegeben, wenn man weiß, dass insbesondere diese Branche einem sehr dynamischen Wandel unterworfen ist. Man sollte Veränderungen mögen und einen ausgeprägten Gestaltungswillen haben. Wenn man eher traditionell oder beharrend gepolt ist, dann sollte man gerade von dieser Branche die Finger lassen. Ganz generell sollte

man, um in einer Branche erfolgreich zu sein, die Produkte und Dienstleistungen der Branche lieben. Am Beispiel meines Lebenslaufes kann man das ganz gut erklären. Für mich und mein Leben war die Entwicklung hin zu Smartphones, die ja noch gar nicht so alt ist, revolutionierend. Die Verbindung zwischen Familie und Beruf wurde dadurch viel einfacher. Man kann dadurch ganz anders in Kontakt bleiben. Ich bin ein Fan der modernen Kommunikationsmittel. Ich finde, wenn man in so einer Branche unterwegs ist, dann sollte man begeistert sein und es leben. Aber es muss einem auch klar sein, dass Ihnen der Umgang mit dieser Technik mit über 50 Jahren nicht in die Wiege gelegt worden ist, manches muss man sich auch hart erarbeiten. Und man muss sich gut überlegen, ob man diese Geschwindigkeit mitmachen will. Ansonsten sollte man lieber in eine Branche gehen, in der die Innovationszyklen länger sind.

Welches sind die drei wichtigsten Stellschrauben für den Erfolg in Ihrem beruflichen Umfeld?
Energie und Power, etwas anzupacken. Es sich gut zu überlegen, bevor man in die Branche geht. Ausdauer und die absolut feste Absicht, Grenzen zu übertreten und Denkräume großzügig zu durchschreiten.

Was mussten Sie für die Erreichung Ihrer beruflichen Ziele und auf Ihrem beruflichen Weg aufgeben, was ist „auf der Strecke" geblieben?
Zeit nur für sich selbst zu haben und klassische Entspannung. Meinen Beruf und Familie zu kombinieren ist eine ständige Herausforderung, die – das will ich gar nicht verhehlen – mir nicht immer so gelingt, wie ich mir das wünsche. Deswegen ist es mir wichtig, dass ich sowohl aus dem Beruf als auch aus der Familie maximal positive Energie ziehe.

Was hätten Sie rückblickend gern anders gemacht auf Ihrem beruflichen Weg? Gibt es „Weichen", bei denen Sie heute anders abbiegen würden?
Nein, das widerspricht komplett meiner Grundeinstellung. Ich bin in meinem Leben zu nichts gezwungen worden. Wir haben in unseren Breitengraden ein so hohes Privileg, eine gute Ausbildung zu bekommen, sich zu überlegen, wo man seine Energien einsetzen will und man kann mit einer guten Ausbildung sehr gut wechseln, auch wenn man älter als 40 Jahre ist. Ich kann mir kein besseres Umfeld vorstellen als in Deutschland in einem qualifizierten Managementjob zu arbeiten. Von daher hatte ich immer die freie Wahl und habe diese aus guten Gründen getroffen. Ich habe es so gemacht, wie ich es wollte.

D. Die Herausforderungen in Spitzenpositionen aus Sicht der Politik

I. Sicht und Erfahrungen einer Bundesministerin

„Sich selber treu bleiben"

Dr. Kristina Schröder, Ehemalige Bundesministerin für Familie, Senioren, Frauen und Jugend

Dr. Kristina Schröder, Jahrgang 1977, studierte in Mainz Soziologie, Mittlere und Neue Geschichte, Philosophie und Politikwissenschaft. Während ihres Studiums war sie Mitarbeiterin der hessischen CDU-Landtagsabgeordneten Birgit Zeimetz-Lorz. Nach Ende des Studiums schloss Kristina Schröder eine Promotion an und beendete diese erfolgreich 2009. 1991 wurde sie Mitglied der Jungen Union, seit 1994 ist sie Mitglied der CDU. Über die Landesliste Hessen zog sie 2002 und 2005 in den Bundestag ein, 2009 und 2013 gewann sie das Direktmandat in ihrem Wahlkreis Wiesbaden. Am 30. November 2009 trat Schröder im Kabinett Merkel II die Nachfolge von Ursula von der Leyen als Bundesministerin für Familie, Senioren, Frauen und Jugend an.

Diplom-Soziologin   Neunzehnhundertsiebenundsiebzig
PromotionEine Tochter   Bundestagsabgeordnete
Studium der Soziologie, Mittlerer und Neuerer Geschichte   Autorin
Familie, Senioren, Frauen und Jugend   Bundesministerin
Politikwissenschaft   Pizza-Connection   Wiesbaden   Junge Union
CDU   Verheiratet

Ihr beruflicher Weg hat Sie ganz an die Spitze geführt. Haben Sie von dieser Position schon zu Berufsbeginn geträumt? War es womöglich die Erfüllung eines lang gehegten Wunsches? Skizzieren Sie bitte kurz, wie es zu Ihrer beruflichen Laufbahn kam.

Ich habe mein Hobby zum Beruf gemacht. Von Jugend an wollte ich politisch gestalten, allerdings ohne dabei ein konkretes Amt im Auge zu haben.

Bereits mit 14 Jahren bin ich 1991 in die Junge Union Wiesbaden eingetreten, 1994 dann in die CDU Wiesbaden. Ich habe mich schnell ehrenamtlich engagiert und unterschiedliche Funktionen übernommen.

Zur Bundestagswahl 2002 wurde ich von der CDU Wiesbaden als Kandidatin nominiert und wurde über die Landesliste Mitglied des Deutschen Bundestages; ebenso 2005. 2009 gewann ich das Direktmandat in meinem Wahlkreis Wiesbaden gegen die damalige Entwicklungshilfeministerin Heidemarie Wieczorek-Zeul.

Seit Dezember 2009 bin ich Bundesministerin für Familie, Senioren, Frauen und Jugend.

Wie viel Zeit investieren Sie in Ihre berufliche Aufgabe? Sind Sie rund um die Uhr erreichbar und ist das eigentlich erforderlich in Spitzenjobs?

Die genaue Zeit, die in diese Aufgabe zu investieren ist, ist nicht zu quantifizieren. Es gibt keinen klassischen Feierabend als Bundesministerin und meine Erreichbarkeit muss gewährleistet sein.

Umso wichtiger ist es, dass man sich Freiräume schafft und lernt, abzuschalten. Meine Mitarbeiterinnen und Mitarbeiter wissen, dass ich am Wochenende und im Urlaub nur gestört werden will, wenn es wirklich „brennt".

Welches war rückblickend der entscheidende Faktor, der Ihre Karriere befördert hat?

Eigentlich ist es eine Binsenweisheit, aber sie stimmt: Das Wichtigste ist, nach Rückschlägen zu lernen, wieder aufzustehen und noch zielgerichteter weiter zu kämpfen. Das habe ich früh gelernt und das hat mir sehr geholfen.

Welche Bedeutung hatten auf Ihrem beruflichen Weg die bewusste Karrieregestaltung einerseits und Zufall und Glück andererseits?

Wenn ich es quantifizieren müsste, würde ich sagen 60 % sind bewusste Gestaltung, 30 % sind Zufall, 10 % sind Glück. Mein Anspruch ist immer gewesen, dass die bewusste Entscheidung einen höheren Stellenwert einnimmt als diejenigen Faktoren, die ich nicht beeinflussen kann.

Wie wichtig ist Branchen- und/oder Unternehmenstreue für den beruflichen Aufstieg? Oder braucht gerade Karriere den gezielten, wohl durchdachten Wechsel?

Sofern man diese Frage überhaupt auf die Politik übertragen kann: Wichtig ist es für eine gute Politikerin, dass sie sich schnell in neue Sachverhalte und Politikfelder einarbeiten kann. Für meine Karriere war es zum Beispiel sicherlich wichtig, dass ich genau diese Fähigkeit im BND-Untersuchungsausschuss demonstrieren konnte.

Gibt es persönliche Schlüsseleigenschaften, die unverzichtbar sind für einen nachhaltigen Erfolg in Ihrem Berufsfeld? Falls ja, auf welche Eigenschaften kommt es dabei ganz besonders an?
Für einen nachhaltigen Erfolg darf man – so hart das klingt – nicht der Typus Mensch sein, der alles zu sehr an sich ran lässt. Je erfolgreicher man ist, desto mehr wird man persönlichen Angriffen ausgesetzt sein, die man auf keinen Fall „mit nach Hause" nehmen darf. Man kann dies zwar auch zu gewissen Teilen erlernen – sich also bewusst ein dickes Fell wachsen lassen –, aber eben nur zu gewissen Teilen.

Gibt es erworbene Schlüsselkompetenzen, die unverzichtbar sind für einen nachhaltigen Erfolg in Ihrem Berufsfeld? Falls ja, auf welche Kompetenzen kommt es dabei ganz besonders an?
1.   Politikerinnen müssen schnell lernen, sich auf ganz unterschiedliche Charaktere und Weltsichten einstellen zu können – ohne sich dabei selbst zu verleugnen. Das ist die eigentliche Kunst: Sich selber treu zu bleiben (die Menschen merken es früher oder später, wenn sich jemand verstellt), aber sich zugleich auf ganz unterschiedliche Menschen und Situationen einstellen zu können.
2.   Auch Kompromissfähigkeit muss man erst einmal lernen. Der politische Kompromiss wird oftmals und vielfach geschmäht. Aber er ist der Kern demokratischen Handelns. Man muss lernen, wann man stur zu sein hat. Aber ebenso muss man lernen, wann man um der Sache willen lieber einen Kompromiss eingeht.

Welche Bedeutung hatten Vorbilder und Mentoren auf Ihrem beruflichen Weg? Waren es eher Frauen oder Männer? Was haben Sie gelernt?
Ich hatte mich schon früh entschieden, mir keine Vorbilder zu suchen. Jede und jeder muss seinen eigenen Weg gehen, davon bin ich überzeugt. Wer nur in die Fußstapfen anderer tritt, hinterlässt keine eigenen.

Wie wichtig war und ist der private emotionale Rückhalt für Ihren beruflichen Weg?
Sehr wichtig. Ohne privaten emotionalen Rückhalt kann man Erfolge kaum genießen und Rückschläge schwer verkraften.

Wie schaffen Sie den Spagat zwischen der Freude am Erfolg verbunden mit hoher inhaltlicher und zeitlicher Belastung einerseits und dem Erfordernis mentaler Entspannung und dem Bedürfnis nach der Pflege privater sozialer Kontakte andererseits?
Wichtig ist eine gute Organisation und Terminplanung und der Wille, den Raum, den man sich damit für die Familie schafft, auch zu verteidigen. Ich erlebe oft, dass es zwar viel Zustimmung gibt, wenn ich sage, dass unsere Arbeitskultur Zeit für Familie ermöglichen muss, dass es aber nicht gern gesehen wird, wenn ich um Verständnis darum bitte, dass ich einen Termin nicht wahrnehmen kann, weil ich zur angefragten Zeit meine Tochter ins Bett bringen möchte. Da muss man dann stur bleiben und sich damit abfinden, es nicht allen recht machen zu können.

Welche Bedeutung haben Auslandsaufenthalte für die Entwicklung von Karrieren in Ihrem Berufsfeld? Machen sie Sinn oder wird ihre Bedeutung überschätzt?
Für Karrieren in der Politik haben Auslandsaufenthalte unmittelbar keine große Bedeutung. Das ist sicherlich anders als zum Beispiel in der Wirtschaft.

Spielt ein großes und gut gepflegtes Netzwerk wirklich die Rolle, die ihm vielfach zugeschrieben wird?
In der Politik ist der gute und ständig gepflegte Kontakt zu Kolleginnen und Kollegen auf allen politischen Ebenen sehr wichtig.

Welche Vorteile haben Sie persönlich aus Netzwerken für sich generieren können?
Ich bin eher nicht der klassische Typus „Netzwerkerin". Also niemand, der bis drei Uhr morgens beim Wein zusammensitzt und klönt. Insofern ist es für mich schwer zu sagen, welche Vorteile ich persönlich konkret aus Netzwerken gezogen habe.

Welche Rückschläge mussten Sie auf Ihrem beruflichen Weg hinnehmen? Wie kam es dazu und wie sind Sie damit umgegangen?
Wie gesagt, Rückschläge gibt es immer wieder. So konnte ich 2002 und 2005 meinen Wahlkreis nicht direkt gewinnen und bin über die Landesliste in den Bundestag eingezogen. Ergebnis war, dass ich mich noch stärker für meinen Wahlkreis Wiesbaden engagiert habe – mit dem Ergebnis, dass ich 2009 den Wahlkreis mit großem Vorsprung direkt gewinnen konnte.

Hatten Sie auf Ihrem beruflichen Weg schon mal das Gefühl der Frustration und/oder der Resignation? Wie sind Sie mit diesem Gefühl umgegangen?
Jeder hat doch schon mal das Gefühl von Frustration erlebt. Besonders dann, wenn man sich sehr für eine Sache engagiert und am Ende scheitert sie aus vollkommen sachfremden Gründen. In solchen Momenten ist es wichtig, dass man sich daran erinnert, dass man das Ganze nicht für sich selber macht, sondern dass man Verantwortung für viele Menschen trägt. Und dieser Verantwortung wird man nur gerecht, wenn man sich nicht im Selbstmitleid suhlt, sondern weiter für die Sache kämpft.

Gab es auf Ihrem beruflichen Weg Situationen, wo Sie gegen Widerstände Ihren eigenen Weg gegangen sind und es sich gelohnt hat?
Angesichts der vielen unterschiedlichen Interessen, Meinungen und Überzeugungen, die bei politischen Entscheidungen eine Rolle spielen, gehört es in der Politik zum Alltag, mit Widerstand umzugehen und den eingeschlagenen Weg gegen Widerstände beizubehalten. Worauf es dabei ankommt, ist die Fähigkeit, genügend Unterstützer zu finden, die diesen Weg mitgehen wollen, zum Beispiel im Deutschen Bundestag. Stur den eigenen Weg zu gehen, reicht also nicht aus, um in der Politik etwas zu bewegen, man muss auch offen sein für Kompromisse.

Welche Ratschläge würden Sie jungen Frauen in der Medienbranche mit auf den Weg geben?
Die Medienbranche ist nicht meine Branche, insofern tue ich mich schwer, hier Ratschläge zu geben. Grundsätzlich rate ich ihnen das Gleiche, was ich auch jungen Frauen in der Politik rate: Seid kritisch: Lasst euch nicht von Imponiergehabe beeindrucken, sondern

glaubt an das, was ihr könnt. Seit aber auch kritisch zu euch selbst und hinterfragt ab und zu, ob ihr nicht nur eine Erwartung anderer an euch erfüllt.

Welches sind die drei wichtigsten Stellschrauben für den Erfolg in Ihrem beruflichen Umfeld?
- Kompetenz
- Darstellung
- Konsequenz

Was mussten Sie für die Erreichung Ihrer beruflichen Ziele und auf Ihrem beruflichen Weg aufgeben, was ist „auf der Strecke" geblieben?
Auf der Strecke bleibt ein großes Stück (Bewegungs-)Freiheit. Anonymität im Alltag ist ein hohes Gut, das man oftmals erst dann zu schätzen lernt, wenn man es nicht mehr hat.

Was hätten Sie rückblickend gern anders gemacht auf Ihrem beruflichen Weg? Gibt es „Weichen", bei denen Sie heute anders abbiegen würden?
Nein. So wie es lief und wie es läuft, ist es für mich der richtige Weg.

II. Sicht und Erfahrungen einer Ministerpräsidentin

„Auf die Fähigkeit, abschalten zu können, kommt es entscheidend an"

Heide Simonis, Ehemalige Ministerpräsidentin Schleswig-Holstein und Politikerin

Heide Simonis wurde 1943 in Bonn geboren. Die studierte Volkwirtin ist seit 1969 Mitglied der SPD. Ihr beruflicher Werdegang führte sie vom Kreisvorstand der SPD in Kiel Mitte der 1970er Jahre als damals jüngste Abgeordnete in den Deutschen Bundestag (1976 - 1988). Hier war sie unter anderem als finanzpolitische Sprecherin der SPD-Bundestagsfraktion tätig. Es folgten die Mitgliedschaft im Landtag von Schleswig-Holstein und die Ernennung zur Finanzministerin 1988. Fünf Jahre später, nämlich 1993, wurde Heide Simonis in das Amt der Ministerpräsidentin von Schleswig-Holstein gewählt. Sie war damit die erste Frau an der Spitze eines Bundeslandes. Heide Simonis blieb in diesem Amt mehr als zehn Jahre. Nach Ende ihrer politischen Laufbahn engagierte sie sich bei UNICEF Deutschland, wo sie auch Vorsitzende war, und ist auch heute weiter in verschiedenen zivilgesellschaftlichen Institutionen aktiv, zum Beispiel als Vorsitzende des Schleswig-Holsteinischen Sängerbundes.

1993-2005
Studium VWL
Zivilgesellschaftliches Engagement Neunzehnhundertdreiundvierzig
Finanzministerin
Finanzpolitische Sprecherin Erste Frau an der Spitze eines Bundeslandes
Marketing Researcher SPDDiplom-Volkswirtin UNICEF
1976 jüngste Abgeordnete im Deutschen Bundestag
Schleswig-HolsteinDeutscher Bundestag
Ministerpräsidentin

Ihr beruflicher Weg hat Sie ganz an die Spitze geführt. Haben Sie von dieser Positi-on schon zu Berufsbeginn geträumt? War es womöglich die Erfüllung eines lang gehegten Wunsches? Skizzieren Sie bitte kurz, wie es zu Ihrer beruflichen Laufbahn kam.

Davon zu träumen, wäre Größenwahnsinn gewesen. Aber ich habe mir immer vorgenom-men, mit den Gaben, die ich habe, etwas anzufangen. Das war mein Ziel.

Wie viel Zeit investieren Sie in Ihre berufliche Aufgabe? Sind Sie rund um die Uhr erreichbar und ist das eigentlich erforderlich in Spitzenjobs?

Ich habe sehr viel Zeit in meinen Beruf investiert. Ich war nahezu rund um die Uhr erreich-bar, auch am Wochenende und am späten Abend. Erst viel später, wenn man nicht mehr in diesem Amt ist, merkt man, dass man viel Zeit geopfert hat.

Die Frage, ob es erforderlich ist in Spitzenjobs rund um die Uhr erreichbar zu sein, würde ich mit „Ja" und „Nein" beantworten. Bei mir war es in jedem Fall so. Ich war die Erste, die die Position als Ministerpräsidentin erreicht hat, und schon allein aus diesem Grund lastete ein enormer Druck auf mir. Es wurde genau beobachtet, wie ich meine Arbeit mache. Und weil ich das wusste, habe ich mir besonders viel Mühe gegeben.

Wenn ich als Frau mit Kindern in eine berufliche Karriere starten will, dann kann man so natürlich nicht leben. Dann kann man nicht so viel Zeit opfern; sie würde der Familie verlo-ren gehen.

Welches war rückblickend der entscheidende Faktor, der Ihre Karriere befördert hat?

Immer, wenn Frauen beruflich etwas werden, ist vorher bei dem Mann, der den Posten inne hatte, etwas schief gegangen. Genau so war es bei uns in Schleswig-Holstein. Wir hatten den „Barschel-Fall", dann später den zweiten Untersuchungsausschuss zu Aussagen von Björn Engholm, die offensichtlich so – wie sie gemacht worden sind – nicht richtig waren. Des-halb hat man nach dieser ganzen Angelegenheit verzweifelt nach einer Lösung gesucht. Sie sollte viel von der Aufmerksamkeit ab- und umlenken auf Neues. Also hielt man es für gut und richtig, eine Frau Ministerpräsidentin werden zu lassen.

Welche Bedeutung hatten auf Ihrem beruflichen Weg die bewusste Karrieregestal-tung einerseits und Zufall und Glück andererseits?

Ich glaube, in meinem Fall waren Zufall und Glück bedeutsamer als bewusste Gestaltung durch mich. Sie kam erst später hinzu, als ich mir Themen ausgesucht habe, die ich persön-lich gut fand und die von wenig anderen Politikern beachtet wurden. Dies waren insbeson-dere Frauenpolitik und Kinderarmut. An solchen Themen hatten und haben Männer weni-ger Interesse. Deshalb konnte ich bei diesen Themen als Ansprechpartnerin herausragen.

Wie wichtig ist grundlegende Fachkenntnis für den beruflichen Aufstieg? Oder braucht gerade Karriere den gezielten, wohl durchdachten Wechsel der Themen, die man für sich besetzt?

Die Frage ist, was man von einer Führungspersönlichkeit erwartet. Soll sie führen, ein Haus im Griff haben, die Themen so präsent haben, dass sie sie darstellen kann? Oder soll sie auch tiefer gehendes Wissen zu Themen haben? Welches der richtige Ansatz ist, ist ein bisschen schwierig zu sagen. Als Ministerpräsidentin darf man einerseits nicht zu wenig mit Inhalten befasst sein, aber man darf auch nicht zu sehr mit einem Thema in Verbindung

gebracht werden, denn dann sollte man besser Ausschussvorsitzende oder ähnliches werden. Bestimmte Themen – wie zum Beispiel Sozialpolitik – hätte ich nicht machen können.
Wenn ich mir das Sozialgesetzbuch angucke, weiß ich, dass ich das nicht gekonnt hätte.
Deshalb habe ich nachher auch ein Fach gemacht, wo ein in der einzelnen Thematik „dün-
neres" Wissen nötig war, jedoch in der Breite große Kenntnisse vorhanden sein mussten.
Andere Fachministerinnen und Fachminister haben tieferes Wissen, dafür an weniger Stellen, als ich.

**Gibt es persönliche Schlüsseleigenschaften, die unverzichtbar sind für einen nach-
haltigen Erfolg in Ihrem Berufsfeld? Falls ja, auf welche Eigenschaften kommt es
dabei ganz besonders an?**
Ein bisschen Humor kann manchmal nicht schaden und die Fähigkeit abzuschalten ist auch
wichtig. Wenn man abends im Bett sitzt und an den Fingernägeln rumknabbert, weil irgendetwas schief gelaufen ist, dann ist das nicht gut. Dann fängt man an, sich Gedanken darüber
zu machen, ob man bestimmte Sachen nochmal genauso machen sollte. Oder man überlegt,
wie es weiter gehen soll oder ob man womöglich einen Fehler nochmal macht. In solchen
Situationen muss man in der Lage sein, sich Mut zu machen und sich zu sagen: „Das Stück
schaffe ich jetzt auch noch!".
Das kann aber sicherlich nicht jeder. Es gibt Menschen, die ganz anders gestrickt sind als
ich. Menschen, die sich selbst und ihre Schritte zentimeterweise kontrollieren. Heute denke
ich manchmal, ich bin ein bisschen zu großzügig über manches hinweggegangen und habe
vieles intuitiv auf mich wirken lassen. Im Kern kommt es aber auf diese Fähigkeit, abschalten zu können, ganz entscheidend an.
Was man auch braucht, ist ein gutes Nervensystem, nicht verrückt zu spielen und diszipliniert zu sein. Außerdem sollte man Versprechen einhalten. Gut zuhören können ist ebenfalls sehr wichtig, denn oft liegen die eigentlich wichtigen Informationen zwischen den
Zeilen.
Frauen können das alles von Haus aus gut: Es sind nämlich alles Fähigkeiten, die man
braucht, um Kinder großzuziehen. Deshalb ist es auch kein großes Wunder, den Minister-
präsidentinnen-Job zu machen. Natürlich ist es am Anfang ungewohnt und natürlich gibt es
Neid und Missgunst von anderen. Damit muss man dann umgehen können. Die größte
Gefahrenquelle in dem Amt – vielleicht mehr als in anderen Bereichen – sind persönliche
Auseinandersetzungen mit Kolleginnen und Kollegen.

**Gibt es erworbene Schlüsselkompetenzen, die unverzichtbar sind für einen nachhal-
tigen Erfolg in Ihrem Berufsfeld? Falls ja, auf welche Kompetenzen kommt es dabei
ganz besonders an?**
Ein Studium kann nicht schaden; aber Erfolg in der Politik ist auch ohne akademische Ausbildung möglich.

**Welche Bedeutung hatten Vorbilder und Mentoren auf Ihrem beruflichen Weg?
Waren es eher Frauen oder Männer? Was haben Sie gelernt?**
Meine Vorbilder waren eher Männer. Einfach weil es nicht so viele Frauen in vergleichbaren
Positionen gab.
Von ihnen habe ich gelernt, dass es ein Fehler ist zu glauben, dass es schon reicht, wenn
man als Frau etwas werden will und dann würde man es auch. Das ist genau nicht der Fall.
Vergessen wird dabei, unter welchen Bedingungen die Karriere stattfindet. Wenn man nicht

weiß, wohin mit den Kindern, wenn der Mann arbeitslos oder den ganzen Tag unterwegs ist, dann wird man Schwierigkeiten haben mit der eigenen Karriereverfolgung.

Für den beruflichen Erfolg muss man, denke ich, eine Gelassenheit entwickeln; diese kann man nur durch Wissen, Können und Hochmut erfahren. Ich habe gerade in der Anfangs-phase das Gefühl gehabt, dass das, was von uns verlangt wird, keine große Schwierigkeit ist. Das stimmt aber so nicht. Die große Aufgabe ist, das alles durchzuhalten – in der Öffent-lichkeit zu stehen und geradezustehen, das ist schon schwer.

Wie wichtig war und ist der private emotionale Rückhalt für Ihren beruflichen Weg?
Der private Rückhalt war mir immer wichtig. Ganz wichtig waren meine Schwestern. Sie haben mir Ratschläge gegeben, wenn sie gesagt haben: „Bei uns in der Schule verstehen die Leute das so und nicht so, wie du uns das gerade erklärt hast!". Und sehr wichtig war natür-lich mein Mann. Auch wenn er sehr selten dabei war, wusste ich immer genau, dass er mir hinterher niemals in den Rücken fällt. Das ist ein ganz wichtiger Punkt.

Wie schaffen Sie den Spagat zwischen der Freude am Erfolg verbunden mit hoher inhaltlicher und zeitlicher Belastung einerseits und dem Erfordernis mentaler Ent-spannung und dem Bedürfnis nach der Pflege privater sozialer Kontakte anderer-seits?
Ehrlich gesagt, war das ein schwaches Kapitel. Dieser Spagat ist eigentlich nur halbwegs gut gegangen, weil unsere Freunde viel Geduld und Verständnis für meine Situation aufgebracht haben. Gerade die Wochenenden waren bei mir beruflich sehr voll – Eröffnung von Aus-stellungen und politische Veranstaltungen. Alles das hat gerade am Wochenende stattgefun-den, wenn die anderen Zeit haben.

Welche Bedeutung haben Auslandsaufenthalte für die Entwicklung von Karrieren in Ihrem Berufsfeld? Machen sie Sinn oder wird ihre Bedeutung überschätzt?
Auslandsaufenthalte sind sogar sehr wichtig. Ich würde jedem jungen Menschen heute raten, für eine gewisse Zeit ins Ausland zu gehen. Es muss kein besonders exotisches Land sein. Es reicht schon, mal in Dänemark zu arbeiten, zu lernen oder zu studieren. Mit den Angeboten, die die Europäische Union mittlerweile entwickelt hat, ist das auch machbar; vielleicht nicht für jeden, aber grundsätzlich ist es machbar. Man lernt dort, mit der fremden Sprache und den fremden Mentalitäten umzugehen. Man muss sich einerseits anpassen können, andererseits aber auch bei seinen eigenen, gelernten Werten bleiben. Diese Verbin-dung der Fähigkeiten, das ist es, was man mitnimmt. Die Verschiedenheit von Lebensent-würfen, Erkenntnissen oder Wegen, Probleme zu lösen – das einmal im Ausland auspro-biert zu haben, hilft einem ungemein für den weiteren Weg.

Spielt ein großes und gut gepflegtes Netzwerk wirklich die Rolle, die ihm vielfach zugeschrieben wird?
Das war bei mir ein weiterer problematischer Punkt. Wie man das richtig gut macht, habe ich beim Staatssekretär in der Staatskanzlei beobachtet. Wenn er etwas wollte oder etwas brauchte, ging er seine Karten durch, wo notiert war, was er mal zu dem Thema mit jeman-dem geredet hatte und nahm den Telefonhörer in die Hand und rief dort an. Wenn ich dort anrufen musste, habe ich gedacht: „Der kennt mich doch gar nicht, den habe ich doch noch nie gesehen!". Ich hatte mit so etwas immer Schwierigkeiten. Der Witz ist aber, dass dieser Weg auch bei mir immer gut gegangen ist. Es funktioniert also mit dem Netzwerk.

Welche Vorteile haben Sie persönlich aus Netzwerken für sich generieren können?
Ich habe eigentlich keine Vorteile generieren können.

Welche Rückschläge mussten Sie auf Ihrem beruflichen Weg hinnehmen? Wie kam es dazu und wie sind Sie damit umgegangen?
Rückschläge gehören zum Leben. Ich bin häufig abends nach Hause gekommen und habe gesagt: „So, das war's!". Aber wenn man das denkt, dann muss man bald wieder damit aufhören. Man darf nicht zu lange darüber grübeln. Wenn man über alles ins Grübeln gerät, dann kann man nicht mehr handeln; dann passt man nur noch auf, dass man nicht in eine Mausefalle rein tappt. Deshalb: Man muss ein bisschen mit seinen Fähigkeiten und Erfahrungen spielen, sie zum Einsatz bringen. Und ganz wichtig ist, dass man weiter macht. An der Stelle, wo man hinfällt, muss man auch wieder aufstehen.

Hatten Sie auf Ihrem beruflichen Weg schon mal das Gefühl der Frustration und/oder der Resignation? Wie sind Sie mit diesem Gefühl umgegangen?
Die Leute, die mir erzählen, dass sie 18 Jahre lang Abgeordnete sind und am letzten Tag noch die gleiche aufgeregte Freude haben wie am ersten Tag – denen traue ich nicht von hier bis an meine Nasenspitze. In alles kommt Routine rein. Das ist auch gut. Erfahrungen, die man verarbeitet hat, helfen einem, eine Sache zu bewerten. Natürlich gibt es auch immer wieder Tage, wo man denkt: „Ihr könnt mich doch alle mal!". Das gehört dazu, das muss man akzeptieren. Und es gibt auch Momente, in denen man denkt: „Das kann doch nicht wahr sein, was sie mir da schon wieder antun!". Das muss man dann aushalten, da muss man durch.

Gab es auf Ihrem beruflichen Weg Situationen, wo Sie gegen Widerstände Ihren eigenen Weg gegangen sind und es sich gelohnt hat?
Die schwierigste Situation war damals die RAF-Bekämpfung. Es mussten gesetzliche Änderungen innerhalb von zwei, drei Tagen durch die Gesetzesmühlen gepaukt werden, die dazu angetan sein sollten, die Aufklärung schneller zu gestalten. Man konnte zum Beispiel im Gefängnis drei Tage festgehalten werden, wenn man keinen Ausweis dabei hatte, ohne dass die Angehörigen informiert wurden. Das hat mich wütend gemacht. Ich habe mich in der Entscheidung dann der Stimme enthalten, habe nicht gewagt, nein zu sagen. Es ist dann so umgesetzt worden.
Heute fragt man sich, ob es damals wirklich so schrecklich war. Aber das erste Mal auf Menschen zu stoßen, die etwas grob in der Bedienung ihrer Wünsche waren – das war schwierig und man musste Tacheles reden.

Welche Ratschläge würden Sie jungen Frauen in der Medienbranche mit auf den Weg geben?
Junge Frauen sollten auf jeden Fall einen beruflichen Abschluss machen. Viele neigen dazu, zu heiraten, Kinder zu kriegen und alles andere zur Seite zu legen. Dann, nach zehn Jahren, stellen die meisten fest, dass sie die falsche Entscheidung getroffen haben. Für eine junge Frau ist es einfach wichtig, einen Abschluss zu machen und eine Berufsausbildung zu durchlaufen, die einem gefällt. Man sollte nicht danach entscheiden, was die Bundesagentur für Arbeit gerade für attraktive Berufe hält. Man muss den Beruf wählen, der zu einem passt, den man selbst gerne macht.

Welches sind die drei wichtigsten Stellschrauben für den Erfolg in Ihrem beruflichen Umfeld?

In meinem beruflichen Umfeld ist ein gutes Gedächtnis sehr wichtig. Manchmal sollte man es aber auch nicht verwenden – denn wer immer Recht haben will, der hat nicht immer Recht. Man muss Respekt vor der Meinung anderer Leute haben und muss lernen, dass der andere – beispielsweise in der Opposition –, kein Schurke ist, sondern dass er genau dasselbe macht, was man selber tun würde: Er versucht eine Lösung zu finden, die in seine Partei passt. Und schließlich wichtig, allerdings weniger relevant als das vorher genannte, ist die Fähigkeit, abschalten zu können.

Was mussten Sie für die Erreichung Ihrer beruflichen Ziele und auf Ihrem beruflichen Weg aufgeben, was ist „auf der Strecke" geblieben?

Kinobesuche! Solche harmlosen Sachen wie abends ausgehen, ins Kino gehen oder Restaurantbesuche. Heute ist das anders, ich bin jetzt wesentlich freier geworden.

Was hätten Sie rückblickend gern anders gemacht auf Ihrem beruflichen Weg? Gibt es „Weichen", bei denen Sie heute anders abbiegen würden?

Ich weiß nicht, ob ich nochmal mit dieser Leichtigkeit in eine Abstimmung gehen würde, bei der es nur eine Stimme Mehrheit gibt. Ich muss ehrlich sagen, dass ich das nicht richtig eingeschätzt habe. Ich habe nicht damit gerechnet, dass tatsächlich einer dazwischen sitzen könnte, der sagen würde: „Es ist mir egal, ich will die nicht!".

The manufacturer's authorised representative in the EU is Springer
Nature Customer Service Centre GmbH, Europaplatz 3, 69115 Heidelberg,
Germany. If you have any concerns regarding our products, please
contact ProductSafety@springernature.com

Printed and bound by CPI Group (UK) Ltd, Croydon, CR0 4YY
27/04/2026
02097643-0009